U0938063

区域创新视角下的产业发展:理论与案例研究

李青　李文军　郭金龙

合　著

商　务　印　书　馆

2006年·北京

图书在版编目(CIP)数据

区域创新视角下的产业发展:理论与案例研究/李青等合著.—北京:商务印书馆,2004
ISBN 7-100-04136-8

Ⅰ.区…　Ⅱ.李…　Ⅲ.区域经济学　Ⅳ.F061.5

中国版本图书馆CIP数据核字(2004)第025508号

QŪ YÙ CHUÀNG XĪN SHÌ JIǍO XIÀ DE CHǍN YÈ
FĀ ZHǍN:LǏ LÙN YǓ ÀN LÌ YÁN JIŪ

区域创新视角下的产业
发展:理论与案例研究

李青　等合著

商务印书馆出版
(北京王府井大街36号　邮政编码100710)
商务印书馆发行
北京民族印刷厂印刷
ISBN 7-100-04136-8/F·493

2004年11月第1版　开本 880×1260　1/32
2006年3月北京第2次印刷　印张 13 1/2

定价:22.00元

目　录

图表目录

绪　言

本书是在2001—2002年度国家哲学社会科学基金资助项目《知识经济下产业创新与区域发展》研究报告的基础上，经过补充、修改完成的，也可以说它是我们前一段研究工作的一个段落和总结。在本书修改的过程中，考虑到本研究的主题是一个有关区域创新的问题，是从区域创新的角度下理解区域内产业的发展，因此为使本书题目与内容更加相符，遂将本书定名为《区域创新视角下的产业发展：理论与案例研究》。

一、本研究的主要意义

选择这一主题进行研究，主要基于以下考虑：

首先，最近二十余年来，在新技术革命的推动下，全球经济社会发生了重大而深刻的变化，最突出地表现为全球化和知识经济的出现和蔓延。在这个过程中，大批量标准化的福特制生产体系逐渐消融瓦解，柔性专精的后福特制生产体系和新的世界经济格局也随之出现。

不过，在全球化过程中，尽管世界各国经济文化日益紧密地联系和融合在一起，然而在世界范围内仍未因全球化而出现各国“匀质”的归一化特征，世界大同遥不可期。相反，国家和地区经济社会发展的特点更加鲜明,资源占有的区域性特征仍然明显,区域多元化和独特性也更为重要,地方化成为与全球化并行的特征。同时,在这个大背景下,许多国家的区域经济格局发生了大的兴衰变化,出现了新的空间重构过程,这种空间转换与社会经济转换并驾同驰,如影随形。在这个过程中,无论是在发达国家还是在发展中国家,都出现了一些新兴的快速发展区域和具有较高创新能力的产业区,成为国民经济和区域经济增长的引擎。这些现实表明,正是新的全球社会经济背景改变着区域经济发展的动力和机制,昭示着区域发展的重要性,促使着许多国家和地区由以自然资源为基础的经济转向以知识为基础的经济,并相应调整其区域发展政策。这一时期知识成为最重要的资源,学习成为最重要的过程,创新成为区域发展的动力。

实践的发展为学者们提供了深入理解和探究区域经济发展新机制的素材和动力,因此这一时期区域研究生机蓬勃,百家争鸣,成果浩繁,其中区域创新理论就是区域研究中一个新的重要理论进展,在此领域涌现出大量的学术成果和一批世界知名的学者,赋予区域研究以新的活力和光彩。

其二,同样是最近二十余年来,中国区域经济也发生了重大的变化:

一方面,这二十余年正好是中国逐渐告别计划经济时代、实行改革开放和建立市场经济体制的时期。在政府和市场的双重推动下,经过不断的实践探索,各地区经济发展的总体水平和质量都有了很大提高,在继承沿海、中部、西部地区这样一个历史上已经形成的空间格局下,各经济地带内也在发生新的分化,出现了一些新的快速发展的区域，以城市为中心的区域经济网络也正在形成。此外，国家施行的西部大开发战略和振兴东北老工业基地战略等，也继续发挥着区域政策在促进区域经济协调发展方面的积极作用，区域经济已成为国民经济发展中的重大问题之一。

另一方面，二十多年来中国区域经济的发展也积累了一些问题，无论是在实践上还是在政策上，都可以说还没有做好应对全球化和知识经济、推动和实践区域创新的充分准备，缺乏对国际经验和区域发展新机制的充分认识。此外，虽然国内学者们在区域研究包括对区域创新的研究方面，已经取得了一些成果，但总体上与国际区域研究进展还比较脱节，不足以对现实区域发展中的问题提供有力的解释、建议和指导。因此，无论是在继续学习和理解理论、进一步与国际区域研究接轨方面，还是在通过研究国内案例应用和验证理论方面，都大有可深入探索之处，而这些既是学者的责任，也是实践的需要。

二、本书的研究角度和框架

（一）研究角度

本书研究的角度和核心是以区域创新的观点理解和分析区域产业发展，在这里区域产业发展的概念是包含在区域创新范畴之内的，是区域内产业具有创新性的发展，它包括产业多方面的创新，如产品创新、工艺创新、管理创新、组织创新、市场创新等，因此我们更多地把这种产业发展作为一个区域问题而非产业问题来研究。这首先是由于任何产业和企业的发展都必须依托于一定的地域空间，且区域产业发展问题历来就是区域经济学重要的研究内容之一。其次，我们所关心的是从区域创新的角度研究区域产业的发展，为此集中解释两个方面的问题，即一是产业发展的条件，回答为何在此地而非彼地实现产业发展，主要围绕区域创新环境展开讨论；二是产业发展的过程，回答产业是怎样在区域创新的框架内发展的，主要围绕互动学习、空间集聚和区域创新网络展开讨论。再者，我们试图分析产业发展对区域经济发展的影响。

（二）基本框架和主要特点

本书的基本目的是学习和引介、比较有关理论，并以理论验证国内区域经济发展的实践，充实我国对区域创新理论的理解，同时借鉴其他国家和地区的经验，从区域创新角度认识有关区域经济发展特别是区域产业发展的实践，并提出有关建议，发挥学术服务实践的社会功能。

因此，在研究过程中，一方面我们注意学习国外有关区域创新的文献，特别是围绕研究主题重点阅读了关于创新环境、创新网络、社会资本、知识溢出、集聚、学习型区域等方面的文献，以进一步了解和认识国外有关学术成果和动态，尽量与国际研究接轨；另一方面从区域创新的角度观察和分析国内区域经济发展的现实，分析国外有关实践经验，我们希望能在本书中体现我们的一些认识和收获。

本书包括三个部分：第一部分是对有关理论的述评，主要将区域创新问题置于二十余年来全球经济社会变化这一基本背景下，从理论上总结、梳理这一时期国际区域研究的基本特点和进展，论述区域创新视角下产业发展的条件与过程，以及有关政策变化与启示；第二部分是国内案例研究，即对云南省丽江县旅游业发展的分析、浙江省桐乡市濮院镇羊毛衫业发展的分析、北京市中关村科技园发展的分析、台湾省中小企业发展的分析；第三部分是国外案例研究，主要对美国洛杉矶地区高级电子产业、澳大利亚经济结构转变和西澳开发、英国科技园进行了论述，我们力求每个案例都有它观察的角度和分析的重点。

在理论述评和实证分析中，我们皆尽努力，使其各有特点：

1. 理论述评的特点

这部分的工作是在对国外有关文献的学习和理解的基础上进行的，为此进行了两项主要工作：一是对近年来国外有关文献的进一步整理和搜集，这是因为与国际区域研究已有的难以尽数的成果相比，目前国内对有关理论的引介还不多，国内图书馆馆藏的有关英文文献又十分有限，因此在本研究之初我们用了许多精力整理已有的文献积累，并尽可能通过不同渠道更多地搜集国外有关文献；二是对有关原始文献的学习和梳理，特别是研习一些重要理论概念和观点，并根据本研究的需要梳理有关理论脉络，力求比较客观地体现学术观点，充实目前国内对有关理论的了解，且希望在这方面能做一些推进性的工作。

这一部分主要论述三个方面的问题：一是最近二十余年来国际区域研究的一些变化和趋向，特别是反映马克思主义学派、制度学派、演化学派等的贡献，正是它们引导着区域研究的文化转向和关系转向，推动其以更开阔、更整体、更动态的视角研究区域问题。在此基础上，论述最近二十余年来对区域创新问题的一些研究进展，特别是反映学者们对创新过程、创新中的知识与学习、创新环境、创新网络等重要问题的理解和研究；二是以区域创新的视角构造区域产业发展的分析框架,以创新环境、创新网络、互动学习、空间集聚等概念点为核心,论述区域产业创新的条件和机制;三是论述由区域创新实践和理论发展引起的政策变化,特别是反映政府在支持区域创新过程中的学习、提供知识基础设施、促进互动创新模式等方面的作用。

2.案例研究的特点

我们力图对案例地区进行客观研究,并试图在案例分析中选择不同的角度和重点,突出案例研究的特点。

我们选取的国内案例包括祖国内地的三个地区和台湾省。对祖国内地案例地区的研究工作有三个基本特点:第一个特点是案例地区尽量在地域上包括东中西三个地带、在行业上包括新兴行业和传统行业。随着研究的进行,我们又对预先确定的案例地区进行了部分调整,改为在沿海地区选取两个案例地区,在西部地区选取一个案例地区,中部地区暂未选取。第二个特点是调研活动采取三个主要形式:一是与有关部门座谈,二是对企业进行典型调查,三是问卷调查,我们力求通过这些工作对案例地区有较完整和客观的认识。第三个特点是每个案例分析尽可能有不同的观察角度和重点。

我们选取的国内案例各有特色和代表性。大体上,云南省丽江县是以当地自然和人文旅游资源为基础的产业发展,浙江省桐乡市濮院镇是以区域社会资本为主要基础的产业发展,北京市中关村是以知识资本和社会资本为基础的产业发展,其中云南省丽江县案例和北京市中关村案例都是新兴产业,桐乡市濮院镇案例是传统产业;而对台湾省,则主要对其中小企业问题从组织创新的角度予以探讨。

在对其他国家案例地区的选取上,我们侧重选取比较发达的国家,重点介绍和评论目前国内了解不多的实践经验,主要针对更能体现知识经济特点的产业、产业区有重点地进行叙述与评论。

三、基本结论

(一)理论述评部分

1980年代以来国际区域研究的进展与这一时期国际经济社会背景息息相关,直接应对现实中提出的新问题,显现出国际区域研究与现实并进的特征与生命力。

如前所述,全球化和知识经济在推动资源全球流动的同时,并没有带来各地区经济发展的趋同或归一化过程,相反区域特性更为明显,地方化成为与全球化并行的另一过程,区域经济发展也成为国民经济发展中不容忽视的重大问题,且其机制和动力都发生了改变。许多国家和地区的发展现实已证明,在新的国际社会经济背景下,区域发展的动力在于区域创新。

学者们在对区域发展实践的观察中逐渐建立了更高的研究角度,认识到区域经济发展不是一个简单的由资本、劳动和技术推动的过程,而是一个复杂的社会—经济—技术过程,且必然受到时代背景和区域条件的制约和塑造,他们质疑和反对简单化、静态均衡的分析方法,而试图以更加客观和全面的观点理解区域发展,重视区域发展中多种因素的互动关系,因此这一时期国际区域研究的一个重要特征是,具有深刻分析精神和批评意识的马克思主义学派、制度学派、演化学派以其整体的、历史的、动态的研究角度和方法,深入探讨了空间结构形成及演变等重要问题,对这一时期国际区域研究贡献卓著,知名学者灿若群星,并引领这一时期区域研究的文化转向、关系转向、制度转向等。

沿着马克思主义学派、制度学派、演化学派的思维路线,我们认为区域创新框架内的产业发展是一个社会—经济—技术过程,是以创新环境为基础、以创新网络为平台,通过网络内的互动学习和空间集聚进行的,实现产业在产品、工艺、管理、组织等方面的创新并引起结构变化的过程,是由参与产业活动的各主体共同完成的创新过程。我们重视区域内参与产业发展活动的各主体之间的互动关系和网络,强调知识创造、应用、扩散和对知识的学习在产业发展中的关键作用,高度认同因此而发生的企业空间集聚和企业间因组织、制度等相近性而建立的合作关系,并围绕创新环境、学习过程、空间集聚、创新网络等重要概念,回答了产业创新的条件和机制。

最近二十余年来,区域创新的实践探索和理论进展,也引起了许多国家和地区对其既有区域政策的反思和调整,使之适应和促进新的社会经济背景下区域经济的发展,比如重新确定区域政策的重点,由采取税收等方面的优惠政策转向提高区域创新能力;鼓励政府和民间力量的合作和协调,兼顾自上而下和自下而上的区域发展方式;高度重视包括政府、企业和其他组织、个人在内的创新网络的建设,提供更广阔的创新平台,以利于互动学习并促进实现互动创新模式等,这些也都对今后中国区域政策的调整和制订具有启示意义。

(二)国内外案例部分

案例分析说明,创新在传统产业和新兴产业、在发达地区和欠发达地区都可能发生,不同的产业都可能有发生创新的因素,不同的区域也都可能产生支持创新的环境。

在案例研究中,我们特别关心和重视区域创新环境、创新网络的作用,并试图了解在产业发展过程中所表现的多方面创新现象,如技术的、工艺的、组织的等等,也注意观察企业空间集聚的特征和产业发展对区域经济的影响。

丽江案例表明,包括政府政策、基础设施和自然与人文环境宜人性在内的区域创新环境对旅游业发展具有推动作用,区域创新环境与区域独特旅游资源的结合,是其旅游业迅速发展的重要基础。

濮院案例表明,在一个自然资源和发展基础相对有限的地区,政府与民间的互动关系和逐步改善的区域创新环境对羊毛衫业发展的意义,我们特别重视在其羊毛衫业发展并形成独特优势过程中非实物因素如社会资本的作用,并注意当地通过行业间联系实现专业化和多样化发展的现实。

中关村案例表明,一套为实现区域产业创新而进行的制度建设和设施建设、丰富的知识和技术资源,构成了科技园难以比拟的创新环境,奠定了中关村科技园成为引领全国高技术产业发展的最重要基地的基础,并在此基础上初步形成了创新网络。

在对祖国内地三个案例的研究中,我们都发现了创新环境的重要作用,虽然各自创新环境的成分和特点有所差异,也发现了企业在区域内集聚的意义和企业网络的轮廓,我们注意到产业发展在区域经济发展的作用,如对区域支柱产业的形成与壮大、区域产业群形成中的贡献等,也注意到这些案例地区都已表现出不同程度的路径依赖,各自发展的优势正在被积累。

在我国台湾省的案例中,我们将台湾的中小企业视为企业组织创新,并说明其对台湾经济发展的贡献。

美国洛杉矶案例通过讨论洛杉矶地区高级电子企业的分布,特别是讨论非集聚企业在支持R&D活动等方面的能力,表明与硅谷的企业集群相比,这里的非集聚企业对创新的支持力更强,是企业经营策略而非空间集聚与创新有更大的关联性,这一案例提供了对企业集聚问题的新认识。

英国科学园案例则通过大量数据,集中分析了创新环境和创新网络对企业选址的影响,特别是政府对科学园发展的管理战略、企业间及企业与R&D机构和政府的关系,认为以提供财产设施为内容之一的创新环境对科学园内企业的创新活动具有积极而重要的作用。

澳大利亚案例体现了在知识经济下,创新环境与新经济部门之间相互促进的关系,以及创新环境对相对落后地区开发的作用,如政府主要通过税收等政策扶植参与开发的企业,政策支持的重点是鼓励通过科研和培训来增强区域竞争力等。

在本研究进行的过程中,我们不断为案例地区出色的发展成绩及鲜明的特色所感染,并试图发现其与区域经济理论的关联,力求从新的角度理解其发展的过程与特征,也始终相信区域经济发展的实践能给予我们更多的思考素材,使我们对不断发展的理论与实践有更深入的理解和研究,希望这本书能基本体现我们的学习、观察与分析。

本书各作者所执笔的章节是:

李　青: 第一章　新近区域经济研究进展简述

第二章　区域创新视角下的产业发展

第三章　有关政策变化及启示

第五章　浙江省桐乡市濮院镇羊毛衫业发展研究

英汉对照索引

李文军: 第六章　北京市中关村科技园区发展研究

第八章　企业集聚与非集聚:洛杉矶盆地高级电子产业发展分析

第九章　产业发展的环境依托:英国科学园的经验

郭金龙: 第四章　云南省丽江县旅游业发展研究

第七章　企业组织创新与经济发展:台湾中小企业的经验

第十章　结构转换和区域开发:澳大利亚的经验

第一部分　对有关理论的述评

最近二十年来世界经济发生了一系列的深刻变化，其重要标志之一是在知识发展与技术进步促进下，生产体系由标准化大批量生产的福特制占主导地位转为柔性专精的后福特制，以自然资源为基础的经济逐渐转向以知识为基础的经济，并进入了知识经济时代。

知识经济带来的社会经济变化既波澜壮阔又潜移默化，它不仅使整个经济发展的方式和结构发生了变化，更重要的是引起了经济发展基础的变革，特别是信息基础设施、制度结构和政府作用等方面的变化，并促使企业以更强的能力更快地适应市场和技术的变化，调整其行为，比如：

1.信息、计算机和通讯技术的发展，极大地减少了储存、输送、转移和综合信息的成本，并出现了计算机信息网络，信息基础设施成为经济发展必不可少的条件。

2.包括大学、培训系统、研究实验室、图书馆、数据库等在内的知识基础设施更加强大，且它们与生产部门日益密切结合。

3.政府对学习和创新提供了更多的制度支持。如金融制度，在收入、财富和权力再分配方面的制度，关于知识产权、技术设施和服务体系、税收制度和政府补贴方面的制度等，出现了“学习文化”。

4.政府政策的着力点发生了变化。由于在知识经济下的区域创新过程中,学习成为最重要的过程,因此支持学习成为政府政策的重要内容。政府更加重视发挥在提供学习手段(如学校、培训系统等)、学习激励(如知识产权保护、税收和补贴、支持学习网络等)、获得知识的渠道(图书馆、数据库、技术服务体系、通讯系统)、减少忘记成本(再培训、劳动力市场流动、社会保障等)等方面的作用。总之,政府通过保护技术和提供各种制度以促进多方面的、开放式的学习。

5.知识和技术的快速发展和日益重要,使企业行为发生了重要变化。快速的知识与技术发展加剧了市场竞争和不确定性,产品的生产周期在缩短,企业必须通过不断创新才能得以生存和发展,因此企业更加重视利用知识、信息和技术资源,并选择更能迅速适应技术变化和市场需求的组织形式。企业间的交流受到鼓励和重视,企业对创新的参与更加广泛,企业管理也更注重产品更新和完善而非简单地降低成本①。

不仅如此,知识与技术的快速变化、以及各国各地区之间逐渐的政治互容与文化认同,为资源在全球范围内的流动和重新配置创造了有利条件,国家与地区间的相互投资、贸易与产业分工比以往的规模更大,全球化过程出现了。

知识经济和全球化是二十余年来世界经济社会发展的基本背

---

① Birgitte Gregersen, Bjorn Johnson, *Learning economies, innovation systems and European integration*, *Regional Studies*, v31, n5(July, 1997), pp.467 - 478.

景，它们与新的后福特制生产体系相互推动，在整个社会转换（social switching）的进程中，伴随着空间转换（spatial switching）过程。空间经济格局无论是全球范围内的还是区域范围内的，都不仅仅是一个纯粹的空间或地理问题，而有其明显的社会变迁与经济重构的内涵。也正是这二十余年国际社会经济背景下的各地区经济发展的实践，给学者们提供了研究问题的丰富素材和强大动力，引起了学者们对理论和政策的重新思考和研究。这一时期区域研究兴盛蓬勃，气象一新，令人鼓舞。

同时，这一时期有关区域发展的最突出现实是，尽管全球化进程不断加快，然而并未如一些人所预期的，随着资源的全球性流动，使原先的地方性资源成为遍在性资源而出现无地点性（placeless）特征，从而达到各区域的归一性（ubiquitous）结果。相反地，地方化特征明显地加强了，资源更加集中于那些具有良好创新环境的地区，新产业区、产业集群成为带动区域经济发展的重要力量。为保持区域独特性和竞争优势，人们更加重视区域内隐性知识的价值，为提高区域竞争力和创新能力，人们也更加重视区域内创新网络的质量和作用。人们已经认识到，在全球化过程中还有一个与之并行的地方化过程，在全球经济的重构过程中，也始终不能脱离和忽视区域因素。这些现实都清楚地表明，在新的社会经济背景下和发展过程中，空间因素和区域发展仍然非常重要、不可忽视、甚至比以往更加重要。

这一时期，区域研究不仅保持了其一贯的对空间和地点的敏锐性，继承了其以往理论的科学成分，且吸纳了新的研究方法和分析角度，出现了多元化综合性的特征，以更广阔和整体的视野理解区域发展的过程和机制,触及和更新了许多概念和理论,众多领域如地理学、社会学、经济学、管理学的学者共同参与到对区域的研究中,提出了许多新的理论与实证成果,其中从区域创新的角度理解区域发展及产业变迁规律,就是近二十年来区域研究的一大进展和焦点问题之一,成为被集中讨论并散发学术光彩的研究主题。

这一部分的基本工作,是基于全球经济社会背景和已有的学术成果,回顾和论述最近二十多年来国际区域研究的一些变化趋向和理论进展,分析新的区域发展实践和理论进展所引起的政策变化,探讨对我国区域经济发展的启示意义,并为本书后来的案例研究提供理论支持和引导。

这一部分主要总结和论述如下几个问题:一是论述最近二十余年来国际区域研究的一些变化和趋向,特别是反映演化学派、制度学派、马克思主义学派等的贡献,正是它们引导着区域研究的文化转向和关系转向,推动着以更开阔、更整体的视角研究区域问题;二是论述最近二十余年来对区域创新问题的一些研究进展,特别是反映学者们对创新过程、创新中的知识与学习、创新环境、创新网络等重要问题的理解和研究;三是论述由实践和理论发展促进的政策变化,特别是反映政府在支持区域创新过程中的学习、提供知识基础设施、促进互动创新模式等方面的作用。

理论的发展得益于实践的发展和以往理论的积累,它是一个不断继承、扬弃和创造的过程,最近二十余年来国际区域研究的进展也清楚地表明了这一点。

第一章 新近区域经济研究进展简述

1980年代以来国际区域研究的进展与这一时期国际经济社会背景息息相关，直接反映了这一时期实践中所提出的问题，显现出国际区域研究与现实并进的特征与生命力。

全球化和知识经济在推动资源流动的同时，并没有带来各地区经济发展的趋同或归一化过程，相反区域特性表现得更为明显了，地方化成为与全球化并行的另一过程，并且区域创新成为区域发展的动力。

学者们从区域发展的实践中认识到，区域经济发展不是一个简单的由资本、劳动和技术推动的过程，而是一个复杂的社会—经济—技术过程，并必然受到时代背景和区域条件的制约，他们逐渐以更加客观和全面的观点理解区域发展，重视区域发展中经济、社会、技术等因素的互动关系，因此这一时期国际区域研究的一个重要特征是演化学派、制度学派、马克思主义学派，以其整体的、历史的、动态的研究角度和方法，对这一时期国际区域研究做出了突出贡献，出现了一批世界知名的学者和新人耳目的学术观点。

本章将简要回顾1980年代以来两个方面的进展，一是区域研究的总体变化趋向和一些成果,二是将区域创新研究置于国际区域研究的整体进展中,阐述其一些新近成果,并论述有关区域创新的一些基本而重要的概念。这一章既是对1980年代以来国际区域研究的简单回顾,也是为本书进一步的理论论述进行铺垫。

区域研究和经济地理研究是紧密相关且有交叉的两个研究领域,经济地理研究是区域研究的一部分,尤其是在对区域经济的研究方面,两者在研究主题、研究方法和基础理论上有许多共同之处。比如就有观点认为现在美国大学中经济地理专业的学生和区域创新专业的学生越来越相像了。由于在实际中,特别是在对空间经济的研究上,两者的分野时常不易分辨,故在此一并进行分析。

第一节　区域研究的兴起与转向

二十余年来世界经济社会的变化为区域研究提供了广阔的空间和素材,这是推动实践发展和研究进步的最基础最根本的动力。

一、区域研究的兴起

1980年代后,在全球化和知识经济日益生长蔓延的背景下,区域研究包括经济地理学的研究也进入了一个新的发展时期,蓬勃活跃,百家争鸣,以至于被称为经济地理学的“兴起”(如 the rise of economic geography)，如以普林斯顿大学研究经济发展、贸易和地理问题的保罗·克鲁格曼(Paul Krugman)为代表的一些学者还提出并认同新经济地理学这一概念，期待和倡导经济地理学纳入到主流经济学中。

经济地理学或区域研究的兴起，其实更多地是与同全球化并行的另一趋势——即地方化特征密切相关。

在全球化和知识经济下，区域发展问题为什么会凸显出来，而未出现所谓的归一性(ubiquitous)[①]或无地点性(placeless)特征呢？本来，随着电子通讯手段、计算机技术的进步、交通和物流的发展，区域发展的关键要素——资本、资源、技术的流动性更强了。金融资本高度流动，资源的运输更加便利，技术资本也更易扩散，按照逻辑推论，资源特别是知识、技术、人才、资金资源在地区间分布的差别会逐渐变小，资源空间配置会更灵活自由、选择性更大，区域发展的机会和结果会更加趋同。然而事实并非如此，到目前为止，全球化过程并未如一些人所预期的，随着资源的全球性流动，使原

---

① 归一化过程(ubiquitous process)是近年来区域研究中一个争议性论题。归一化观点认为，随着基础设施(包括物质性基础设施和信息基础设施)的发展，运输已经不在区位因素中占有重要地位，知识传播和资源流动的障碍减少，因此原来一些地方性资源成为遍在性资源，地方性资源的制约性减少，许多原来有明显地域性分布的产业变得地域性不明显了，并出现无地点性特征，最终达到不同区域发展水平的归一性。但是近来世界经济发展的事实说明，这个归一化过程十分遥远，企业偏向于集中在那些具有良好创新环境的地区，同时区域间在创新能力上的差异再次扩大了本已存在的区域差距，欠发达地区所面临的发展挑战更加严峻。

归一化过程可以参见 Peter Maskell, *Globalisation and industrial competitiveness: the process and consequences of ubiquitification*, in Edward. J. Malecki, edited, *Making Connections: Technological Learning and Regional Economic Change*, pp. 35 – 60, Ashgate, 1998.

先的地方性资源成为遍在性资源,企业能够自由分布,区域趋于同质而出现无地点性特征,达到各区域归一性的结果。相反地,地方化特征明显地加强了,企业向某些地区集中的状况十分突出,并出现了一些具有明显优势、发展成绩优异的区域,区域间的个性与共性同样明显。无论是国家间还是区域间,发展差距并未消失且在许多地区还有扩大,贫国与富国、发达地区与欠发达地区,似乎都在不同程度上依赖并延续着各自原有的发展路径。

我们看到,尽管科技进步特别是 ICT(信息、计算机与通讯技术)的发展,一方面刺激了新知识的快速产生、扩散和应用,促进了资源的全球流动,并扩大了全球范围内的相互投资与贸易的增长,推动着全球化的形成与蔓延。另一方面,在全球化过程中,地方化的特征也很明显。全球资源更加集中于少数发达地区,高密度的创新活动也集中于世界少数地区,技术变化下所形成的新的国际分工(NIDL,New international division of labor)格局,仍然是大多数发展中国家处于全球经济的外围区,世界经济中大的核心—外围关系在总体上并未根本改变,全球资源重组与分工的过程,虽然为发展中国家提供了新的机遇,但总体上并不有利于发展中国家,全球经济、技术、政治的发展不平衡在扩大,趋同的前景还很模糊,各国在争夺资源特别是知识经济所必需的知识、技术、人才资源的竞争更加激烈。

这是因为:目前在世界范围内许多产品和服务的市场还是区域性或全国性的,资源的流动也并非如想象的那样自由,资源流动的惰性依然存在。而且更重要的是,即使是全球性公司和跨国公司、母子公司,它们并不是可以在任何地点布局的,企业的区位选择依然慎重，它们要落脚于世界范围内最有利于实现其功能的地方，这些地方具备了区域短期条件和长期的、难以替代的条件。区域短期条件主要是低成本因素（如低工资、低税收）及较少的政府约束，但这些短期条件很难对长期提高生产率产生作用，需要有一定的基础设施和教育投资与之配套和衔接。区域的长期条件主要是供给因素，是区域内长期形成并积累的条件，如基础设施、高素质劳动力、宜人的环境、社会网络、对高质量产品和服务不断增长的需求等，这些对于企业发展有持久的支持作用，获得这些因素需要大量的投资。美国加州大学洛杉矶分校多年研究全球化下的区域发展、区域创新等问题的著名学者 Michael Storper① (1995)认为，生产体系中包括短期条件与长期条件在内的地区特质(locational specificity)，可通过劳动力市场、投入产出系统、知识体系三个途径形成和获得。良好的地区特质能提供区域发展的有利条件，也可以认为是区域的支持性环境。

因此，许多国家和地区都在致力于建设能促进发展和创新的支持性环境(supportive environment)，以此提高各自对资源的粘度(stickness)，吸引和留住资源。这些具有高粘度的地区，往往是资

---

① Michael Storper 是美国加州大学洛杉矶分校城市规划系教授，世界知名的区域研究专家，其研究领域主要是全球化和区域经济发展过程、自由贸易效应和技术流动的全球区位模式、全球经济下的区位和专业化模式变化、面对面交流对城市化经济的作用等。他的著作如 *The Capitalist Imperative: Territory, Technology and Industrial Growth*(与 R. Walker 合著，1989)、*Pathways to Industrialization and Regional Development*(与 A. Scott 合著，1992)、*Worlds of Production: The Action Frameworks of the Economy*(与 Robert Salais 合著，1997)、*The Regional World: Territorial Development in a Global Economy*(1997)、*Latecomers in the Global Economy*(与 L. Tsipouri and S. Thmodakis 主编，1998)等都很有影响。

源分布最集中、创新能力最强、生产率最高的区域。比如,目前无论是在发达国家还是发展中国家的地区,都已形成若干对全球资源具有强大吸引力,且有高度竞争力的专业化部门的产业区,成为带领国家和整个地区创新的引擎。

这一时期,区域研究学者们考察了区域和全球两个层面相互嵌入的复杂关系。一方面,认为区域是劳动力市场、企业增长联盟形成、技术创新与增长的中枢,是全球化的组成部分;另一方面,分析全球化过程中与区域有关的问题,特别是与金融资本流动、跨国公司投资及战略、新信息技术效益相联系的问题,探讨全球范围内经济的重组过程与区域分化,认为全球化嵌入并体现在区域发展中。区域研究学者们对一些创新活动密集的地区进行了许多研究,探求了区域发展与创新的机制。

二、区域研究的文化转向和关系转向

1980年代以来,区域研究除了继续探讨资源的空间流动与配置、经济活动的集中与分散、收入空间分布的收敛与离散等传统问题,并赋予其新的时代含义外,也在努力探求新的经济社会背景下区域经济发展的机制,研究区域发展过程中经济与非经济因素的关系。新近的研究清楚地表明,经济、地理与其他因素相互依存,区域经济发展的状况和路径是由区域内一组综合因素所影响的,因此在区域研究上,近年来经济分析与社会、文化、政治分析相互交织、界限模糊,出现了多学科介入、多研究方法综合、多主题探讨的倾向,且越来越多地渗入了社会文化因素,并被称为出现了“文化转向”(cultural turn)。

近年来,区域研究也逐渐重视研究参与区域活动的各主体之间的关系及这些关系的相互作用,探讨它们对区域发展的影响,这种趋向被称为关系转向(relational turn)。比如2002年美国地理学会年会所探讨的主题之一就是区域研究的关系转向。许多学者注意到,由于参与区域经济活动的各主体间的关系的重要性,使得“关系空间”(spaces of relations)能在很大程度上补充或取代实体的“点空间”(spaces of pionts)的作用,而关系紧密的企业在空间的集聚,又能极大地发挥区域网络的作用,推动区域内企业的创新活动,因此,各主体间所构成的网络关系及这些关系的空间选择是企业战略定位的关键。此外,也有人根据区域研究中大量的制度分析而提出制度转向的观点。

出现这些转向的原因是多方面的,首先,半个世纪以来区域研究众多流派的出现、进步和淘汰的推陈出新过程,不断引发学者们对以往研究的反思。历史证明,单纯的用计量方法(如上世纪五六十年代的地理学的计量革命)、静态均衡的主流经济学方法等都不足以有力地解释纷繁复杂、关系交织的区域发展现实,需要学者们有高屋建瓴式的、更加综合和整体的研究视野和学术襟怀,从一个更加客观、综合和动态的角度理解区域发展问题,分析区域发展的过程与机制,使区域研究更加具有解释力和说服力,更加贴近现实,而以往马克思主义地理学、结构主义地理学、行为主义地理学等的研究都提供了一些有启发性的学术基础。再者,是由于区域经济研究(包括经济地理研究)缺乏像主流经济学那样的严整的理论框架和清晰的“经济”分析色彩,在艾萨德所提供的区域分析的工具箱中难以找到经济学所需要的分析工具,而经济学中空间概念的缺失也使它难以正确分析区域问题,这使得不少经济地理/区域经济的学者和学生们转向政治地理、文化地理、种族地理等人文地理学科,研究这方面的现实问题,或者从中吸取有益成分研究区域经济问题。这一现象也从侧面反映出,对区域经济发展受区域社会经济背景制约的观点已有共识,从社会经济过程中理解区域发展更接近现实,这些都是空间经济研究出现文化转向与关系转向的原因。事实上,活跃在这些"转向"中的区域研究学者们,大多都属于演化学派、制度学派、马克思主义学派。不过,由于这些学派的学者们观察角度和研究方法有许多共同之处,出现了新的综合,因此有时很难将他们明确地划为某一学派,比如 Massey、Ash Amin、曼纽尔·卡斯特(Manuel Castells)等学者就既被笼统地认为是马克思主义学派,也被认为是政治经济学派、制度学派或结构主义学派的,像这样的学者还有一些。

第二节　区域经济研究若干进展简述

最近二十余年来,在整个新的社会经济背景下,区域研究成果累累,文献浩繁,难以尽数,要想在如此众多的文献中完整、清晰地理出学科发展的脉络并非易事。但是,由于区域研究的主要流派与格局在前几十年中已基本形成,最近二十余年大体是在原有线索和脉络上的继承、发展与开拓,因此大体上有章可循。不过,在这条继承、发展与开拓的路线上,还是出现了一些令人注意的变化，其中最主要的是马克思主义学派①、演化学派、制度学派的学术进展，他们沿着文化转向与关系转向的方向，对区域研究做出了突出贡献。

这一时期，国际区域研究无论是在理论、方法还是政策研究上都有了许多变化和进展，汲取了经济学、地理学、社会学、人类学、政治学等多学科的新知识，出现了多元化的新综合，并保持着对空间的敏锐感觉。这一节将根据有关文献，简要回顾最近二十余年来上述几个学派在区域研究领域的一些进展。

一、马克思主义学派对区域问题的研究②

在20世纪，西方马克思主义哲学经历了几次大的转变和分

① 这里附提结构主义的马克思主义地理学，因其在马克思主义地理学中曾占有较重要的地位，曾明显影响了1960、1970年代许多地理学者的研究思路和学术倾向，且这种影响一直持续至今。

结构主义兴起于1960年代的法国，它源于瑞士语言学家索绪尔(1856—1913)的结构主义语言学派。结构主义的一般倾向，一是强调结构的整体性，认为整体优于局部，在结构系统中，"关系"决定各成分的性质和作用；二是强调深层结构重于表层结构，并通过重构方法来把握深层结构；三是强调共时态(即横断面的静态结构)重于历时态(即纵向的事件系列)；四是主张"主体移心化"，认为应把社会历史的中心从"个人"转移到"结构"上来；五是强调结构的客观性，认为"结构"来自于人固有的"无意识机制"。

法国哲学家阿尔都塞等人主张把结构主义和马克思主义相结合，用结构主义的方法理解和阐述马克思主义学说，由此创立了"结构主义的马克思主义"。

结构主义的马克思主义地理学也重视关系和结构的作用，用结构和关系的观点分析资本主义的空间格局、分工关系、社会平等等问题，著名学者如曼纽尔·卡斯特(Manuel Castells)。

② 对西方马克思主义地理学的论述参见：

顾朝林、刘海泳：《西方"马克思主义"地理学——人文地理学的一个重要流派》，《地理科学》1999年第3期，第237—242页，转引自湖北教育学院：http://www.hubce.edu.cn；

歧[①],马克思主义哲学思想与经济理论、地理理论相互联系与推动,对西方学术界产生了影响深刻,其中1960年代以后出现的新马克思主义,对西方地理学研究也产生了重大冲击和浸染,在一定程度上至少影响了一代地理学者的学术思想。

西方马克思主义地理学是国际区域研究的重要学派,自1960年代以来它一直在经历深化与分化的过程,出现了许多流派。1960年代后期,由于公民权利、反战情绪和女权主义运动等社会运动的影响,以及存在主义、结构主义等哲学思想的感染,与激进主义思潮(如新左派政治经济学、新马克思主义、激进的社会主义等)相一致,出现了激进地理学(即后来的"马克思主义"地理学),到1970年代已经出现了一批用马克思主义观点方法研究区域问

朴寅星:《西方城市理论的发展和主要课题》,《城市问题》1997年第1期,转引自人民网:http://house.people.com.cn;

James W. Harrington, Trevor J. Barnes, Amy K. Glasmeier, David L. Rigby, *Economic Geography: reconceiving 'the economic' and 'the region'* (28, April, 1999), www.geog.uconn.edu/aag-econ/econ_reg.pdf;

顾朝林、李平:《哈维与马克思主义地理学》,原载于《中华读书报》,转引自人民书城:http://www.booker.com.cn;

苗长虹:《区域发展理论:回顾与展望》,《地理科学进展》1999年第4期,第296-305页,转引自湖北教育学院:http://www.hubce.edu.cn;

蔡运龙:《大卫·哈维:地理学实证派的集大成者和终结者》,原载于《中华读书报》,转引自人民书城:http://www.booker.com.cn。

① 20世纪西方马克思主义的五次大转变和分歧是:1)第一次世界大战和十月革命期间,马克思主义分裂为东西方两条线索;2)1920年代西欧革命失败后,卢卡奇、葛兰西等对苏联马克思主义的批评;3)1930年代以后,以法兰克福学派为代表的非政治化、学术化转向,西方马克思主义进入成熟形态,并在20世纪五六十年代出现了存在主义的马克思主义、结构主义的马克思主义、实证主义的马克思主义等声名显扬、影响深远的学派;4)1970年代后的新马克思主义,如生态马克思主义;5)1991年苏联解体以后等。

题的著名地理学家，如大卫·哈维（David Harvy）等。马克思主义地理学者注重将问题置于特定的社会经济背景下、特定的生产关系下进行研究，重视劳动、资本积累、经济危机等与空间结构的形成与变化之间的关联，认为由于资本积累的危机会干扰或改变资本主义的发展进程，因而区域经济的长期增长过程是一个周期性的空间结构调整过程。

大卫·哈维是必须一提的马克思主义地理学派代表人物，现为纽约市立大学地理系教授。1960年代末期他由著名的实证主义地理学家转为马克思主义地理学家，成为1970、1980年代马克思主义地理学研究的核心学者之一，也是对国际地理学界产生重要影响的学者，其代表著作如《社会正义与城市》（1973）、《资本的限制》（1982）、《后现代性状况》（1989）等。他认为资本主义社会的城市地理现象是阶级斗争和资本积累之间内在矛盾的结果，不平衡的空间发展是资本主义积累过程的先决条件，并指出当今由于地方化和全球化相互交织，各区域间关系错综复杂，以及各种社会力量的相互作用，形成新的空间形态，而解决西方世界经济危机则有赖于生产方式从福特制转向后福特制。

在《社会正义与城市》一书中，他解释了城市成为20世纪60年代末到70年代西方经济衰退中心的原因，认为城市空间形态是大资本家追求其经济目标的结果。《资本的限制》是他最为重视的书，这本书对马克思《资本论》进行了再解释和再构造，重新考虑和加入了空间因素。1995年他曾获得国际地理学最高奖“瓦特林·路德国际地理学奖”。

曼纽尔·卡斯特是另一个需要提及的马克思主义区域研究专

家。曼纽尔·卡斯特是国际著名的社会学家和区域研究专家,现为美国加州大学伯克利分校城市与区域规划系教授。自1960年代末和1970年代初他就已显现声名,是结构主义的马克思主义地理学派的代表人物,他对世界性的社会运动所造成的历史变迁进行理论反省,批判了以芝加哥学派为代表的美国主流都市社会学的认识论,转变了社会学的研究范式。这一时期他出版的《城市问题》(1972)、《城市与民众》(1983)等,都被认为是经典之作,《城市与民众》一书还获得了莱特·米尔斯奖。

1980年代以后,面对新的技术革命和全球经济的重构过程,曼纽尔·卡斯特的研究主要集中于高科技对社会经济的冲击、技术经济的重构过程和区域与城市发展等问题,并出版了若干引起重大反响的著作,如《信息化城市》(1989)、《世界技术极》(与霍尔合著,1994),以及包括《网络社会的崛起》、《认同的力量》、《千年终结》在内的信息时代三部曲(1997—2000),全面总结了他最近十二年的研究,被认为是"揭示当代文明系统之逻辑,理清信息化社会之意义","绝对可以比拟马克斯·韦伯的《经济与社会》"的著作。

西方马克思主义地理学经历了两个发展阶段。第一个阶段是1960年代到1980年代初期,为地理学中马克思主义研究时期,即把马克思主义学说运用到地理研究中,并最终对地理学产生重大影响;第二个阶段是1980年代初期到1990年代,主要工作是将空间思想注入马克思主义学说中,批判性地使用马克思主义学说并创立西方马克思主义地理学学派,被称为"社会理论空间化"运动,具有鲜明的社会批判和理论批判意识,马克思主义的理论框架真正地渗透到地理学的研究之中。1980年代以后,马克思主义地理学者们对全球化下的空间经济分异和重组进行了许多研究,对全球和区域经济格局、产业分工、资本积累等问题多有探讨。

西方马克思主义地理学的研究至少包括如下几方面:

1.对空间分工和地区性的研究

在马克思主义学派的研究中,空间形态和空间结构的形成和演变过程一直是其关心的重要问题。1984 年,英国开放大学(Open University)的 Doreen B. Massey 出版了《空间分工:社会结构和生产地理》(*Spatial Divisions of Labor*: *Social Structures and the Geography of Production*)一书,她不赞同经济过程仅仅是技术、经济过程的观点,而强调区域内社会、文化因素在决定产业布局中的作用,认为产业投资的区位选择取决于区域社会经济条件,认为社会、经济与地点环环相连、密不可分。她的这些观点产生较大的现实影响,成为日后库克(Cooke)领导的英国"地方项目"的基础,并引发了许多后续研究。事实上,自 1970 年代起,Massey 就对区域与城市发展的特征及变化、工业区位论、区域政治地理、社会地理等问题进行了理论和实证研究,1980 年代以后,她对全球化下区域重构过程和工业地理变化等进行了许多研究,她发表的《政治学及方法:工业地理学中的对比研究》(*Politics and Method*: *Contrasting Studies in Industrial Geography*, *1985*)、《全球重构及区域回应》(*Global Restructuring*, *Local Responses*, *1988*)、《反思区域》(*Rethinking the Region*, *1998*)等都有较大影响。

在北美,K. R. Cox 和 A. J. Mair 自 1980 年代以后也进行了同类工作,认为经济发展依赖于一系列非经济的地方制度与关系。由于资本具有"高度流动性"的特点,因此地方要采取措施吸引投资流入。他们最有代表性的成果是1988年发表的《地方经济发展政治学中的地方和社区》(*Locality and Community in the Politics of Local Economic Development*),其后发表的《城市增长机制和地方经济发展政治学》(*Urban Growth Machines and the Politics of Local Economic Development*,1989)、《从地方化社会结构到作为代理人的地方》(*From Localised Social Structures to Localities as Agents*,1991)等,都是从区域政治经济学的角度,分析全球化和区域特征对区域分工、资源转移的影响。

2.政治经济地理学分析

政治经济地理学分析(analytical political economic geography)用正规的数学逻辑提出了不同于克鲁格曼等人的一般均衡模型,其工作始于马克思主义地理学家大卫·哈维于1982出版的《对资本的限制》一书。

其他学者还有美国明尼苏达大学的Eric S. Sheppard(1984)、美国佛罗里达国际大学的Panagis S. Liossatos等。他们以区域间投入产出系统、交通和劳动价值论为基础对资本主义空间经济进行了分析,如1988年Liossatos发表了《空间环境中的价值和竞争——一个马克思主义学派的模型》、1989年发表了《增长、竞争和投资需求——一个动态模型》,1993年和1995年又分别发表了《竞争、技术变化和不平衡增长》、《通过创造性破坏的技术演进》等。Sheppard和加拿大布列颠哥伦比亚大学的Trevor J. Barnes还修改了农业租金理论,反对新古典一般均衡价格模型忽视地理的问题,其1990年出版的《资本主义空间经济》综合并拓展了政治经济地理学的观点。Webber提出了基于依附和不平等交换理论的区域发展不平衡模型(1982),以及区域间资本流动模型(1987),等等。

3.自然与环境问题

从马克思关于人类与自然关系的理论出发,一些学者主张建立地理唯物主义,也有一些则主张用以社会为中心的观点认识自然。马克思主义者不赞成将自然风险与技术风险截然分开的观点,认为风险具有社会属性并受社会阶级关系、不同人群的收入差别所制约,任何已知的环境条件对于不同的人群意义不同。

二、以制度与演化经济观点分析区域问题[①]

区域经济研究从制度经济学和演化经济学获得许多思想养分,并结合其对空间问题分析的优势,以制度主义和演化主义的观点对区域发展及变迁过程、区域创新过程等进行了深入研究,以其开阔的对历史与现实问题的理解视野和综合性的研究方法,表现了对区域发展现实较强的解释力。这些学派人才辈出,建树甚多,成果引人注目,对区域研究做出重要贡献。领先学者如英国卡迪夫大学的菲利普·库克(Philip Cooke)[②]、美国加州大学洛杉矶分校的 Michael Storper 和 Allen J Scott、美国加州大学伯克利分校的安娜

---

① 这部分的论述参见:James W. Harrington, Trevor J. Barnes, Amy K. Glasmeier, David L. Rigby, *Economic Geography: reconceiving 'the economic' and 'the region'*(28, April, 1999), www.geog.uconn.edu/aag-econ/econ_reg.pdf;

沈玉芳:《国外工业联系研究的理论发展及其对我国的借鉴意义》,《世界地理研究》1999 年第 2 期,第 31－35 页,转引自湖北教育学院:http://www.hubce.edu.cn;以及胡海峰博士的分析。

② 菲利普·库克(Philip Cooke)是英国卡迪夫(Cardiff)大学教授,国际上对区域创新问题研究的领先专家,其研究领域为区域创新、产业区、城市和区域更新、通讯网络和环境管制等,特别是他对欧洲如德国、法国、英国等国家区域创新的实践进行了许多

李·萨克森宁(Annalee Saxenian)、美国哥伦比亚大学的 R.Nelson、英国杜伦大学的 Ash Amin 等知名学者。

以下将简要论述制度经济分析和演化经济分析的轮廓,并列举一些在区域研究方面的成果。

(一)制度经济分析

1.制度经济学的基本分析框架

制度经济学于 19 世纪末 20 世纪初由美国经济学家凡勃伦(Thorstein Veblen)提出。他认为制度影响人类行为的各个方面,且是绝大部分经济现象的中心和最重要因素,制度学派的经济学家们基本上都强调非市场因素是影响社会经济生活的主要因素,认为必须基于制度分析或经济结构、社会结构分析,才能理解经济发展的现实和洞察社会演进的趋向。1950 年代新制度学派出现,它一方面继承了制度学派的传统,重视制度分析和结构分析,另一方面又根据战后新的社会经济条件,更加注重对现实问题的分析、批判和建议,在政策目标和价值准则问题上所涉及的范围也要广泛得多。由于表现出明显的批判意识,新制度经济学与马克思经济学、斯拉法主义或新李嘉图主义等都被列入广义激进政治经济学中。

制度学派的分析框架包括以下三个部分或分支:

一是理性选择:主要采用交易费用、代理理论、合约理论以及

研究,并在理论上进行了探讨。他的著作如 *Knowledge Economies*(2002)、*The Governance of Innovation in Europe*(合著,2000)、*The Associational Economy: Firms, Regions and Innovation*(合著,1998)、*Regional Innovation Systems*(合著,1998)、*The Rise of the Rustbelt*(主编,1995)、*Towards Global Localisation*(合著,1992)等也都有较大影响。

产权理论。他们强调区域集聚和产业集中是人们的理性选择,是促使交易费用最小化的动力。

二是社会学的制度主义:强调网络理论、组织理论、团体理论,认为经济是一种社会制度嵌入性系统,强调社会网络中的人际关系、社会氛围等。

三是历史演化制度主义:强调制度演化在经济发展中的作用,分析不同的制度选择和制度锁定对经济发展的影响。

2.新制度学派对区域发展的研究

(1)制度与区域经济发展与创新的关系

新制度学派之集大成者诺斯认为,制度是一种规范人们经济行为的游戏规则(North,1990),不同的制度模式是在不同的制度环境下产生的,制度的作用是通过制度环境和制度安排来体现的。制度安排又分为正式规则和非正式规则,前者是指人们有意识创造的一系列政策法则,包括政治规则、经济规则和契约;后者则包括价值信念、伦理规范、道德观念、风俗习性、意识形态等因素。

制度学派不仅考虑到制度环境对制度安排产生的影响以及二者之间的互动,而且考虑到二者对空间经济的具体影响,区域发展也体现了制度安排和制度环境的影响,比如不同的区域发展政策会对区域发展造成很大的影响。

(2)制度的演进

制度是动态变化的,制度变迁是从一种制度安排变化、演进到另一种制度安排,这种变迁可以是强制性的,由政府发动并主导,也可以是诱致性的,由制度环境的变化所引发。一种初始制度的形成往往与当时的条件有极大的关系,一旦选择了某种制度安排,制度就会锁定,进而会发生制度的路径依赖。不管这种制度是好的还是坏的,是有效率的还是无效率的。因此,制度选择与演进对区域发展和区域创新具有不同寻常的重要的作用。

现代经济的发展表明,技术创新是推动经济发展的重要因素,而技术创新需要包括制度因素在内的、良好的区域创新环境的支持,对创新的支持性制度是制度变迁或演进应该选择的目标。

(3)制度的文化基础

每一制度都有不同区域社会文化历史背景的烙印,而在同一制度下,各区域不同的宗教、文化信仰,也会对特定区域发展模式的形成产生影响。

(4)社会规制和治理

采取不同的规制方法,施行不同的治理结构,都会对区域经济产生影响,比如分权式或集权式的、自治性的或一体化的等。

3.区域研究中的制度分析

1990年代区域研究学者们从制度学派吸收了许多成分,并运用于区域分析中,并形成制度地理学思想,比如1990年代中期英国学者Ron Martin(1994)和Sunley(1996)就提议按照凡勃伦的思路重塑经济地理学。这一学派的最大特点是将制度作为区域发展和创新的重要因素,并试图解释制度与区域发展的关系,代表性学者如Ash Amin、Piore、Sabel Michael Storper等,他们强调从大批量生产到小批量生产转换的重要性,即经济组织及其随之而发展的"社会—文化"体制形式,要求政府在创建体制激励方面应起关键作用,以确保灵活生产专门化的好处扩散到整个经济领域。

这一领域的研究成果至少包括以下几方面的内容:

(1)制度作为一种区位因素:近二十年来,区域学者吸收了制度学派的思想,重新探讨了区位因素的内容和对区域发展的不同作用,认识到包括制度在内的非物质性、非贸易的区位因素对区域发展所具有的重要意义,一些学者提出了制度空间的概念,强调不同区域有不同的制度空间即区域制度条件,这种非实体性、非物质性的空间因素,在很大程度上影响区域发展的程度、方式和方向,是区域发展所倚侍的重要基础。Storper 和 法国学者 Robert Salais (1997)根据反应性企业(reflexive firms)的概念,还提出为适应和应对技术及市场变化,减少企业经营风险,企业应立足区域社会历史资源,用地区惯例(place-specific conventions)来应对风险的观点。

(2)制度作为创新环境的内容:学者们已认识到制度环境是区域环境的组成成分,英国杜伦大学的 Ash Amin① 和布里斯托大学的 Nigel Thrift 等学者在技术对区域的影响、组织性学习、城市政治经济变化等方面进行了许多研究,他们两人也合作在这些问题上发表许多论文,有较大反响,他们重视制度在区域创新中的作用,提出用"制度厚度"(institutional thickness)来衡量区域内支持创新的制度的质量和结构,制度厚度与创新支持力度成正比。制度厚度可以理解为区域的制度丰度,即区域内的制度是否完备、是否有

---

① Ash Amin 是英国杜伦(Durham)大学地理系教授,知名的区域研究专家。他的研究主要集中在当代经济政治文化变化,如欧洲区域发展、后福特制和全球化时代的地理格局、组织性学习的地理学、城市政治经济变迁等,着重政治经济分析。他新近出版的著作如 *Cities for the Many, not the Few*(与 Massey, D. 和 Thrift, N. 合著,2000)、*Cities: Re-imagining the Urban*(与 Thrift, N. 合著,2002)、*Placing the Social Economy*(与 Cameron, A. 和 Hudson, R. 合著,2002)、*Knowledge Practices in Firms: Competences and Communities*(与 Cohendet, P 合著,2003)等,都在深化对这些领域的研究。

效率、是否对区域发展有强大的支持性等。

还有些学者将制度作为构成区域“粘性”的成分,区域内的制度条件越有利于创新和发展,区域的粘性也越大,区域对外部资源就越具有吸引力,区域整合各种资源的能力也越强。

(3)交易成本对空间集聚的作用:以制度学派的理性选择观点出发,学者们探讨了交易成本与企业集聚之间的关系,认为企业集聚有利于减少互动学习过程中的交易成本,促进知识的获得、共享和交流,有利于促进区域创新活动。

(4)制度在社会网络形成中的作用:学者们在对一些成功地实现区域创新的案例研究中,普遍认同制度因素在促进社会网络形成中的积极作用,而这种社会网络是区域内各种有利于互动学习和创新活动的关系的总和,在促进网络成员之间的互动学习、相互合作、实现区域创新方面具有重要意义。

(5) 制度网络与区域合作优势:同在英国卡迪夫大学的库克和 Kevin Morgan(1993,1998)也在这一时期用制度的网络模型理解“区域合作优势”(the co-operative advantage of region),认为区域创新中的合作关系比竞争关系更重要,且不同的制度会为区域整体利益而整合,有利于形成和保持区域优势,并提出协同经济(associational economy)的概念。

(6)制度演进与区域发展的路径依赖:学者们认识到制度演进与区域经济发展具有同向关系,制度的路径依赖会直接影响到区域发展的路径依赖,在一定程度上制约着区域发展的方式和程度。分别在美国加州大学洛杉矶分校和伯克利分校的区域研究专家 Storper、Walker(1989)等从路径依赖角度理解区域经济专业化。他们认为技术、区域关系网络、非贸易的相互依赖都会随时间而积累和巩固,使区域锁定于某一专业化方向,并产生路径依赖,影响今后。而且,他们认为推进型产业在开始是相对自由布局的,但一旦其选址确定后,便会引起企业的集聚和扎根,形成锁定和路径依赖,促使同类或具有分工关系的企业进一步在该区域集中,强化区域专业化方向和优势,而难以进行新的区位变化。

(二)演化经济分析

演化学派主要是从生物学特别是生物进化思想中获得启发,并通过类比方法运用于解释经济社会发展过程,其中演化经济学是演化学派的重要分支。演化经济学与制度经济学渊源深厚,它启始于19世纪末20世纪初,演化经济学的概念是由制度学派创始人凡勃伦在其1898年发表的《经济学为什么不是演化科学》一文中最早提出来的,因此在1980年代以前旧制度经济学常被视为演化经济学。一般认为凡勃伦、熊彼特、马克思、马歇尔是演化经济学的先驱。20世纪30—70年代是演化经济学发展的沉寂时期,而到1980年代以后现代演化经济学获得长足发展,并在这时确立了演化经济学的分析范式,成为经济学研究中最引人注目的学科之一。演化经济学流派众多却有一些共同特征,即挑战古典经济学的理念,强调政治经济过程的演化特征。

演化经济学的主要流派有以下几个:

后制度学派:以霍奇逊为代表,继承了凡勃伦的传统,他们认为制度经济学等同于演化经济学。

新熊彼特学派:即正规的演化经济学派。演化经济学从熊彼特关于创新的思想中吸收养分,并自称为新熊彼特学派。新熊彼特派始于熊彼特的创新理论和赫伯特·西蒙关于人类行为和组织行为的理论,后经理查德·纳尔逊和悉尼·温特加以完善。他们不赞成主流经济学关于经济人行为的假设和以均衡分析为中心的静态分析方法,强调对经济演化过程中的“惯例”、“搜寻”和“选择环境”的分析,认为制度需不断适应环境的变化。新熊彼特学派以在科学技术、知识经济和创新体系等方面的研究而著称。在对区域创新的研究中,该学派对于区域环境选择、企业家才能、技术创新过程等方面都有研究。

奥地利学派:由19世纪末著名的经济学家卡尔·门格尔创立,经庞巴维克和维塞尔的发展,在20世纪二三十年代达到高峰。该学派在二战后发展很快,并在英美国家生根开花,该学派突出地强调了主观知识对创新的重要性。

调节学派:调节学派出现于法国,其理论源泉主要是马克思的《资本论》,因此也被认为是马克思主义学派,该学派对制度多样性和当代资本主义制度的演化进行研究。1980年代调节学派在运用其理论框架,对西方资本主义生产方式的转变进行了分析,并对经济地理学和社会学产生了重大影响[①]。

在主流经济学内的罗默(Romer,1986)、阿瑟(Arthur,1989)、克鲁格曼(Krugman,1991)等也以演化经济学的思想进行了空间数理

---

① 参见贾根良:《进化经济学:开创新的研究程序》,《经济社会体制比较》1999年第3期,转引自经济学家:http://www.jjxj.com.cn;

贾根良:《演化经济学:现代流派与创造性综合》,《学术月刊》2002年第12期,转引自经济学家:http://www.jjxj.com.cn;

胡海峰、李雯:《对制度变迁理论两种分析思路的互补性思考》,《人文杂志》2003年第4期,第62–68页。

方面的开拓,认同路径依赖和技术锁定等概念。Webber 和 Rigby(1996)又将该观点予以计量地理式的表达。

演化经济学认为,资本主义是一个由技术和组织创新推动的演进过程,一个企业面对更大程度的不确定性和不稳定性的过程,一个社会制度起主要作用的过程。由于选择的不可逆性,技术、市场和制度的发展具有历史轨迹和路径依赖,受事先存在的社会秩序规则和经济行为与经验特征之间复杂的相互作用的支配,而经济秩序的建构并不是静态的均衡,它可能基于不同的分叉点而走向不同的路径。

演化经济学的一系列观点近来在区域研究中得到广泛的应用。之所以如此,是由于区域学者在采用新制度经济学的交易费用来分析区域的产业集群和经济集聚时,遇到的一个最大困难是,交易成本无法完全解释产业集群中技术扩散和互动学习的过程。这种技术扩散和互动学习又是当今知识经济世界,一个国家或一个区域保持长期竞争优势的重要支撑之一。很显然,用静态的概念去解释动态的学习效果,在理论上有一定的困难。

基于此,区域学者 Stoper 和 Scott 开始转向演化经济学,他们指出,要对资本主义工业化和区域发展的道路给出有说服力的解释,需要将规制理论、制度经济学和演化经济学以及经济地理学的地域研究这几种相互独立的理论工具有机结合。Stoper 将演化经济学所强调的技术演化的相互性与路径依赖性同经济地理学的空间集聚相结合,探讨特定地区的惯例,诸如劳资关系、职业培训体制、企业交易行为、上下游企业之间的互动关系、生产技术的路径选择以及生产组织管理型态等,对区域内企业的交易和信息扩散的影响。他们认为,企业间及企业和研究机构、工会等的关系,是区域发展中组织与技术学习的"关系性资产",而这种关系性资产是地域化的,不会因为企业的迁移而改变,是一种"非贸易相互依存性(untraded interdependences)"机制,这种机制是由"传统(convention)"来协调的关系性资产,是一种隐性知识,它与基于可贸易的投入产出的交易费用机制或者外部经济机制相结合,共同构造了一个技术—组织—区域三位一体的理论框架。

Scott 则将规制主义理论同经济地理学的地域研究相结合,根据外部经济和交易费用机制以及动态收益递增过程,以及地方经济系统的社会文化规则和历史地理的视角,解释了先发地区的集聚增长,提出了基于地方资产和制度建设的区域发展战略。

三、新经济地理学①

1977 年,迪克斯特(Dixit)与斯蒂格利茨(Stiglitz)在《美国经济评论》上发表了《垄断竞争与最优产品多样性》(*Monopolistic Competition and Optimum Product Diversity*)一文,这篇论文发表后并未引起太多的注意,后来被克鲁格曼在研究新经济地理学时视为新经济地理学的理论基础。最近二十余年来,新经济地理学受到经济学界和地理学界的广泛注意,许多学者参与到对新经济地理学的思

---

① 关于新经济地理学的论述参见:

刘乃全:《区域经济理论的新发展》,《外国经济与管理》2000 年第 9 期,第 17 - 21 页,转引自湖北教育学院:http://www.hubce.edu.cn;

徐梅:《当代西方区域经济理论评析》,北望经济学园:http://www.beiwang.com,2002 - 8 - 17

考与研究中，成为十分活跃的一个研究领域，出现了一些令人瞩目的领先学者，如克鲁格曼（Krugman）、藤田昌久（M. Fujita）、莫瑞（Mori）、瓦尔兹（Walz）、马丁（Martin）、沃纳伯尔斯（A. Venables）等。

地理学界和经济学界都认为各自的研究属于新经济地理学，但两者的研究路径和角度不尽相同，经济学者试图将空间因素纳入经济学分析中，如以添加了运输成本因素的区际贸易模型，来解释贸易量随距离的增加而迅速减少，价格、要素报酬和行业生产率在不同区域间差异问题，如克鲁格曼就试图通过建立一个不完全竞争市场结构下的规模报酬递增模型，而地理学者则不尽认可这种尝试，他们坚持经济地理学的空间性质和其学科本身的独特性。因此，国际经济地理学界将经济学界研究的新经济地理学称为"地理经济学"或"新区域科学"，而将经济地理学新的研究趋向（如文化、关系、制度转向等）称为新经济地理学。

不过，本章所使用新经济地理学一词，意指"新地理经济学"，即经济学界对经济地理学的理解，而将地理学界的新经济地理学包含在区域研究的文化与关系转向中。

目前，国内对新经济地理学的归纳不尽一致，这主要是由于新经济地理学涉及问题多样所致。有观点认为，新经济地理学有两个研究方向：一是用新方法对区位选择进行再研究，二是以新方法为基础，用"空间"观点分析区际贸易、空间集聚等（徐梅，2002）；也有观点认为，新经济地理学包含区位理论、贸易理论、收敛及发散理论等三个方面（刘乃全，2000）；还有观点认为，新经济地理学包括四个方面的研究内容，即新区位因素、全球区位论、新地域运动规律、新空间集聚研究。在这三种概括中，第一、二种概括主要是经济学界对经济地理的研究,而第三种则融合了经济学和地理学的研究。

以下简述新经济地理学的若干研究问题:

1.区位理论

1991年克鲁格曼在《政治经济学杂志》上发表的《递增收益与经济地理》一文,用模型表达出运输成本、规模经济、市场容量和企业集中的关系。模型表明,一个经济规模较大的区域,会由于产业间的前向和后向联系而出现累积性的制造业集中现象,且经济规模与集中程度呈正比,而运输成本越低,制造业比重越高,企业的规模经济就越明显,越有利于企业聚集,空间的中心——外围关系受规模经济、运输成本和制造业比重的制约。

1999年,格斯贝茨(Gersbach)与施姆兹勒(Schmutzler)用模型探讨了产业外溢效应下的创新活动的地理分布及对产业聚集的影响,认为递减的联系成本支持产业的聚集,同时也存在产品创新的多重均衡。产业群内企业的竞争与合作效果可以达到两阶段博弈的子博弈完美均衡,这通过美国硅谷的经验而得到证明。

1996年,瓦尔兹(Walz)研究了地方集聚经济对生产率持续增长的影响,表明增长与技术等要素的溢出效应密切相关,认为区域经济一体化有利于企业创新活动的区域集中。

1999年,弗塞尔与伯格曼利用区域与产业群的概念,认为外部经济、创新环境、合作竞争与途径依赖等是形成聚集优势的理论基础,并通过价值链与投入——产出途径、区位系数、网络来确认和分析产业群。

1999年马丁(Martine)研究了聚集经济条件下的区位竞争问

题。他通过模型分析得出结论，在最初的区位竞争中获胜的区域对其他企业具有较大的吸引力，参与最初区位竞争的第一个企业虽然可以获得较大的财政激励，但随后的其他企业却能够从该区域的产业聚集形成的外部经济中获益。对在区位竞争中获胜的区域而言，更重要的利益在于为随后进入的厂商提供了一个良好的环境。在同一区位的厂商数目会随着外生的相对成本优势和内生的聚集优势的增加而增加。

当然，对产业聚集区位也有另外不同的观点，如 1993 年 Decoster 和 Strange 从经理人和制定决策的声誉成本角度，认为代理问题是重要的影响聚集因素。1999 年哈德(Head)、瑞斯(Ries)与斯文森(Swenson)曾推测群居行为(Herding Behavior)可能导致产业群。

2. 贸易理论

新经济地理理论将运输成本纳入其整个理论体系中，并以此回答了传统贸易理论所不能回答的事实：(1)贸易量随距离的增加而迅速递减；(2)价格在区位之间并不相同，地点之间的距离越远，差异也越大；(3)要素回报在国家之间并不均等；(4)不同国家的行业生产率差异很大。

克鲁格曼在贸易与地理分析、空间模型等方面做了许多研究。1991 年他利用简单的两区域模型、农产品无运输成本假定和萨缪尔森的“冰川”型工业品运输成本，来说明区际贸易的产生及最终的中心—外围增长模式，即每一单位的工业品中只有一部分能发生区际移动，且其数量与区域运输成本呈反比，且区域的收敛与否取决于两种作用力，即促使区域发散的本国市场效果与价格指数，以及促使区域收敛的本地农产品市场的竞争度。

1996 年,藤田(Fujita)和莫瑞(Mori)对克里斯塔勒的中心地模型进行了修正并建立了新模型,他们认为人口增加会引起新城市的扩展而形成多城市空间。1997 年他们又研究了多个制造业部门运费与规模经济的差异,认为经济体系会自动发展为一个中心地体系。

新经济地理学也研究了地理与国际贸易的关系,如沃纳斯伯尔(Venables,1996,1999)把新经济地理学模型作为区际贸易新类型的基础。他认为,在生产要素不能自由流动的假设下,规模经济和运费是影响区际分化的因素。这样,有多个制造业部门的区域能为中间性商品提供广阔的市场,促进其走向区域一体化集中,并对下游产业形成成本优势,且积累这种集中和优势。1999 年,沃纳伯尔斯(Venables)与李冒(Limao)把运输成本纳入赫克歇尔—俄林的区际贸易模型,同样发现贸易方式和生产方式不仅取决于资源禀赋和要素密集度,而且依赖于与区域地理位置有关的运输成本。新贸易活动的区位选择相对于已有的贸易活动密度而言,依赖于要素密集和运输密集度。

1999 年,伊顿(Eaton)与考图姆(Kortum)将地理、技术因素纳入其贸易模型,探讨了贸易收益、贸易与技术收益扩散、技术与区位影响的专业化模式、移民对工资的影响、关税减少的结果问题,认为各国都会从自由贸易中获益,且小国获益更多,同时,技术对于提高国家福利水平有积极作用,而不同国家从技术扩散中获益的程度则取决于技术扩散国和技术接受国之间的相似性。

3.趋同及趋异理论

学者们的研究主要集中于对区域间趋异趋向这一现实的分析:

(1)技术对区域不对称的影响:技术因素是决定区域经济增长的一个重要因素,技术能否扩散会影响区域的趋同与趋异。基凡奈蒂(Giovannetti,1999)在区域不对称的演变过程模型中指出,由于不同区域企业技术水平及对技术的适应力不同,区域间企业具有四种技术不对称的状态,即持续不对称、蛙跳式、保持领先、追赶式。他认为,企业不会采纳持续不对称状态,低质量企业容易采纳蛙跳式的方式,高质量企业一般会采取保持领先的方式,而所有企业都能采取追赶式的方式。

(2)鲍默尔(Baumol)与巴罗(Barro)等认为,只有拥有丰富人力资源的地区才能通过应用技术促进区域趋同。而1989年多瑞克(Dowrick)与圭根(Ngugen)则认为,趋同只会发生在最富裕的国家,即俱乐部趋同。

(3)1991年和1992年,巴罗(Barro)与萨拉—艾—马丁(Sala-I-Martin)等人提出条件趋同的观点,认为缺乏长期增长潜能的国家难以实现趋同。

四、新韦伯主义①

1980年代中期以来,美国加州大学洛杉矶分校的 Allen J. Scott 从 Williamson 的企业交易成本研究中吸取知识,发展了他称之为

① James W. Harrington, Trevor J. Barnes, Amy K. Glasmeier, David L. Rigby, *Economic Geography: reconceiving 'the economic' and 'the region'*(28, April, 1999), www.geog.uconn.edu/aag-econ/econ_reg.pdf.

“新韦伯主义”的工业区位论(Neo-Weberian theory of industrial location),并区分了垂直一体化和非一体化(disintegrated)生产。

到1980年代末,随着社会经济生活的日益相互渗透和相互依存,简单的交易费用概念已不足以解释企业、工人、区域间的关系,企业间的关系日益被认为是由各种非贸易的相互依存关系所塑造,社会网络、非物质资源、区域内的互动关系受到重视。新韦伯主义学者也大多属于制度学派、演化学派,如美国学者Storper、英国学者Amin和Thrift、意大利学者Roberto Camagni、德国学者Gernot Grabher等,他们用这种综合的、整体的观点对工业区位论进行了重新演绎,强调在社会经济背景下的技术创新和变化的重要性。

由上面的分析可知,在最近二十多年来声势浩大的区域研究中,许多领先学者都可归到马克思主义学派、演化学派和制度学派的旗下,或者说他们的研究吸收了上述学派的观点。

在二十多年的国际区域研究中,还有其他一些研究成果,如对劳动、性别、种族、环境经济地理、消费与新商业地理等的研究。总之,无论是对区域空间形态、社会结构、技术变化等各方面都有许多成果,学者们以不同的角度参与到区域研究的文化转向和关系转向中,共同创造了一个区域研究的繁荣时期。

第三节 区域创新研究简述

最近二十年来,对区域创新的研究百家争鸣,文献浩繁,与这一时期整个区域研究的学术特征一致,演化学派、制度学派、马克思主义学派的学者对区域创新理论进展的贡献尤为突出，在对创新的研究中表现出明显的说服力、新鲜感和整体感。

这些学派不仅在研究主题上比较接近和集中，而且研究角度更广阔和综合，对现实的把握也更客观、真实和系统，而理论对现实的解释力与其对现实的把握程度是成正比的。这种整体性的认识观和以政治经济分析为主的方法是其重要特点。比如，比起主流经济学来，这些学派更重视在整个社会经济的总体框架中理解创新，认识和探讨区域技术、社会变化过程的异质性、多样性、复杂性、动态性、不确定性，研究区域创新过程中区域环境与经济主体间反馈机制，注意社会各主体间的相互关系和相互作用，他们认为区域产业结构、供给特征、制度安排是保障经济成功的关键因素。再如，这些学派重视通过提升经济水平、制度和经济基础来实现整体的区域财富（wealth of regions）而非单个企业的业绩，认为这些是企业成功的前提，也是区域创新的基石，而主流经济学更注重生产函数和代表性企业。

2003 年，英国学者 Frank Moulaert 和法国学者 Farid Sekia 曾对最近十多年来区域创新的研究枝系进行了总结，认为在众多有关区域创新的研究中，虽然尚缺乏比较一致的理论框架，但这些研究均以内生增长和发展理论、创新体系理论、网络理论等为理论基础。

1980 年代以来，对区域创新模式的讨论比较集中于创新环境、产业区、地方生产体系、新产业空间、学习型区域等几个角度和类型，这些焦点性问题的提出和归纳都以许多实证研究为依据。1980 年代中期法国的欧洲区域创新环境研究组（GREMI）对欧洲一些地区和美国硅谷进行了研究,探讨了区域内生增长问题,被认为是关于区域创新研究的开创性工作。GREMI 对区域创新研究的重要贡献之一是提出了创新环境的概念,将人力资本、地方经营文化、教育体系、基础设施、生产要素和体系的质量等都置于创新环境。事实上,在 1980 年代中期前后,对区域创新问题的不同研究已有进行,如 1977 年 Bagnasco 提出了产业区理论,他强调区域内同类产业的中小企业的创新能力。此后以法国为代表的产业区学派重视产业区内正式和非正式的社会、经济、政治关系的质量,将其视为区域长期发展的决定性因素。产业区与地方生产体系和创新体系之间在内涵上和特征上有很大共性。在美国,1980 年代后期以来,以 Stoper、Scott 等学者为代表的经济地理学的加利福尼亚学派强调技术创新、产业组织和区位之间的关系,1988 年 Storper 和 Scott 提出了新产业区的概念,综合了产业区和柔性生产体系、社会规制、地区动力学等观点,开创了对新产业空间的研究。经过十多年来不断的理论探讨和学术论争,对区域创新的研究已有很大进展,比如近年来对区域创新体系、学习型区域的研究等。

在以上研究脉络内,学者们提出并探讨了至少三类区域创新模式:第一类是 1986 年由 GREMI 提出的创新环境,这一模式重视能产生创新性企业的内生的制度性潜力的作用。相同的模式还有产业区和地方生产体系,强调合作和企业家精神在创新过程中的作用,创新环境和产业区模式都十分关注区域制度的内生性。第二类是区域创新体系,探讨有利于区域发展的制度性合作原则(Edquist,1997),或以演化学派的观点解释学习型区域。第三类源于加利福尼亚学派,主要是对新产业空间的研究,以Storper和

Scott 对美国南加州航空业的研究为启始。[①]

下表是 Frank Moulaert 和 Farid Sekia 对不同区域创新模式的比较和总结：

表 1.1　　　　不同区域创新模式的创新观

创新的特征	模式		
	创新环境(MI)	产业区(ID)	区域创新体系(RIS)
创新动力学的核心	企业通过与同一环境内其他组织的关联实现创新的能力	各主体在共同价值体系下实现创新的能力	创新是 R&D 的互动性、累积性的专门过程(路径依赖)
制度的作用	在研究(大学、企业、公共机构等的研究)过程中制度具有非常重要的作用	制度是"主体",能实现社会规制、促进创新和发展	如同国家创新体系,学者们对区域创新体系的定义不尽相同,但公认制度能规范行为
区域发展	空间观的基础:创新环境,以及合作氛围中各主体的创新能力	空间观的基础:区域空间的稳固性和弹性,这种弹性是创新的因素	互动学习的源泉
文化	信任和互利互惠关系的文化	产业区各主体共同的价值观;信任及互利互惠	将区域视为互动学习/从运行规则中学习的体系
主体间关系的类型	企业与其供应商、客户、合作伙伴间的战略关系	网络是社会规制的模式和约束源,它使合作和竞争共存	网络是互动学习的组织模式

① Frank Moulaert and Farid Sekia, *Territorial innovation models: a critical survey*, *Regional Studies*, Vol.37.3, 2003 p.290.

(续表)

与环境关系的类型	各主体根据环境变化调整其行为的能力。非常丰富的关系;与区域环境内各主体之间的关系	能应对环境变化;丰富的关系;有限的空间环境观	在内部专门关系和环境约束间寻求平衡;丰富的关系
创新动力学的核心	R&D活动及其实施的结果;新生产方法的应用(如即时生产方式)	同产业区一致	同区域创新体系一致,但强调技术和制度的演化
制度的作用	对协调企业间交互作用和企业活动发展变化的社会规制	同产业区一致,但注重政府治理的作用	同区域创新体系一致,但更重视制度的作用
区域发展	社会规制和集聚性生产体系的互动	扩展的工业化,如不断演进的社会—经济发展	双重的动态变化:技术和技术—组织的;社会—经济和制度的
文化	结网和社会性互动的文化	发展过程中区域社会——文化环境的作用	同区域创新体系一致,但更注重经济和社会文化生活的互动
主体间关系的类型	企业间交互作用	企业间和机构间网络关系	各主体组成的网络(根植性)
与环境关系的类型	社区形态和社会再生产的动态变化	与创新环境相近	同区域创新体系一致

资料来源:Frank Moulaert and Farid Sekia, *Territorial innovation models: a critical survey*, *Regional Studies*, Vol.37.3, 2003, p.294

Frank Moulaert 和 Farid Sekia 大体总结了近年来区域研究学者特别是欧美学者区域创新空间模式方面的一些观点，对于理解不同的区域创新的空间模式十分有益。以下将继续沿着第一节的分析角度，简述演化学派、制度学派、马克思主义学派在区域创新方面的研究进展。

一、国外有关研究简述

根据有关文献，演化学派、制度学派、马克思主义学派在区域创新研究方面大致有以下几方面的推进性工作：

(一)对创新和创新过程的研究

演化学派等整体地、综合地和动态地理解创新，试图从整个社会经济系统中把握和规定区域创新，认为创新既包括企业和产业的技术创新，也包括区域和国家的制度创新，既包括组织创新，也包括管理创新，它具有广泛的含义。

这些学派确信创新不是一个简单的技术创新的过程，而是一个经济—社会—技术过程，且具有积累性质，如演化政治经济学派继承发展熊彼特的观点，认为创新需通过不断试错获得，而对新想法和新产品的选择则取决于企业家才能和特定环境因素的互动。它们强调创新的集体性、互动性、社会性，认为创新是集体的努力而非个人英雄主义式的，即在一定社会关系下的创新的互动模式。

(二)对创新的社会背景的研究

学者们在全球化、技术革命的背景下认识全球经济的重组过程，认为创新是受时代条件制约的、动态的过程，马克思主义学者还将全球经济重组的过程视为资本主义累积发展的结果。如 Camagni(1991)将创新置于全球性关系中,指出日渐显著的创新环境和全球性的相互依存关系,以及通过组织间协同建立起来的发展机制具有重要意义,认为地方特征和全球力量对创新环境的差异具有决定性影响。卡斯特多年来致力于信息社会的研究,他认为目前的技术—经济体系导致信息化资本主义的出现,并引起资本主义的经济重组,而新产业的发展演变又促使出现新的空间格局,这种格局又反过来影响区域内及国际分工。

(三)对社会网络的作用的研究

由于在区域创新过程中企业面临着更大的不确定性和不稳定性,因此,为了减少这种不确定性和不稳定性,包括社会制度在内的社会关系和社会网络起作用,而非市场起着更大的作用。

学者们强调社会背景、经济体系和生产结构对区域发展的影响,力求从整体上把握区域发展和创新的过程与机制,其中特别强调创新环境、创新网络、空间集聚等因素的作用,重视大的社会背景,区域条件和生产体系的影响。比如在对区位论的探讨中认为,整个产业体系的结构是影响经济活动区位的关键因素,因此企业的区位选择是有时空性的、是动态的,它取决于那些影响生产要素和地理环境因素的经济条件的变化。在分析企业集聚中,它更看重的是企业集聚的原因和过程,而非单个企业的区位决策,认为企业区位与产生和保持企业间联系的能力有关,企业乐意布局在那些具有高密度企业网络的地方。

(四)对空间集聚的研究

对空间集聚的研究主要集中在集聚对区域内互动学习以创

造、获得、应用和扩散知识，减少学习过程的交易成本，赢得企业和区域竞争优势的重要性等方面。

在研究中，集聚(agglomeration)、集群(cluster)、邻近性(proximity)常被一起使用，表达相同或相近的含义，表示集中或接近，在这方面有许多研究成果，其中最突出和集中的研究成果，是对地理邻近性与学习过程关系的研究，认为地理邻近性有利于互动学习，且有助于建立区域社会网络。如 Michael Storper(1997)认为，企业集中分布的、具有较高专业化水平的集群具有较强的"关系资产"和"非贸易的相互依存"关系(如隐性知识所需的面对面交流)，便于形成政府、企业和其他组织之间相互合作与协调的机制和相互学习。另有研究表明，正规与非正规知识(类似于显性知识与隐性知识)对形成经济竞争力的作用不同，地理邻近性在提供包括隐性知识在内的"非正规资产"(informally-constituted assets)中有独特意义。

此外，学者们还探讨了集聚条件以及企业和 R&D 机构的关系等问题。如与 Michael Storper 同在美国加州大学洛杉矶分校的 Allen J. Scott(1983)对空间集聚的条件进行了研究，他认为生产的不确定性、小规模且专业化、劳动密集型的生产过程、复杂多变的企业间联系等因素是空间集聚的条件，具有这些特征的企业更倾向于在空间集中。他还分析了小企业同 R&D 机构建立联系的动机，认为由于小企业具有高生产率，因此它们愿意付"租金溢价"与大学和其他企业建立联系。

学者们也分析了空间集聚对降低交易成本的影响。如丹麦哥本哈根商学院的 Peter Maskell① 和丹麦 Pædagogiske 大学的 Allan C. Malmberg 认为,不同主体间面对面交流可巩固隐性知识,这不仅是由于空间集聚减少了交易费用,也是由于彼此高度的相互信任与理解,使隐性知识得以完好地交流和保存。

另外,学者们还论述了空间集中与无地点性之间的关系。如卡斯特认为创新联系不一定需要空间成分,比如将来坐落于实体地理空间的科学园的重要性会降低,而虚拟科学园(virtual science park)会出现。不过他也认为,目前空间集聚仍是一个必要的条件,这是由创新过程的相互作用的性质所决定的②。

二、对区域创新的一些共识

知识经济和全球化过程使区域发展的资源、动力、方式和政策等方面发生了一系列相应的变化,区域创新成为解释和瞻望区域

---

① Peter Maskell 是丹麦商学院教授,丹麦政府城市和产业政策委员会主任,区域经济研究的知名学者,对区域创新、产业区等问题特别是北欧地区的实践有深入研究,他的论著如 *Competitiveness, Localised Learning and Regional Development-Specialisation and Prosperity in Small Open Economies*(与 H. Eskelinen、I. Hannibalsson、A. Malmberg、E. Vatne 合著,1998)、*Learning in the village economy of Denmark. The role of institutions and policy in sustaining competitiveness*(1998)、*Proximity, institutions and learning – Towards an explanation of industry agglomeration and regional specialization*(与 A. Malmberg 合作,1997)、*Localised learning and industrial competitiveness*(与 A. Malmberg 合作,1999)等都有实践及政策意义。

② Paul Westhead, Stephen Batstone, *Independent technology-based firms: the perceived benefits of a science park location*, *Urban Studies*, v35, n12, pp. 2197 – 2208;

参见(美)曼纽尔·卡斯泰尔:《信息化城市》,崔保国等译,第一章、第二章,江苏人民出版社 2001 年版;

(美)曼纽尔·卡斯特:《网络社会的崛起》,夏铸九、王志弘等译,总导言,社会科学文献出版社 2001 年版。

发展的重要理论，也是近年来区域研究中的重要理论进展和所研究的焦点问题之一。在这一研究主题下，学者不仅对区域创新的具体内涵进行了研究，也涉及到相关的广泛问题，如创新环境、创新网络、集聚、学习型区域、创新支持体系等，对于区域创新的因素、过程等也都有所研究或涉及。

总之，经过最近二十年来的实践发展与理论探讨，对于创新已经有了比较一致的观点。

首先，创新是一个经济—社会—技术过程。在创新理论中，创新被认为是不仅是将新知识商业化的过程，更是一个经济—社会—技术过程，它是一个由客户、厂商、各种中介组织参与并相互学习技能和交流知识的复杂过程，并受社会环境的制约；

第二，区域创新是一个区域性、社会性的互动过程。区域创新体系包含地方性互动创新网络，重视各种经营团体和政府治理结构在促进创新上的作用。创新网络和互动学习过程在区域创新中具有重大作用，创新网络内不同组织和个人间的相互沟通、互动学习、合作和协调是创新过程的必要因素，以促进区域创新为目标的区域经济发展方式由垂直性的向更加网络化的方向转变；

第三，区位因素发生了较大变化。在全球化和知识经济下，区位因素的成分和重要性发生了变化，以自然资源为基础的经济中所重视的资源禀赋、地理位置、丰富而廉价的劳动力资源等因素退而居次，而知识、技术、人才、信息基础设施等成为更加重要的因素。此外，非实物因素如社会资本、社会网络等作用在区域发展和创新中的作用凸现出来，区域发展业绩所表现的差异性越来越多地受制于区域发展的非物质、非贸易的区位因素，它们构成区域创

新环境的内容,而创新环境的质量和优势则决定了区域创新的基础条件即区域吸引和留住各种流动性资源的粘性;

第四,地理邻近性和动态的集聚经济对区域创新有重要意义。在知识经济下,对知识的学习成为最重要的过程,并成为建立、巩固和提高区域优势的重要途径,而地理邻近性、空间集聚因其有利于学习过程而备受重视。在学习过程中,参与区域创新的各主体间面对面直接交流的重要性,相互学习和共同学习的要求,知识与技术首先向邻近地区扩散的特点,区域内在知识、信息的搜寻、交流与共享方面降低交易成本的要求,以及区域专业化水平的提高,都对空间集聚提出要求,并使得企业空间集聚的特征更加明显,集聚经济的外部性依然显著,地理邻近性在区域创新中的作用十分重要。

第五,区域创新过程具有路径依赖及锁定特征。学者们认同区域创新过程的路径依赖和锁定特征,以及具有创新具有示范效应等观点,认为这些特征和效应使得区域得以保持其以往的发展路径,积累以往的发展特征并呈现区域差异。正如卡斯特所说的:"最终的讽喻是在无地点性的世界里,一些区域组织着其他地区"(Castells,1998)。也就是说,区域空间结构、区域等级序列、区域核心—外围关系依然存在,区域趋同并非触手可及。此外,关于弱势地区如何打破原有的发展路径、建立新的发展启始继而开始新的路径依赖等也都有研究。

三、我国有关研究简述

在我国,区域创新是近年来区域经济研究的一个热点问题,出现了许多关于区域创新体系、创新环境、区域创新与区域竞争力等方面的文献，区域创新不仅被学者们所关注，也被许多地区的政府和企业经营者与管理者们所重视。

国内对区域创新问题的研究，近年来有一些比较重要和有推进性的成果，值得重视，其中有代表性的大致有三个：

一是以北京大学王缉慈教授为主的研究工作，引介、探讨了区域创新的重要理论概念和观点，特别是对集群问题进行了较为深入的理论和实证研究。除了她个人多年来一些有影响的成果，如《区域创新环境及其网络理论》(1996)、《关于我国区域研究中的若干新概念的讨论》(1998)、《从意大利产业区看浙江专业化产业区发展前景》(2000)等，也有一些是以她为主、师生共同完成的研究成果，其中最具代表性和影响的是她 2001 年出版的《创新的空间——企业集群与区域发展》，此外还有 2002 年出版的盖文启的《创新网络——区域经济发展新思维》等；

二是长城企业战略研究所完成的关于区域创新问题的研究，其代表性成果是由王德禄主编的《创新中国研究系列》，其中已出版的有关论著如《区域的崛起——区域创新理论与案例研究》(2002)、《区域创新——中关村走向未来》(1999)，对区域创新的有关理论和国内外实践进行了阐述和分析，特别是对中关村创新网络等的研究比较深入和扎实；

三是由区域创新研究小组所完成的《中国区域创新能力报告》，自 2001 年起已出版两册。他们提出了区域技术创新能力分析的框架和指标体系，通过知识创造、知识流动、企业技术创新能力、创新环境和创新的经济绩效五个方面，用比较完整的分省数据,分析了全国各地区区域创新的差异及原因,有助于清楚理解各地区区域创新水平和创新能力。

不过总的看来,国内对区域创新的研究与国际该领域的研究还比较脱节,有分量的成果并不多,对文献的学习、把握和对国内的实证研究都还很不够,学习理论、研究实践、提出政策的任务还很重,有待做进一步的努力。

第四节　若干区域创新概念辨析

从历史上讲,区域发展都是在一定的社会经济框架内进行的,受当时社会经济条件的制约。

一、两个世纪以来生产方式与区域发展关系的变迁

工业革命后,以西方世界为先,全世界逐渐进入了一个工业化与城市化的时代,产业革命所带来的不仅是技术上和生产方式上的变化,也引起了产业、人口空间分布格局与形态的变化,经济的空间分布与生产方式互为映照。

最近两个世纪以来,世界生产体系的变化大致有三个基本类型:一是19世纪的作坊(mill)和工场综合体(workshop complex),这种生产系统具有柔性生产性质,并呈现高度的地理集聚特征,同类或有协作关系的企业集中在一起,且生产地与工人居住地紧密连接,并由于较高的外部经济而形成了城市化集聚效益,出现了作坊镇(mill town)和大的制造业城市(large manufacturing city);二是在20世纪大部分时间内实行的福特制大批量标准化生产系统(mass production system)，企业垂直一体化分工明显，地区专业化与综合发展都达到了新的高度，并随着交通运输工具的发展尤其是汽车和公路系统的日益先进，出现了内部联系密切的经济带和城市群，城市规模也进一步扩大；三是20世纪70年代后期以后，随着计算机技术的发展，不仅使需求多样化得以实现，也使得生产的技术变化日新月异，生产与管理更具弹性，柔性专精的后福特制生产系统出现了，我们伴随着这个系统进入到了一个新的时代，即以知识和技术为基础的新经济时代。这时生产要素的全球流动日益明显，经济重构加速，全球化与地方化过程更加明显且相互镶嵌、互为表里，新的地理集中与扩散出现了。伴随着对知识与技术的占有和扩散，形成了新的国际劳动分工，研发地、生产地、营销地、管理地等出现空间分离，新的空间分化随之出现，在发达国家和发展中国家都出现了一些新的增长中心，并出现了在全球经济、政治与文化中具有强大控制力的全球性城市(global/world city)。

每一种新的生产系统都伴生出新的产业分布和城市发展的空间形态，引起生产要素新的组合与空间配置，区域经济发展的基础性因素也在改变。从大范围来说，我们身处的这个时代，经济整体上已逐渐由以自然资源为基础的经济转向以知识和技术为基础的经济，区域创新成为区域发展的动力和区域分化的重要因素，而创新环境成为区域创新的基础。

在过去二十余年中，区域创新问题受到广泛关注，并引发了来自不同学科的学者的研究，成为区域研究的重要理论进展之一。

二、创新

1980年代以来,在技术变化、福特制逐渐面临危机、创新日益显现其重要性的大背景下,官产学各界都对创新产生了日愈浓厚的关注与兴趣。创新也越来越被认为是发达国家经济增长的动力。与此相应,人们关心如何制定有关区域政策来推动创新,并试图了解创新集中于少数区域的缘由。

(一)以往的定义

对区域创新的认识来源于对创新的理解,首先需要提及马歇尔(Marshall)和熊彼特(Joseph.A.Schumpeter)。

马歇尔在其1891年出版的《经济学原理》一书中,对由企业集聚而形成的产业区进行了研究,他认为企业集聚的原因是因为协同创新的环境、辅助性工业的存在、对有技能的劳动力的供求、劳动需求结构的不平衡、区域经济的健康发展、顾客的便利等六个方面,但是他并未称其理论为"创新理论"。经济理论的新马歇尔学派在过去几十年中继承和发展了他的重要见解,认为资本主义是一个由技术和组织创新推动的演进过程。

创新理论的先驱熊彼特从演进角度对创新的认识十分深刻,他1912年提出的"创新理论"对后世影响很大。熊彼特认为经济发展的动力是创新或"质量竞争",而不是价格竞争。他认为"竞争不是那种量的方面的东西,而是新产品、新技术、新供给来源、新组织形式的竞争,是决定成本或质量优势的竞争,它显示的不是利润边际和企业产出,而是它们的基础和生命"(Schumpeter,1943)。在对19—20世纪之交的维也纳企业和对1940年代美国大企业的观察中,熊彼特先后提出了两种企业创新的模式,即个人主义(individualist)的和社会化(socialized)的模式。在其随时代变化而变化的观点中,他认为创新过程和方式变得更加社会化了,他所定义的创新也已超出了单纯技术创新的范围。他在20世纪提出资本主义的核心是创造性破坏(creative destruction)的观点,认为创新是资本主义发展的动力,而同期的新古典学者们关注的焦点还是价格竞争①。熊彼特的创新理论引导和启发了许多学者的思想,特别是对演化学派影响重大。

传统观点认为技术变化过程包括发明、创新、模仿、扩散四个阶段(也有分为发明、创新、扩散三个阶段)。发明是产生新知识,创新是将知识商业化,而扩散则是新技术的广泛应用,是个逐渐递推的过程,由于对各阶段的相互作用关系探讨较少,因此这种对技术变化的线性理解,因其局限性而受到一些批评。

(二)新近的观点

1.研究创新的两种基本角度

在新近的研究中,主要是从两种角度对创新展开探讨的。一种源于对国家创新体系和区域创新体系的研究,以"创新体系研究网络"为代表,强调知识经济下创新过程的相似方面,即创新的系统性和关联性,以及企业集聚及所形成的紧密网络,OECD在国家创新体系方面也进行了许多研究。另一种则主要来自于美国哈佛商学院的迈克·波特(Michael Porter)对集群与竞争优势的研究,除

---

① Philip Cooke and Kevin Morgan, *The Associational Economy: Firms, Regional and Innovation*(Chapter1, *The Institutions of Innovation*), pp.9－34, Oxford University Press, 1998.

此之外还有“全国研究会”北欧组(1996)、加拿大电子商务机会圆桌会议波士顿咨询组(2000)、以及ICF 恺撒公司(ICF Kaiser,1997)等机构所进行应用性研究①。这些研究都有更为客观和现实的认识角度和结论,认同制度与行为主体对创新体系和集群、创新过程和经济增长的影响。

国家和区域创新体系是一套有利于实现创新的技术、制度、组织结构和要素,而迈克·波特,则主要从竞争优势的角度论述了创新问题。

在《国家竞争优势》一书中,迈克·波特指出,创新即通过认识或发现新的、更好的产业竞争方式并将其引入市场来创造竞争优势,提出要以创新扭转劣势,认为“当找寻新的竞争优势时,最重要的行动是‘创新’”。创新包括改善技术和做事方法,在产品和工艺改进的过程中,新的营销观念、促销手段、新规模等,都属创新之列②。

2.创新过程的基本特点

在现实中,创新过程有许多特点:如创新过程的不确定性和复杂性、对大学研究的依赖、干中学的重要性、创新活动的累积性等,也有人将创新区分为渐进的和突变的、可持续的和不可持续的,等等,都提供了多种认识创新的角度。

3.创新的类型

---

① David A. Wolfe, *Social Capital and Cluster Development in Learning Regions*, www.u-toronto.ca.

② (美)迈克尔·波特:《国家竞争优势》,李明轩、邱如美译,第43页,华夏出版社2002年版。

以创新活动的范围和效果,可将其分为四类,即增值创新/渐进创新、根本性创新/激进性创新、企业的系统创新、区域系统创新(Diken,1997),前三类创新主要属于企业创新。增值创新/渐进创新是指企业在现有产品或生产过程中发生的连续性的提高或改善,具有渐变性质;根本性创新是指企业发生的非连续的生产技术和产品的改善,具有突变性质;企业的系统创新是指企业整体的创新内容,既包括在产品和工艺方面发生的技术创新,也包括管理、制度、营销等方面的创新,并体现企业各组成部分的互动关系;区域系统创新是指区域内整体的创新内容,包括制度创新、组织创新、技术创新等多方面①,强调区域创新的经济—社会—技术性质。

4.对创新特征的基本理解

学者们对于创新特征的理解,大体上可归纳为如下几点:

(1)创新含义的广泛性

学者们对创新内容的界定越来越宽广和全面,比如从技术创新方面说,它被理解为技术变化过程中的所有活动,包括认识和界定问题;开发新创意和提出新方案;新技术的广泛扩散等。也有人概括地认为创新包括产业和企业的技术创新,以及国家和区域的制度创新,更广义的理解则包括资源、产品、市场、组织、制度等,它几乎涉及经济活动的各个方面。

因此,创新不仅被认为是把知识商业化的过程,正如新经济地

---

① 盖文启:《创新网络——区域经济发展新思维》,第93-94页,北京大学出版社2002年版。

理学所认为的,20世纪最大的事件不是技术的突飞猛进,而是把现有的技术应用到新的商业领域[①],而且创新更被广义地理解为包括生产、工艺和组织方面的创新,以及在产业、区域和国家层面上所进行的社会和制度创新,创新是一个社会性互动过程,包括参与创新活动的各主体间、社会与经济和技术因素之间的相互作用,以及创新活动受到制度规则与社会习俗的塑造和约束[②],带有时代性与地域性的特征。

(2)创新发生的普遍性

认为创新是普遍存在的,可能随时随地发生,创新不仅会出现在中小企业(SEMs)、大的等级体系中,也会存在于网络化的互动合作结构中,它既与主要、大规模的变化相关,也与累进性变化有关。

(3)创新过程的综合性

学者们已不将创新过程简单地视为技术过程,而理解为经济—技术—社会过程,认同社会网络、制度因素的作用,认为成功的创新越来越依赖于企业的协同能力(associational capacity),这种能力促使企业内经理人和工人间的合作、保护供应链中企业的合作、形成企业和制度环境间的合作界面,它可以是地方的、区域的和国家的。这个制度环境具有双重含义,即软硬两方面。硬制度如政府机构、银行、大学、培训机构、贸易协会等组织;软制度如社

---

① R. D. Norton, *The geography of the new economy* (revised 2000), part D, www.rri.wvu.edu.

② Kevin Morgan, *The learning region: institutions, innovation and regional renewal*, *Regional Studies*, v31, n5(July, 1997), pp. 491 – 503.

会规范、习惯、习俗等[①]。

在本书中,我们从广义上理解创新,认为它既包括技术、组织的创新,也包括制度的创新,且试图将对创新的理解置于各社会主体特别是政府与民间、企业间的互动关系中。

三、区域创新

(一)区域创新与创新地理

在现有文献中,对区域创新研究的方面很多,但对区域创新所做的确切定义却不多,甚至使人有此概念不证自明之感。由于区域作为地理空间,具有高度的涵容性与综合性,是一个中观层次的自然、经济、技术、社会综合体。从宽泛的含义上理解,区域创新是发生于区域内的所有创新活动和创新成果。它包括创新环境、创新主体、创新网络、创新活动几个方面的内容,其中创新环境是基础,创新网络是平台,创新主体和创新活动是核心,这几方面的结合和相互作用,能显示区域创新的能力和质量。

由于不同区域上述要素的权重和作用方式不同,因此不同区域的创新活动的效果不同,创新活动有明显的区域差异。如加拿大多伦多大学的 Maryann P. Feldman(1994)、美国印地安那大学的 David Bruce Audretsch 和 Feldman(1996)通过大量数据,勾画了美国的创新地理,发现某些产业的创新活动明显集中于一些地区,如全国 41.7%的计算机创新活动在加州、12%在麻省、有 11 个州的创

① Philip Cooke and Kevin Morgan, *The associational economy: firms, regions, and innovation* (chapter 1, *The Institutions of Innovation*), Oxford University Press, 1998, p.9.

新活动占全国创新活动总数的81%。Hilpert（1992）对欧洲的研究表明，由政府与地方支持的科研活动，有3/4分布于大伦敦、兰斯塔德/阿姆斯特丹、法兰克福、慕尼黑等10个创新岛上[①]。因此，目前在欧洲乃至美国的一些国家及地方政府，都在寻求通过何种方式促进区域创新能力的提高。

（二）区域创新与国家创新特点的主要差异

区域创新与国家创新的主要差异总体上表现为，区域创新更具有地方性、独特性、开放性，在体现与国家创新的共性时也能体现出区域特质，简言之：

一是更依赖于当地的知识结构和存量，特别是地方性的、隐性知识，这是形成区域优势和竞争力的重要来源；

二是区域创新的主体是区域内参与创新活动的政府、企业和个人，与当地社会网络和区域经济、制度、技术环境高度适应和耦合；

三是地方政府和咨询机构能够提出适宜当地的创新战略和创新政策，它们与国家创新战略和政策在重点上、方向上、目标上不尽相同；

四是区域创新是中观层次的创新问题，它不仅有赖于当地的创新网络和创新环境，也有赖于与其他地区的相互作用，包括资源流动、知识扩散、制度学习，即与创新有关的广泛的合作与竞争。

---

① James Simmie, *Knowledge spillovers and reasons for the concentration of innovation SMEs*, *Urban Studies*, May, 2002, pp. 885 - 902.

四、国家创新体系(national innovation system,NIS)与区域创新体系(regional innovation system,RIS)

(一)国家创新体系

1988年,供职于英国萨赛大学(University of Sussex)的科学政策研究机构并在1966—1981年任该机构主任的C.弗里曼(Chris Freeman)[①] 在研究日本的技术政策和经济业绩时首先使用了国家创新体系的概念,即以《日本:一个新的国家创新体系》(*Japan: A new national system of innovation*)为题,发表在由他和意大利学者Giovanni Dosi及美国哥伦比亚大学的尼尔森(Richard R. Nelson)等编辑的《技术变化和经济理论》(*Technical Change and Economic Theory*)一书中。其后于1995年,他又在《剑桥经济学评论上》发表了《历史视角中的国家创新体系》(*The "national system of innovation" in historical perspective*),对国家创新体系进行了进一步分析。

对国家创新体系的研究,除了弗里曼外,还有其他一些学者,

---

① C.弗里曼(Chris Freeman)目前是英国萨赛大学科学政策荣誉教授,也是该校第一个科学政策专业的博士。他研究的主要问题是创新经济学和技术政策,特别是有关技术政策的制度和战略如何适应技术经济模式的变化。多年来他发表了许多学术论著,如 *Japan: A new national system of innovation* (编入 G. Dosi、C. Freeman、R. Nelson、G. Silverberg 和 L. Soete 主编的 *Technical Change and Economic Theory* 一书,1988)、*Technology gaps, international trade and the problems of smaller and less developed economies* (编入他和 B. A. Lundvall 主编的 *Small countries Facing the Technological Revolution* 一书,1988)、*Technical innovation, organisational innovation, changes of techno-economic paradigm and evolutionary economics*(1989)、*The Economics of Innovation*(主编,1990)、*The nature of innovation and the evolution of the productive system* (1991)、*The "national system of innovation" in historical perspective* (1995)、*The Economics of Industrial Innovation* (与 L. Soete 合著,第3版,1997)等。

如1992年出版了丹麦奥尔堡大学(University of Aalborg)的朗德沃尔(Bengt-Åke Lundvall)① 主编的《国家创新系统:走向一种创新和交互学习的理论》,1993年出版了尼尔森主编的《国家创新系统:一个比较分析》(*National innovation systems: A comparative analysis*)等,他们都对国家创新体系进行了先期的、开拓性的研究,认为创新体系是介入创新活动的实体或节点之间的一组关系。自1994年以来,经合组织(OECD)发起了国家创新体系项目并发布了多国有关创新体系的多方面报告②。国家创新体系的建设已成为知识经济时代国家竞争力的必要内容,对其研究也多年不衰。

(二)区域创新体系

1.理解区域创新体系

区域创新体系是相对于国家创新体系而言的,是创新体系的两个层面之一。与国家创新体系相比,对区域创新的研究相对迟后,对它的研究差不多是从1990年代才开始。1990年代初,一些学者从政策层面对区域创新问题进行了探讨。

---

① 朗德沃尔(Bengt-Åke Lundvall)是丹麦奥尔堡大学教授,创新研究领域的知名学者,他研究的问题主要是创新理论、国家创新体系、创新能力建设、科技与就业和国际竞争力的关系等。自1980年代以来,他发表了许多有关论著,如 *Innovation, Competence Building and Social Cohesion in Europe* (与 Conceição, P. 和 M. V. Heitor 合著,2003)、*The Globalizing Learning Economy* (与 Archibugi, D. 合著,2002)、*The Globalising Learning Economy: Implications for Innovation Policy* (与 S. Borras 合著,1999)、*National Systems of Innovation: Towards a Theory of Innovation and Interactive Learning* (主编,1992)、*Product Innovation and User-Producer Interaction*,(1985)等,都体现了他对创新问题的不断研究和思考,在理论和实证研究特别是对北欧的研究方面有一定影响。

② 曾国屏、李正风主编:《世界各国创新系统——知识的生产、扩散与利用》,第1-2页,山东教育出版社1999年版。

1992年英国卡迪夫大学的菲利普·库克(Philip Cooke)提出了区域创新体系的概念。在此之后,关于区域创新体系的研究文献不断增多,包括对区域创新环境、创新支持体系、企业创新行为的研究,等等。库克本人在这一领域的研究一直不辍,他对集群内中小企业、技术政策、创新管理、协同经济等进行了研究,对欧洲一些地区如巴登—符腾堡(Baden-Wüttemberg)、威尔士地区的区域创新问题进行了实证研究等。也有学者用空间创新体系(SIS, spatial innovation systems,如 Päivi Oinas & Edward J. Malecki, 1998)这一概念表达相似的含义,认为空间创新体系是创新的产生、对创新的适应和采纳,都与区域的地理、社会、经济环境密不可分①。

瑞典伦德大学(University of Lund)的 Bjørn T. Asheim 和库克还根据内生与外生创新网络的区别,将区域创新体系分为区域性国家创新体系(regionalised national innovation systems)、空间一体化的创新体系(territorially integrated innovation systems)两种。前者指生产结构和制度环境是区域性的,但作用方式却是国家创新体系式的,或多或少地表现为自上而下的、线性的创新模式,如德国的巴登—符腾堡地区;后者指生产结构和制度环境与区域融为一体,创新是通过自下而上的互动方式实现的,如意大利的艾米利亚—罗马格纳(Eimilia - Romagna)地区②。

---

① Päivi Oinas & Edward J. Malecki, *Spatial innovation systems*, in Edward J. Malecki & Päivi Oinas edited, *Making Connections: technological learning and regional economic change*, p.7, Ashgate, 1998.

② Bjørn T. Asheim & Philip Cooke, *Local learning and interactive innovation networks in a global economy*, in Edward J. Malecki & Päivi Oinas edited, *Making Connections: technological learning and regional economic change*, pp.160 - 161, Ashgate, 1998.

一般来说,区域创新体系是以参与技术开发和扩散的企业、大学和研究机构为主,并有市场中介服务组织广泛介入和政府适当参与的互动创新网络系统,服务于知识、技能及新产品的创造、储备和转让。构成区域创新系统的三个基本要素是:面向市场的科技资源;不断衍生和壮大的、机制灵活的新型企业;新的经济政策和政府治理[①]。

对区域创新体系的理解已有基本共识,即强调创新过程中的区域网络与区域内各要素的相互关系和相互作用,但不同的阐述也有些微差别:如荷兰乌德勒支(Utrecht)大学的 Jan G. Lambooy 认为,区域创新体系是由区域生产中的合作者组成的互动的、动态的结构,这些体系能使区域经济各主体充分发挥和扩展其才能,它们也能引导那些致力于建立认知能力(cognitive competencies)(如学习、研究等)和构筑企业间网络的政府和组织[②]。又如 Nauwelaers 和 Reid 认为区域创新体系是"区域内一套经济的、政治的和制度的关系,能促进知识迅速扩散和产生最佳业绩的集体学习过程[③]"(Nauwelaers and Reid,1995)。此外,我国学者有观点认为,区域创新体系是由区域创新网络、区域创新环境和一些不确定因素组成的系统,"是区域内网络中各个结点在相互协同作用下创新与结网,并融入区域的创新环境中而组成的创新系统"(盖文启,2002)。

---

① 王德禄主编:《区域的崛起——区域创新理论与案例研究》,第 65 - 66 页,山东教育出版社 2002 年版。

② Jan G. Lambooy, *Knowledge and urban economic development: an evolutionary perspective*, *Urban Studies*, May, 2002, pp. 1019 - 1035.

③ David A. Wolfe, *Social Capital and Cluster Development in Learning Regions*, www.utoronto.ca.

一些学者还研究了区域创新体系和集群的异同,认为其共性是都从属于现存的国家创新体系内,都是多级政府治理结构中网络关系的一部分;其差异性则主要表现为集群的规模更小,一般存在于地方(local)这一层次的空间内,植根于国家和区域创新体系下复杂的经济、社会和制度关系中,不能孤立存在。

在对区域创新体系的研究中,也还有一些不同的观点,如最早思考并推动研究创新体系的学者之一朗德沃尔,他虽不否认区域创新体系的存在和意义,但却认为国家创新体系比区域创新体系更有用。

2.一些区域创新体系的实践

正是由于区域是经济社会发展中一个必不可少的空间层次,且区域间存在着自然、经济、社会、技术、发展能力等方面的差异,因此只谈国家创新体系并不能解决不同地区的创新问题,也难以促进不同地区强化其优势和竞争力,于是许多国家特别是一些欧洲国家十分重视区域创新体系的建设,比如欧盟就实施了地区技术计划(Regional Technology Plans)和区域创新战略(Regional Innovation Strategies)。

在上世纪末,许多发达国家还实行了促进区域创新和集群建设的政策,将其作为提高国家竞争力的途径。如德国在1995年由政府资助建立区域生物技术集群,以提高德国生物技术的商业化水平,并在慕尼黑、科隆—杜塞尔多夫、巴登—符腾堡的海德堡等地获得成功。在英国,自1998年起政府产业政策便着眼于建立知识经济,并通过加强区域发展和促进集群形成来推动创新。在美国,波特等学者研究了美国具有强大竞争力和领先性的创新现象,认为美国存在以集群为基础的区域创新体系,形成了以区域内主导产业为核心、连同上下游行业企业共同形成的密集网络,创造了新的集聚经济效应,提高了区域竞争力。美国集群的创新现象在麻省和加州的新经济部门表现得尤为明显,特别是麻省 128 公路地区和加州硅谷的生物技术以及信息和通信技术部门,除此之外还有大城市中的媒体业(如洛杉矶的好莱坞等)[①]。

五、区域创新体系与区域学习体系(regional learning system)

区域创新体系是国家创新体系之下的层次,是一套由区域内各参与创新活动的主体所构成的网络系统。鉴于学习过程在创新中的核心作用,也有学者提出区域学习体系的概念,区域学习体系是区域内由于学习需要并在学习过程中而结成的网络,学习体系是创新体系的第一步,必须经由区域内的集体学习、组织学习、互动学习等直接或间接的、正式或非正式的等方式而产生创新。

六、知识经济(knowledge based economy)与学习型经济(learning economy)

知识经济是指经济增长是由高技能、高技术和服务为基础的增长来推动的。在知识经济下,知识成为最重要的资源,知识的产生、共享、传播、应用在经济发展中占有重要地位,是经济增长的重要源泉。按照 OECD 的定义,知识经济是直接以知识和信息的生

---

① 参见 Philip Cook, Olga Memedovic, *Strategies for regional innovation systems: Learning transfer and applications*, United Nations Industrial Development Organization, Vienna, 2003 - 12 - 8, www.unido.org.

产、分配和利用为基础的经济[①]。

学习型经济:有一些学者将现今的经济称为学习型经济而非知识经济,它更强调创新过程中学习对知识与技术发展的重要性,高度重视学习过程中直接的互动交流。学习型经济的形成与发展有赖于促进知识创造、交流和扩散,以及推动集体性、组织性、地方性、互动性学习的支持系统。

七、学习型区域与实践的社区

(一)学习型区域(Learning region)

随着学习成为经济发展和创新中的最重要过程,学习型经济和学习型区域、学习型组织等概念也出现了,这里只对学习型区域进行论述。

对于学习型区域,目前国内对其概念的了解还不十分确切,获知的文献也比较有限。

学习型区域的概念出现于1990年代中期,是由欧盟的RITTS项目来推动的(Morgan,1997;Cooke and Morgan,1998)。国外学者对学习型区域的观点大体相同又有差异。

学习型区域中的"学习"是以任务为导向的,注重解决区域问题;而"区域"则是指公众具有共同目标或问题的地区。学习型区域一般是指能提供合适的制度环境以促进学习的区域,包括个体人员、企业、企业集团、政府的自主学习和互动学习,注重区域的制度环境。

---

① OECD: *The knowledge based economy*, 1996, www.oecd.org.

演化学派认为,学习型区域包含于多层面和互动创新体系中,这个体系会产生集体学习过程(Florida,1995;Cooke,2001),这些过程在企业网络和社会—制度的支持性架构中不断延展。美国卡耐基梅隆大学的 Richard Florida 认为,学习型区域是知识、思想的收集和处理者,提供有利于知识、思想流动和学习的环境或基础(1995)。Bjørn Asheim(1998)认为,学习型区域是指学习型组织和互动学习的地理与制度的根植性,即学习型区域是提供空间和制度以实现互动学习的区域,并高度重视在集体学习、组织学习过程中所构成的网络关系对创新的作用[①]。

在北美和欧洲,对学习型区域研究的重点不尽相同。北美的研究重点是研究机构的分布及社会环境的宜人性。欧洲则侧重于对社会环境的研究,即社会资本和信任关系,认为它们能支持企业网络和互动学习,且将区域社会和文化背景视为成功创新的关键。

学者们对具有较强创新能力的区域(如硅谷、巴登—符腾堡、第三意大利等地区)的研究表明,这些地区都应被认为是学习型区域,其特征是通过相互依存的网络、正式的学习制度、以及通过与周围企业的理解沟通获得相关资源等,具有高度的企业间互动、技术共享、人才溢出机制和强大的企业支持系统,促使企业获得以学习为基础的竞争力。

1.学习型区域的特殊性和重要性

首先,区域“集体学习”的能力是区域创新的要素;第二,这种

---

① David A. Wolfe, *Social Capital and Cluster Development in Learning Regions*, www.utoronto.ca.

集体学习发生于规模较小而又具有凝聚力的社会单元如区域内，因这种内聚关系而便于直接交流和合作；第三，“学习型区域”中的“学习”不限于正规教育，它表示各社会主体的集体学习和合作式学习，即向他人学习、与他人共学习，更多的是非正式的学习；第四，推动实施新战略，构筑不同主体间的新型关系，发挥教育培训在其中的作用。

2.学习型区域的显著特征

学习型区域的显著特征是不同社会主体的合作，即共同学习如何解决问题和生产新知识，以服务于区域需求。学习型区域有利于整合多种知识和技能以实现共同目标，学习型区域中的学习是集体性的干中学，主要是通过非正式的学习方式来进行。

3.学习型区域运行的方式

学习型区域的运行是以自我约束、自我学习、网络式和水平式的方式来进行的，符合从解决问题中学习的“行动学习理论”(activity-learning theory)[①]。

(二)实践的社区(communities of practice)

近期的文献认为，实践的社区是推动知识产生、共享的应用的关键，特别是认为受组织约束和塑造的实践活动能促进隐性知识的生产和共享(Brown and Duguid, 1996, 2000 等)。

实践的社区是指由共同的经历、专长和对企业的责任为基础，以非正式的形式联系在一起的职工团体。一般是自我组织地解决

---

① S. Stavrou, *Building learning regions – an innovative concept for active employment policy*, speech at European Forum for Local Development and Employment, Rhodes, 16 – 17, May, 2003, www.hp2003ledforum.org.

实践中的问题,并在此过程中产生产品与工艺等方面的创新,社区内通过合作解决问题,生产及共享隐性知识,社会关系对于实践的社区内的知识流动有关键意义。

换言之,在区域社会环境中,组织性状况(organizational context)是塑造隐性知识的关键,即区域内各主体的关系密度、结构与质量意义重大。同时,在强调地理邻近性对产生和共享知识的作用时,还应重视各主体间的相似性,即关系的邻近性和密切性,这种关系的密切性基于各主体间的相互认同,有利于区域内的知识共享。目前除少数学者外(如 Brown & Duguid,1996,2000),关于实践的社区的研究还不多。

Brown 和 Duguid 认为,并不是隐性知识有了技术支持、具有一定程度的显性化后就能自由流动,他们认为实践的社区是边实践边形成的(2000)①,是一个动态的、连续的和积累的过程。

八、创新才能(competency of innovation,innovative competency)与创新能力(capacity of innovation,innovative capacity,innovation capacity)

对创新才能和创新能力的定义和研究不像对学习型区域、知识溢出、集聚等概念那样,引起众多关心和研究,但是创新才能和创新能力对于区域创新来讲都是值得重视的问题,且目前这些概念的研究是以对创新的其他研究为基础和依据的。

① Meric S. Gertler, *Tacit knowledge and the economic geography of context or the undefinable tacitness of being*(*there*), June, 2001, www.utoronto.ca.

在一些文献中，也有将才能和能力等同视之的，界限很少。比如在才能（competency）理论中，就认为企业成功的基础是通过 R&D 活动、雇佣人员或利用关系获得知识特别是隐性知识，以提高竞争优势的能力，而这通常是能力的含义。事实上，如果从一般含义理解，具备才能才会拥有能力，两者并非如此泾渭分明。

（一）创新才能

关于才能（competency），在联合国工业发展组织（UNIDO）2002 年的报告《Competency—Part1》中是这样定义的："才能是一套技能、相关知识和属性，它们使个人能够从事工作或活动，它可以通过工作显示出来并能转移到其他工作上"。才能侧重于"技能"的含义，并被分为管理的（managerial）、类别的（generic）和技术/功能的（technical/functional）。对这些才能的应用可分为高级的（advanced）、熟练的（proficient）的和知识化（knowledgeable）的三级①。创新才能的获得在很大程度上依赖于教育、培训的作用，其核心是开发和拥有创新所需要的技能。

在对创新的研究中，有学者划分了三种不同与知识、创新有关的才能，即：

认知才能（cognitive competency），指学习和开发、选择、利用信息和知识的能力；

创新才能（innovative competency），指对变化所采取的开放态度，以及探求新机会的动机，通过开发新产品、新工艺、新组织以适应外界的意愿等；

---

① UNIDO, *Competencies*-part one, Jan., 2002, www.unido.org.

组织才能(organizational competency),即对于生产、交换过程和知识与内外部关系的管理,组织才能可以在选择适宜高效生产组织的技术和选择适应不同环境的组织结构中显现出来,它是领导艺术的基础,是解释区域增长的重要因素(Johansson *et al*.,2001),它与创新能力有重叠①。

(二)创新能力

关于能力(capacity),在2002年联合国开发计划署关于能力建设的报告《为能力发展提供制度创新》中定义为:"发挥功能、解决问题和达到目标的能力",它包括社会/国家、机构、个体三个层次②,它侧重于"本领"的含义。创新能力是指为实现创新所具备的能力,侧重于创新的区域、社会条件,如创新环境、社会网络、科技产出能力等方面。

在美国,旨在寻求非左非右的第三条道路的渐进政策研究所,在其2001年发表的美国《大都市地区新经济指数》中,用高技术产业占总就业人数的比重、工程技术人员占总劳动者的比重、每千名劳动者所拥有的专利数、产业对R&D的投入占全部R&D投入的比重、风险投资占本地区总产出的比重5个指标,度量美国114个最大的大都市区的创新能力,其中旧金山、奥斯汀、波士顿、西雅图等都市区在这几个指标中多占前列③。在其2002年发表的美国

① Jan G. Lambooy, *Knowledge and urban economic development: an evolutionary perspective*, *Urban Studies*, May, 2002, pp. 1019 - 1035.

② Cathy Garner, *Building capacity for innovation*, Nov., 2003, www.mrc.ac.za.

③ Progressive Policy Institute, *The metropolitan new economy index— benchmarking economic transformation in the nation's metropolitan areas, 2001*. www.ppionline.org.

《各州新经济指数》中，同样以上面5个指标来衡量各地区的创新能力，得分最高的三个州依次为麻萨诸塞州、加利福尼亚州和卡罗拉多州[①]，这些结论体现了知识、技术、产品等产出能力的区域差异，与美国高技术产业和创新活动的地理分布一致。

在我国，对于区域创新能力基本缺乏定义，虽然有的文章主张提高区域或产业的创新能力，但总体上还缺乏论证与深入研究，比较有代表的研究成果如中国科技发展战略研究小组完成的《中国区域创新能力报告》(2001、2002年)，以知识创造、知识流动、企业技术创新能力、创新环境和创新的经济绩效5个指标分析国内各省市区的创新能力，结果表明创新能力与区域发展水平的分布一致。

九、社会资本(social capital)与人力资本(human capital)

(一)社会资本

1980年，法国社会学家皮埃尔·布迪厄(P. Bourdieu)在其发表于《社会科学研究》杂志上的《社会资本随笔》一文中，提出了社会资本的概念，认为社会资本是指"实际或潜在资源的集合，这些资源与由相互默认或承认的关系所组成的持久网络有关，而且这些关系或多或少是制度化的"。1988年，社会学家詹姆斯·科尔曼(James S. Coleman)在《美国社会学杂志》上发表了《社会资本在人力资本创造中的作用》，指出社会资本是"许多具有两个共同之处的主体：它们都由社会结构的某些方面组成，而且它们都有利于行

① Progressive policy institute, *The 2002 state new economy index*, www.ppionline.org.

为者的特定行为——不论它们是结构中的个人还是法人”。1990年代以后,对社会资本以及作为社会资本基础的信任关系引发了众多的关注和探讨,成为社会学、地理学、经济学等学科都关心的问题。美国社会学家罗伯特·D.普特南成为研究社会资本问题富有代表性的学者,他的《让民主政治运转起来》(1993)[①]、《独自打保龄:美国社区的瓦解和复兴》(2000)等都产生很大影响。另一位研究社会资本的知名学者福山则将社会资本定义为“促进个体之间合作的非正式规范”(1999)[②],他的著作《信任——社会美德与创造经济繁荣》通过研究美国、法国、德国、日本、中国等国家社会资本与经济发展之间的关系,强调社会资本对经济发展的特殊重要性,视社会资本为经济增长的关键因素,反响很大。

在对区域创新的研究中,学者们也在关注社会资本问题,并从一些地区创新实践中确认社会资本的重要性,阐述社会资本在区域创新过程中的重要作用。社会资本被认为是创新参与者或社会成员之间的合作能力,与各成员间以信任为基础的社会关系的密度和质量高度相关,具有明显的社会性、集体性、区域性特征。信任基础越牢固、合作能力就越强,对区域内创新活动的支持就越有力。许多学者都高度认同社会资本在区域创新中的基础性甚至关键性作用,如多年对硅谷研究颇有心得的、美国加州大学伯克利分校的萨克森宁,在她的《地区优势》一书中就曾详细探讨了这种区域社会资本对硅谷经济发展的重要性。

---

① 李惠斌、杨雪冬主编:《社会资本与社会发展》,第3—4页,社会科学文献出版社2000年版。

② Francis Fukuyama, *Social Capital and Civil Society*, http://www.imf.org.

(二)人力资本

1950年代,美国经济学家西奥多·W.舒尔茨对美国农业增长的研究中发现了人力资本的作用,并于1960年提出了人力资本学说,指出人力资本是体现于劳动者身上、通过投资形成并由劳动者的知识、技能和体力所构成的资本。在舒尔茨之前,雅各布·明塞尔在对收入分配和劳动市场行为的研究中,就开创了人力资本的方法,其后,加里·S.贝克尔应用新古典经济学方法研究人力投资,提出了较为系统的人力资本理论框架,包括人力资本生产理论、人力资本收益分配理论、人力资本与职业选择三方面的内容。1980年代中后期以来,阿可洛夫·罗默(1986)、罗伯特·E.卢卡斯(1988)等都对人力资本对经济增长的贡献进行了研究,高度肯定人力资本对经济增长的贡献,认为人力资本的生产比物质资本的生产更重要①,等等。

与社会资本相比较,人力资本是由劳动者的知识、技能等构成的资本,具有明显的个体性、可流动性的特点。有观点认为从重视经济发展中物质资本的作用转到重视人力资本与物质资本,是一个认识上的质的变化,而现今的经济增长来源不仅包括物质资本和人力资本,也还包括社会资本,尽管目前对社会资本的度量还比较困难。

---

① 卜欣欣、程社明:《人力资本理论》,《中国人力资源开发》2002年第7期,转引自www.careerchina.com.

第五节 创新发生在区域的原因

对创新的研究表明,创新是广泛的和普遍的。创新会发生于区域层面,概括地说,至少有如下几方面的原因:

1.区域是和经济活动各种社会网络的载体

任何创新活动都必须落脚在一定的地域空间上,且必须扎根于当地的社会经济背景之中。在一国范围内,这个地域空间或背景一定是在地理区域内,且不同区域间存在着明显的异质性,无论是物质资本、人力资本还是社会资本,都各有特点,从而使创新具有不同的区域特点;

2.区域是连接各种资源和学习过程的枢纽

一方面,各种资源会赋存、积累、消耗、流入、流出于区域内,在区域内配置和重新配置,特别是有许多研究都表明,区域创新高度依赖于植根于区域中的、地方性的知识,以隐性知识为代表,它具有明显的地方性特征,难以在区域间流动,需要通过面对面的直接交流才能获得和共享,因此它是区域内互动学习的核心和重点,是形成区域独特优势的最重要知识来源;

另一方面,区域内参与经济活动的各主体形成一定的相互依存的社会网络,这些社会网络呈现明显的地域特征,并对创新活动产生正向或负向的影响。对于创新活动最重要的互动学习过程也发生在区域内,具有地方性的特点。

3.区域能提供创新的支持性环境(supportive environment for innovation)

随着产品技术含量的提高，先进的研究基础设施、高素质劳动力和创新性文化（innovative culture）比自然资源的作用更重要，这就对创新性企业发展的支持性环境提出了需求，因此，为吸引资源，壮大创新性企业，区域须建立特定制度和创新战略，以支持区域创新。

这种支持性环境在促进区域创新方面，与创新环境的含义相近，都表达区域环境是创新发生的最重要基础，是支持创新的系统性条件。

4.区域是地方性产业体系的容器

区域产业是根据区域内的经济、技术、社会资源的存量和流量，经过长期的环境选择、对市场与技术适应而逐渐形成、巩固和调整乃至扬弃的，是区域特性与外部环境互动的结果，而区域产业体系都将体现在一定区域上，并在区域内形成不同程度的路径依赖。

比如，萨克森宁在研究美国硅谷和128公路地区的高技术企业时，曾将产业体系分成两种，即分散的、以地区网络为基础的体系和独立的、以公司为基础的体系，硅谷的企业是前一体系，而128公路地区是后一种体系，并认为这是两个地区发展轨迹的重要区别。她认为硅谷有组织的网络化的地区工业体系，是为了且能够不断适应市场和技术的迅速变化，而128公路地区以公司为基础的区域工业体系，却不能很好地适应多变的市场和技术[①]。

---

① (美)安纳利·萨克森宁:《地区优势——硅谷和128公路地区的文化与竞争》，曹蓬、杨宇光等译，第9—10页，上海远东出版社1999年版。

近来区域研究关注区域对知识发展和创新活动的适宜性问题,并集中于研究了三类创新活动较频繁和集中的地区,即产业区(industrial districts,如 Moschma,1992,1999),特别是对以第三意大利为代表的传统行业产业区和以硅谷为代表的高技术产业区的研究;技术极(technopoles),如对日本和法国等国家技术极的研究(如 Hall and Castells,1994 等);城市集聚区(urban agglomeration,如 Jacobs,1968,1984;Knight,1992;Lambooy,1976,1997,2000)等,对政府和科学机构在区域创新体系中的关系(如 Lundvall,1988,1992;Steinberg,1995)问题也进行了探讨①。

5.空间及地理邻近性是获得知识、提高区域创新能力的重要因素

实践和研究表明,空间因素与地理邻近性加强了区域在创新中不可替代的意义,即由于它们有利于知识尤其是隐性知识的增长和学习能力的提高(Maskell and Malmberg 1999),有助于通过近距离的、面对面的直接交流,获得和共享对创新有重要意义的隐性知识。比如,对企业搜寻知识的行为的考察表明,企业首先会在本区域内寻求隐性知识。

许多实践也已证明,创新过程运行最好的地区,是那些参与创新的各主体集中分布、紧密联系且便于交流的地区,由此集群是获得和共享隐性知识的良好方式。同时,那些拥有共同知识结构的区域或组织,比其他地区更能够保持持久的创新能力,这说明地理

① Jan G. Lambooy, *Knowledge and urban economic development: an evolutionary perspective*, *Urban Studies*, May, 2002, pp. 1019 – 1035.

邻近性和相互认同是区域创新中必要的且积极的因素。具体说：

第一，交流的直接性：区域为各创新主体间的交流提供了更为便捷的条件，这种紧凑的空间范围和相互的地理邻近，有利于经常性、直接的交流；

第二，学习的地方性：区域内文化相同的企业集聚在一起，有利于社会性学习，促进知识的产生和扩散，特别是隐性知识的交流；

第三，创新环境的区域根植性：不同主体间的互动是由特定区域的制度所支持的，这些制度能增强区域内的政府治理和企业互动①。

在以下对产业发展过程的分析和案例研究中，都包含和体现了区域这一具有差异性的空间因素，因为创新是植根于区域社会经济环境中的。

---

① David A. Wolfe, *Social Capital and Cluster Development in Learning Regions*, in *Knowledge, Cluster and Learning Region*, ed. J. Adam Holbrook and David A. Wolfe, Kingston: School of Policy Studies, Queen's University, www.utoronto.ca.

第二章　区域创新视角下的产业发展

本章分析区域创新视角下的产业发展问题。我们认为，区域创新视角下的产业发展是以区域创新环境为基础、以创新网络为平台，通过网络内成员间的互动学习，并有赖于企业空间集聚而进行的，是实现产业在产品、工艺、管理、组织等方面的创新，并促使产业结构变化和区域经济发展的过程，是由参与产业活动的各主体共同完成的创新实践。

这一章的核心是要回答如下两个问题，一是产业为什么会在某个区域发展/创新？二是产业发展/创新的机制。对前一个问题的回答，主要是通过对创新环境的论述来进行的，而对后一个问题的回答，则主要是通过对学习过程、空间集聚、创新网络的分析来进行的。

这一章的基本角度和观点仍沿着制度学派、演化学派、马克思主义的思维路线，认为区域创新框架内的产业发展是一个社会—经济—技术过程，重视区域内参与产业发展活动的各主体之间的互动关系和网络，强调知识创造、应用、扩散和对知识的学习在产业发展中的关键作用，阐明它们不能脱离地点、距离、特定的区域社会经济背景等空间因素，高度认同因此而发生的企业空间集聚和企业间因组织、制度等相近性而建立的合作关系。正是在这些因素下,使区域产业得以实现创新。

在区域创新视角下,区域产业的发展是一个创新过程,它同样也是一个经济—技术—社会过程,是各种因素综合作用的结果。

在区域创新视角下,区域产业发展的区位因素、发展过程、机制和目标都与以往不同,可以认为它是在区域经济社会背景下,通过三个并行而又相互作用的具体方面实现的:

在社会关系上,产业发展是通过区域内参与产业发展的各主体,包括政府、企业、R&D机构、协会、金融机构、个人等之间的互动学习、相互合作来实现的,通过主体之间这些正式或非正式的相互作用获得知识和技能,发现、获取形成产业核心竞争力的技术,并产生以信任为基础的创新网络。

在生产过程中,知识和技术得以应用到工艺创新、产品创新、组织创新中,主要表现为:

1.通过对各种有利于产业创新性发展的资源的占有、组合、利用及流动,以及技术开发、产品与技术贸易等,实现知识与技术的创造、应用、转移和扩散,提高产业的整体竞争优势,并为进一步创新奠定基础;

2.通过产业的相互需求关系,形成区域内外关联紧密的产业链,构建区域内专业化与分工协作相结合的产业结构;

3.通过组织创新和管理创新,建设具有更高组织效率和管理效率的企业。

在空间关系上,通过企业自发的或有组织的集聚,特别是产业区内企业尤其是创新性企业的集中与发展,有利于减少互动学习过程中的交易成本,发挥地理邻近性在知识交流、传播中的作用,产生并共享有利于创新活动的动态集聚效益,推动形成具有竞争优势的产业。在这方面,不少国家都通过建立集群或产业区的方式,促进一些产业的发展,一些自发形成的产业区也体现了它们通过空间集聚所实现的产业强大的创新能力和竞争力。

简言之,区域创新视角下的产业发展过程是以创新环境为基础、以创新网络为平台、通过网络内的互动学习和企业空间集聚来进行的,包括产品、工艺、管理等方面的创新活动。从这个意义上说,区域产业发展是一个创新过程,由参与创新的各主体共同完成。经由上述三方面的协同作用,区域产业发展不仅实现了自身的创新性发展过程,而且成为区域创新的组成内容。而产业创新一经发生,将会形成路径依赖或锁定,区域内产业发展的特点和优势将会在此基础上不断积累叠加,而对产业未来的发展产生方向性的影响。

尽管如此,这种路径依赖效应并不意味着产业可以在既有的产业方向上延伸下去,因为由于区域内和区域间各产业的相互依存和相互竞争关系,以及技术和市场的快速变化,都会使区域内既有的产业优势和产业结构不断受到区域内外各种变化和不确定性的影响,路径依赖随时可能会由于某些偶然或突发性因素而中断或改变,区域产业的优势或劣势也可能因此迅速发生转变。因此,区域产业的创新性发展是一个持续不断的过程,需要不断适应和应对各种环境变化。

我们将上述三个方面的内容归结起来回答有关区域内产业创新性发展的两个问题:一是产业为什么会在某个区域获得创新性发展,或者说产业会在哪些区域获得创新性发展;二是区域产业创新性发展的机制,即区域产业怎样进行创新性发展。对前一个问题,主要是通过对创新环境的论述来回答,而对后一个问题,则主要是通过对学习过程、空间集聚、创新网络的分析来阐明。

下图表示区域创新视角下的产业发展过程,本章的分析脉络也是围绕其展开的。

图 2.1　区域创新视角下的产业发展

与区域产业发展有关的企业和其他组织在区域内的集中，有利于建立以信任为基础的社会网络，实现互动学习和知识共享，其典型形式如产业区。除了空间集聚，组织、制度、关系的相近性，也有利于企业或产业获得知识与技能，培植竞争优势

以正式或非正式的互动方式，对知识特别是对产业竞争力有关键意义的隐性知识的学习，它具有组织性、集体性、地方性特征

基础设施环境

资源环境

社会环境

区域创新环境

互动学习

空间集聚

区域创新网络

政府

企业

R&D机构

金融机构

商会

个人

区域产业发展

产业创新：新产品、新工艺、新组织、新管理、新资源、新市场、新结构等

产业结构：区域主导产业、专业化生产部门、产业结构升级

产业关联：企业网络、区际产业分工

空间结构：产业区、专业化城市、中心城市

产业效率：生产率、产业创新能力、竞争力

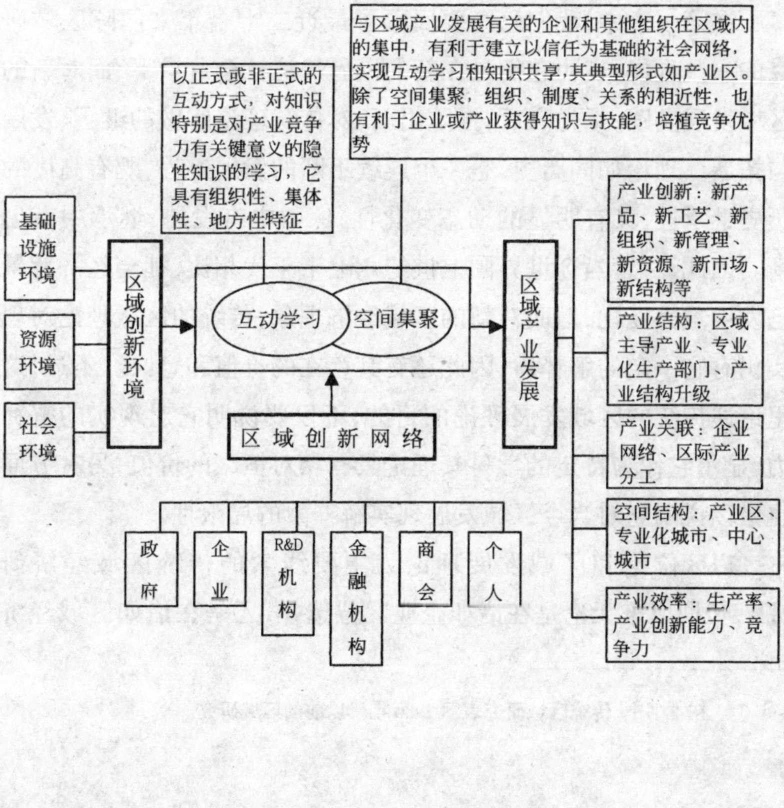

第一节 对区域发展的传统理解

自1950年代区域科学创立以来,国内外区域经济研究不仅伴随发展变化的现实,继承和发展以古典区位论为核心的区域理论,也不断拓展研究视野,广泛吸纳其他学科的相关知识,关注新的现实问题,研究主题丰富多样,发挥了学术解释现实、分析现实、引导现实的功能,产生了很大的现实作用,具有新鲜的、与时代共进的生命力。

在第一章中,我们已简要回顾了最近二十余年来国际区域研究的一些进展,表明它们是在新的世界经济社会背景下,面对新的区域发展实践,承先启后,推陈出新,对传统理论所做的继承、发展与拓展。理论如同历史,是一个连续不断的发展过程,既有高度的历史继承性,又有明显的动态变化性,保留中有发展,继承中有创新。因此,尽管当今世界同上世纪六七十年代相比,社会经济背景已发生重大变化,但面对新的区域经济现象,传统的区域理论对现实仍有它一定的解释力,因此还有其存在的价值和意义。不过,这里论述传统的区域发展理论的目的,不仅要说明它对现实的解释力,显示它作为特定的学科其理论具有相对恒久的价值,另一方面也借以说明它对当今区域发展现实解释力的局限性。

以区位论和区域发展理论为主要线索的传统区域经济研究[①],长期以来无论是在诸如企业区位选择,还是在诸如区域经济

---

① 在本书中,传统区域研究表示1980年代以前的区域研究。

增长这些微观或宏观的问题上，都显示了其明确有力的解释力和指导性。传统的区域经济研究主要回答了几个问题，即区域怎样增长、区域内哪些产业增长较快、区域增长是否有趋同的倾向，以及政府在区域发展中的作用等。很显然，这些问题至今仍是了解和分析区域发展机制及长期趋势的重要内容，是区域研究中所不可或缺的部分。

区域产业发展是区域经济研究的核心内容之一，学者们对企业区位选择、区域产业结构及专业化部门、区域产业部门间联系、区域产业结构演变等问题都提出了许多理论和方法，如企业布局的指向性、区位商、区域产业关联度和影响力系数、区域地方化和城市化集聚等理论，这些至今仍对区域产业增长、产业结构形成和升级具有分析和指导作用。由于产业发展是区域经济发展的内容，它与区域经济发展的机制有相同之处，因此在这一节我们从对区域发展的传统理解来展开分析，借以理解以往的区域产业发展过程。

以下将从区域发展启始、区域发展的路径依赖、区域发展的长期趋势、区域发展策略为线索，简要论述传统区域理论在上述问题上的主要观点，而这些问题大体可以涵盖传统区域发展的整个过程。

一、对区域发展机制的研究：供求联系的角度

以往关于区域发展机制研究的主要观点认为，区域发展的决定因素是需求与供给，即区内资源、产品与服务的供给能力，以及区外对区内资源、产品和服务的需求规模，并由此将区域产业部门

划分为基础(basic)与非基础(non-basic)两大部门。区域的基础部门是为区外提供产品和服务、满足区外需求的部门,而非基础部门则主要满足区内需求。区域基础部门对区域经济的影响至关重要,区域的基础部门越强大,区域经济的辐射力和扩散力就越强大,区域经济的增长也就越有力。

由上述区域间供求关系的角度,可将区域经济发展类型分为供给推动(supply driven)和需求推动(demand driven)两种。如是需求推动的区域发展,就要了解需求的来源以及对本地经济部门和整个地区经济的影响,它侧重研究区域间的后向联系(backward linkage),即表现为本地对其他地区提供产品和服务的规模和结构。如是供给推动的区域发展,则要了解本地可以提供的资源、产品及服务的种类和规模,如劳动力、矿产、资本、能源、零部件等,它侧重研究前向联系(forward linkage)。

道格拉斯·诺思(Douglass North)曾通过对美国经济增长的研究发展了上述观点。他认为,持续的区域经济发展有赖于区域的自然禀赋、出口产业的特征、技术变化及转移成本三个因素,其中第一个因素决定了区域增长的起点。如果要素禀赋使某一部门形成突出的竞争优势,那么这个部门会形成大量产出;如果区域内有许多具有竞争优势的部门,那么地区就会形成多元化发展的倾向。他认为,基础部门的扩散能力取决于其部门特征,他视出口为基础部门,认为成功的经济增长是通过出口部门的初始发展,拓宽出口产业并扩大国内市场,再通过国内部门的增长带动产业多元化,从而形成各产业普遍发展。

不过,这个以基础—非基础部门为核心的经济基础理论(Economic Base Theory)，以及以基础—产业—出口—乘数(Base—Industry—Export—Multiplier)角度来分析区域经济发展的观点，也受到了一些批评。如批评其理论基础的不完善，比如认为乘数理论主要是针对投资的，并不能说明出口乘数问题，以及批评其理论不能解释区域发展是如何启始的，因为出口部门的增长是存在区外需求，而这种需求难以由区内自我启动。也有人认为在实际中很难区分基础和非基础部门，且由于理论的缺陷，划分基础和非基础部门是没有意义的，等等[①]。尽管如此，经济基础理论仍在分析区域经济发展中具有一定的解释力，也是目前仍在应用的区域分析理论。

二、区域发展中的路径依赖

一旦区域形成提供供给或满足需求的能力，启动了区域经济发展进程以后，区域经济就会沿着这个启始方向继续前进，并产生自我强化和自我制约效应，从而形成区域发展上的路径依赖或累积循环，出现强者愈强、弱者愈弱的马太效应。

自我强化达到一定程度会走向反面，也可能会因其他因素的影响和变化而逆转，如公路系统的发展会降低区位条件的差异，特别是有利于提高那些原先交通不便的地区的发展条件，在一定程度上缩小地区间在基础设施条件方面的差异，促进各地区的资源流动、重组和经济发展。但是，从长期看各区域间是否会出现趋同

---

① Benjamin Hinggins, Donald J. Savoie, *Regional Development Theories and Their Application*, pp.67 – 71, Transaction Publishers, 1995;

Edgar M. Hoover, Frank Giarratani, *An introduction to regional economics* (Third edition), 11.4, Chapter11, Alfred A. Knopf Inc., 1985, www.rri.wvu.edu.

趋势,到目前为止还是一个学术界长期讨论和争议颇大的话题,趋同(convergence)和趋异(divergence)观点都存在,各自都有不同的实证研究为支持,经济史并没有提供充分的证据表明区域发展趋同的确定性。比如胡佛(Edgar M. Hoover)在对美国历史的研究后认为,区域趋同并不总是自然发生的,比如在1840—1880年代和1920—1930年代,区域差距要么不变要么扩大,它取决于当时的经济发展条件。影响区域发展的因素,如人口流动、贸易扩大、交通改善、技术进步等都具有致使趋同和趋异的双重功能①。

三、区域发展的趋同性

与路径依赖问题紧密相关,区域发展趋势的趋同或趋异问题也是学者们关注的重要问题。

趋同论的代表性人物如美国学者威廉姆森(J. G. Williamson),他于1965年提出的倒U型假说,至今依然被人们所提及或引证。1960年代,威廉姆森对世界24个国家的区域数据进行了研究,认为人均收入的地区差距会随着经济发展的进程,经历一个先扩大后缩小到最后收敛的过程。但是,有些批评的观点认为,倒U型假说并不是被普遍验证的理论,它仍然是一个需要继续被检验的假说,不能作为定理。

相对来说,趋异观点比较多一点。比较有代表性的如哈里斯(Harris)、佩鲁(François Perroux)、缪尔达尔(Gunnar Myrdal)等。哈

① Edgar M. Hoover, Frank Giarratani, *An introduction to regional economics* (Third edition), 11.6, Chapter11, Alfred A. Knopf Inc., 1985, www.rri.wvu.edu.

里斯于1954年研究了美国具有高市场潜力的制造业带因优势强化而导致大量企业迁入的问题，论证了区域发展中路径依赖的累积效应。缪尔达尔1957年提出的累积因果说和佩鲁1955年提出的增长极理论等，也都肯定了区域发展的路径依赖和趋异趋势。1995年，克鲁格曼在其《发展、地理学和经济理论》一书中，曾列出了经济地理学研究的五个传统，除了德国几何学特征、社会物理学特征、地方外部经济、地租和土地利用之外，还有累积因果这一趋异结论①。

此外，战后不少学者在对拉美和非洲等欠发达国家或殖民地国家的研究中，还提出了区域趋异的依附理论、核心—外围理论等，这些观点具有明显的批判性，并出现了一些有名的学者，如Raul Prebisch、Osvaldo Sunkel、Fernando Cardoso、Celso Furtado、André Gunder Frank等，这些理论讨论了殖民主义所带来的殖民地与宗主国之间的裂隙与差距，探讨了殖民地与宗主国之间的分工关系和经济文化依附性，认为宗主国与殖民地间形成的空间格局是资本主义发展的结果，是资本在空间集中的表现（如Neil Smith，Stuart Holland等）。按照这一思路一些学者还分析了发达国家内部区域差距问题，并归结为“内部殖民主义”②。

直到现在，对区域趋同问题的研究仍在继续，无论是对美国和欧洲一些发达国家，还是对拉美、非洲、亚洲欠发达国家地区间收

---

① Paul Krugman, *Development, Geography and Economic Theory*, pp 47 - 48, The MIT Press, 1995.

② 参见 Benjamin Higgins, Donald J. Savoie, *Regional Development Theories and Their Application*, pp.131—147, Transaction Publishers, 1995.

入趋同性的实证研究都有不少成果,结论仍有分歧,对于区域趋同的条件、趋同的可能、趋同的过程还有待继续做更多的研究。

四、区域发展策略

以往对区域经济发展策略的研究,主要有平衡增长和不平衡增长两种观点,前者如罗森斯坦—罗丹(P. Rosenstein—Rodan,1943)的大推进(big push)理论,强调供给的不可分性和需求的互补性、实现国民经济部门间平衡的重要性、以及为此所需要的大规模投资和就业。后者如赫尔希曼(Albert Hirshman,1958)的发展战略理论和佩鲁的增长极(growth pole)理论。无论是平衡增长还是不平衡增长策略,都是以区域资源的重新整合、投资的时序和产业的结构、空间布局的集中和扩散为内容的。

与不同国家或区域所采取的宏观经济发展策略相呼应,也有一些区域政策,有些区域政策包含并体现在国家总体经济政策框架中,有些则分门别类作为独立的经济政策即区域政策,然而并不是每个国家都制订有自己的区域政策。在我国区域经济研究、区域政策制订和区域发展实践中,大体上在改革开放前是将区域政策作为国家宏观政策的组成部分,并未专门列出,作为国家以重工业为特征工业化战略的内容之一,而在改革开放后则借鉴了欧盟、日本等国家的区域政策,专门列出区域政策并予以细化。

与区域创新视角下的产业发展过程相比,传统的区域产业发展过程有几个不同之处:

一是产业的区位选择主要考虑区域自然资源、劳动力、运输成本等因素,对非物质因素考虑较少;二是产业发展主要考虑运费、劳动力成本的降低因素，而对降低知识、技术交流与扩散过程中的交易成本考虑较少；三是主要考虑产业发展的静态比较优势，而对动态竞争优势考虑较少。

在以下几节中，将以前述区域创新视角下产业发展的三个方面和要回答的两个问题为线索，围绕下述重要概念展开分析。

第二节　知识与产业发展

与知识经济密切联系的区域创新理论，高度肯定知识作为最重要的资源在区域发展中的作用，区域所拥有的知识存量不仅成为重要的区位因素和创新环境的内容，也成为学习过程中的核心内容。在新增长模型中，除了包含劳动、资本、技术因素外，也将知识列为新的经济增长来源，并建立了新的扩展了的增长模型。

区域创新理论认为，区域内的知识生产和拥有是获取产业优势和竞争力的基础，在区域内某一产业内部和不同产业之间，各主体为获取知识所进行的各种正式和非正式的、互动的、有组织学习和集体学习，则是产业发展中最重要的活动。特别地，区域创新理论将知识和地理因素联系在一起，将学习与地理的、组织的、关系的、制度的相近性结合起来，使对知识的学习和传播有了企业的、空间的意义。

一、知识类型与邻近性

区域创新理论十分强调知识创造和学习的意义，认为知识是最重要的资源，知识生产和占有能力是区域优势和发展潜力的重要标志,并认为不同主体在网络中的互动学习是学习的最大共性和创新的决定因素,是综合和再综合不同知识使之出新的过程,学习能力对于企业和区域获得创新能力和竞争力中具有战略意义。它还认为,学习不仅是互动的,也是社会性的过程,不考虑社会和制度背景就不能完整地理解学习和学习过程。

事实上,学习与创新的关系密不可分。学习是创新的前提,创新是学习的结果,是把新知识或重新综合的旧知识引入到经济中的活动。知识是存量,它是历史的产物和累积物,而学习是流量,它是源源不断地汲取知识的过程。因此,知识、学习、创新是个连续不断、相互作用的一体过程,创造知识、应用知识和传播知识,都是通过一定区域环境下的学习过程实现的,是个实践过程。

(一)知识类型

区分知识类型对于正确理解知识在创新中的作用、制订新的技术政策具有重要意义。

对知识的划分,通常根据迈克·波兰尼(Michael Polanyi,1891—1976)[①] 的观点,以知识的存在方式将其分为显性知识(他称之为

① 迈克·波兰尼(Michael Polanyi)是著名的哲学家,特别是以其对知识的研究而闻名。他 1891 年生于奥地利,早年参加过第一次世界大战,战后在德国从事生物化学研究。1933 年他离开德国来到英国,就职于曼彻斯特大学,并在 1930 年代后期对科学哲学研究发生兴趣,1948 年在曼彻斯特大学正式转向社会科学研究,1959 年又转到默顿学院从事哲学研究,他重视知识与社会之间的关联。1950 年代以后,他还多次在美国进行讲学并赢得很高声望,成为一个对后世有影响的哲学家。波兰尼 1946 年发表的《科学、信念和社会》(*Science, faith and society*)、1951 年发表的《自由的逻辑》(*The logic of liberty*)。他 1958 年出版的《个人知识》(*Personal knowledge*)、1966 年出版的《隐性的角度》(*The tacit dimension*),都被认为是研究知识的经典著作,其中《隐性的角度》是以其 1962 年以后在耶鲁大学的讲学为基础完成的,对《个人知识》一书进行了完善。

explicit knowledge，现在一般称为 codified knowledge）和隐性知识（tacit knowledge，也有人称之为默会知识）两种。显性知识是指以字码形式存在的知识，如公式、数字、付诸文字的学说等，具有公开性、共享性、可流动性等特点。它可以通过学校教育和其他途径的公开教育获得，能够在较大地域甚至世界范围内流动；而隐性知识则主要是指那些密传的、身教的、意会性的、不能付诸文字或公式的各类知识、技术、诀窍、技能等，它具有经验性、认知性、地方性、家族性、个人性等特征，是从实践中获得的，需要借助于示范、模仿、操作、直接交流、共同经历等实践活动来学习和共享，不易发生空间流动。

波兰尼重视隐性知识的实践意义，认为隐性知识是“我们知道的比我们说出来的多”，直接与特殊的实践活动紧密相关。也有人认为显性知识可简便地称为“知道是什么”（know that），而隐性知识则可称为是“知道怎样做”（know how）。

区域创新理论基本继承了这种对知识的划分，高度重视和强调知识特别是隐性知识的作用，将其视为学习的核心内容，认为对隐性知识的拥有和应用是企业核心技术的重要来源，具有一定的独占性，在形成产业和区域竞争力及独特优势中具有重大作用。

1994 年，同在丹麦奥尔堡大学的朗德沃尔和约翰逊（Björn Johnson）扩展和细分了隐性知识和显性知识这样的两分法，将知识分为 Know-what，即关于事实的知识，它类似于信息；Know-why，即对科学原理的发现和认识；Know-how，即专门技能；Know-who，即对社会网络的密度和强度的认识。大体上，前两者属于显性知识，后两者则属于隐性知识，特别是把对社会网络的认知做为知识的一部分,表现了他们对于知识理解的丰富性和对社会关系的重视。除他们以外,由于 know-how 和 know-who 这些隐性知识有区域性、集体性等特点,也被许多研究者用来解释全球化过程中的产业集中问题,比如对产业区和集群的研究就认为,企业集中的原因之一是通过一定的区域社会网络寻求隐性知识,如那些掌握在某些个人或群体手中的、地方性的知识、技能、诀窍等,以建立或增强企业及产业的竞争力。

(二)对知识产生与经济发展的理解

总体上,从知识产生到实现经济发展的过程,可以理解为是从知识创造到把知识商业化的渐进过程,对它的理解经历了从线性发展模式和互动创新模式的转变。

在以往对知识和技术的理解中,许多国家比较侧重显性知识而忽视隐性知识,强调以基础科学为本的知识发展和技术进步,重视对这些知识和技术应用和扩散,促进这些知识和技术转化为现实生产力,国家的技术政策也偏重于发挥大学、R&D 机构的研究成果对经济发展的作用,重视技术人才和技术官员的作用,并通过投资支持、政策优惠等措施促进显性知识的产业化、商业化。与此相应,将经济发展过程理解为从基础教育、基础研究—技术发明—经济增长的单向的线性模式,产业的发展也同样是这样一个线路。

然而,第三意大利等地区成功的发展实践,对这种依靠显性知识获得经济发展的线性增长模式和技术政策提出了挑战,引起了人们对知识、技术、发展与政策等问题的反思。这些地区的经验表明,隐性知识对形成区域核心技术和竞争力也具有、甚至更具有重要意义,隐性知识在整个地区或某个产业的赋存、保留和流传,能减少区域独特知识和技术资源的流失,有利于形成和巩固区域及产业的优势。同时,隐性知识也有必要转化为显性知识,使之具有更大的共享性、可流动性,在更大范围内发挥促进产业和区域经济发展的作用。事实上,由于隐性知识本身具有一定程度的可交流、可共享和可扩散性质,有一部分隐性知识已经变为显形知识了,甚至已被开发成标准化的技术和可大规模生产的产品,成为更多区域可以选择的技术和产业。

(三)知识与空间因素

许多区域研究学者都认为,知识特别是隐性知识与区域密不可分,具有地方性特征,正如多年研究区位选择、产业竞争力、地方性学习、知识产生及扩散等问题的 Peter Maskell 和 Allan C. Malmberg、加拿大多伦多大学的 Meric S. Gertler(2001)等学者所认为的,隐性知识决定创新活动的地理分布,一是因为隐性知识是通过参与产业发展的各主体间面对面的直接交流而得以共享的,它难以进行长距离的交换,这使其具有空间粘性(spatially sticky),不易流动。即使在网络时代,这种区域内为寻求知识进行的面对面的直接交流仍是难以取代的;二是与学习过程日益重要的社会性、组织性、地方性特征有关,创新取决于区域内经济主体间的相互作用,而这种相互作用必须依托于一定空间且受制于区域特定的社会经济背景。有关学者对企业的研究也表明,企业首先在本区域内寻求隐性知识,这是因为隐性知识的地方性和不易流动性,促使企业在本区域内建立信任关系,进行直接交流,以获得对企业核心技术有关键意义的隐性知识。

知识活动与区域紧密关联,知识的搜寻、获得、发展、扩散都不能脱离特定的区域社会经济背景和在特定区域内的个人经历,并取决于区域内人们之间互动关系。知识与区域之间的相互影响至少有如下5个表现[①]:

1.知识的中心是对事物的了解即格物致知,而这种了解是通过认识区域社会、文化和经济背景对当地发展的影响而进行的,这些背景显然属于特定的地理空间。

2.个人知识的拥有、积累和发展受人们之间互动关系的影响,这些互动关系受地点和距离的制约,互动关系的便利程度和密度基本上与距离成反比。

3.个人知识的发展也需要获得外部信息,为此同样要通过人们之间的互动关系得以完成,而外部知识的搜寻成本和获取成本都受距离等空间因素的影响。

4.即使主要由外部信息构成的个人知识结构,这些信息也需要在特定的区域社会和经济环境中通过学习(比如通过当地的教育和工作经历)获得和发展。

5.所有个人知识都要经过过滤和消化,即使是对显性知识的理解和消化,也需要借助于那些以个人经历、区域条件等为基础的隐性知识。

(四)隐性知识与邻近性

隐性知识与邻近性特别是地理邻近性,是知识活动与区域关

---

① David A. Wolfe, David A. Wolfe, *Social capital and cluster development in learning regions*, *in Knowledge*, *Cluster and Learning Region*, ed. J. Adam Holbrook and David A. Wolfe, Kingston: School of Policy Studies, Queen's University, www.utoronto.ca.

系的重要表现，与区域内产业发展密切相关。创新理论认为，当显性知识触手可得之时，隐性知识就愈显珍贵。隐性知识是学习型经济的核心因素，是创新与价值链的关键，也是创新活动地理分布的决定性因素，并能强化和提升区域在全球经济中的地位，也有助于解释全球化中的地理集中现象，因此如何便利地获得隐性知识，成为区域产业发展的中心问题之一，其中邻近性是回答该问题的要点。

由此，我们将地理集中视为区域创新视角下产业发展过程中的必要内容，并将在后面做更详细的分析，而在这里主要叙述隐性知识与包括地理邻近性在内的几种邻近/相近性的关系。

对隐性知识与邻近性（proximity）研究的核心，是关于对隐性知识的学习与聚集因素的关系，其中对于地理邻近性（geographic proximity）的研究成果最多，这主要是根据隐性知识要求直接交流的性质出发的。此外，也有一些学者认为，地理的邻近不是解释隐性知识学习问题的唯一答案，除了地理邻近性外，还有一些其他的方面的邻近/相近性，也十分有利于对知识的互动学习。如新加坡国立大学的 Timothy G. Bunnell 和英国曼彻斯特大学的 Neil M. Coe（2001）认为，存在"非边界的靠近性"（de—territorialisation of closeness），当组织的邻近性/相近性或"虚拟社区"（virtual community）的邻近性/相近性大于地理邻近性时，隐性知识就会跨越区域界限。同样，关系邻近性也是如此，它也有利于共享隐性知识，并能消磨距离摩擦力。

1. 隐性知识与地理邻近性

由于隐性知识的地方性、个人性，隐性知识对区域、产业、企业优势的重要性,以及共享隐性知识所要求的直接交流,都提升了具有隐性知识的区域的价值,加强了学习隐性知识的迫切性,并促使企业向拥有隐性知识的区域集中。因此,如何产生、搜寻和拥有、共享隐性知识,成为有关隐性知识与产业发展的主要问题。

2.隐性知识与制度相近性

如前所述,一些学者认为,地理集中性并不是对共享隐性知识的唯一解释,比如迈克·波兰尼的哥哥、经济学家卡尔·波兰尼(Karl Polanyi)就认为制度的相近性(institutional proximity)而非地理或文化的相近性,是个人及企业共享隐性知识的主要原因,他还认为,由于这种制度的相近性而可能出现跨地区的联盟,一个地区可以向相距很远的另一个地区寻求和共享隐性知识①。

3.隐性知识与组织相近性

与制度相近性的观点相似,一些学者提出组织相近性(organizational proximity)的概念,并认为隐性知识之所以能够在不同的组织(如企业)中扩散和共享,是由于这些组织具有相似或共同的基本成分和特征,知识在这些组织间产生和传播的交易成本低。

4.隐性知识与关系相近性

一些学者重视关系在隐性知识的产生、获得和扩散中的作用,提出关系相近(relational proximity)的概念,认为具有密切经营、贸易、生产关系的人们的相互作用,对于隐性知识的生产、认同、拥有和流动,比地理邻近性更重要。如 Ash Amin 认为,"在组织空间

① Meric S. Gertler, *Tacit knowledge and the economic geography of context or the undefinable tacitness of being* (*there*), June, 2001, www.utoronto.ca.

内,与它们复杂的、有距离和区域色彩的活动相交织,隐性知识和显性知识的流动都与竞争优势有关(2000)"。Allen J. Scott(2000)也说:"出现这种情形的问题不是地区根植性,而是关系的存在。在这种关系中,人们能使其共有知识内部化,或能以此解释以隐性和显性知识为基础的发展的特殊业绩①"。

二、知识扩散

创新过程不仅包括知识的生产,也包括知识的扩散(diffuse, spread)。在有关文献中,与知识扩散的概念相近或同义的概念还有知识传播(dissemination)、知识转移(transfer)、知识溢出(spillovers)。

知识扩散对于经济增长十分重要,它是获得和应用知识的重要途径,不仅对提高生产率有关,与有高生产率潜力的活动的空间集聚有关,也与企业占据产品生产周期中的有利地位及形成产业和区域更强大的竞争优势有关,因此集聚经济理论日愈关注知识扩散过程。

对知识扩散的研究表明,知识转移和扩散具有空间集中的特征,地理邻近性在多数情况下对知识溢出有重要作用,且越是知识密集型产业就越有空间集中性。

目前对学者们知识溢出的研究还主要集中于显性知识,而对隐性知识的溢出研究较少,这主要是因为知识扩散要求相同的认

---

① Meric S. Gertler, *Tacit knowledge and the economic geography of context or the undefinable tacitness of being(there)*, June, 2001, www.utoronto.ca.

知环境、使用的统一术语和共同的思维方式,显性知识符合这一要求而可以被转移、交易,而隐性知识则是个体性的、环境性、地方性的,只具有一定程度的可流动性,且难以度量其价值,因此不易转移和扩散。

对知识扩散的研究主要从以下几个方面进行的:

一是关于知识传播的渠道有如下基本观点,每种观点都是来自实证研究,这些成果表现了知识传播的多面性和多样化特征:

1.Cohen and Levinthal(1989)认为,企业具有适应其他企业开发的新技术、新思想的能力,因此能够从外部新知识中获益。

2.Audretsch(1995)的观点则相反,他将观察对象由企业转为个人,从开设新企业的成本和创新收益两个变量,研究了知识技术创新者怎样才能拥有知识收益的问题,特别是拥有创意或专利等的科学家的行为和企业的关系,认为只有当创新收益高于开设新企业的成本时,科学家才会开办新企业,而离开原来服务的企业,从而使技术发生扩散。

3.也有学者研究了 R&D 机构对企业的知识溢出问题,归纳为两种类型:一从原有企业中衍生的新企业(spin-offs),一般不直接与大的 R&D 实验室联系,而是从其先前企业的 R&D 机构中获得知识。二是如 Jaffe(1989);Zoltan J.Acs(美国巴尔的摩大学)、David Bruce Audretsch(美国印地安那大学)和 Fledman(加拿大多伦多大学)(1992,1994);Audretsch 和 Fledman(1996);Fledman 和 Audretsch(1999)等研究的,大学实验室知识的溢出,主要服务于私人企业、特别是小企业的商业性创新活动,而大企业一般有自己的R&D机构,直接从自己的 R&D 机构获取技术[①],这些学者关于企业创新、特别是中小企业创新方面的研究结论被认可并引用。

二是对欧洲和北美知识溢出研究的重点不同,北美的研究侧重美国高技术和知识的溢出情况,而欧洲的研究则侧重网络和集群对产业区内中小企业的作用。

三是研究知识溢出的条件。认为知识的产生、传播与价值观、规则(习惯)等制度环境有关,这其中社会网络、分散决策的机制和高流动性是知识扩散、溢出的重要因素。正如 Saxenien(1994)所指出的,对于区域创新活动来说,重要的不是人才和知识在区域的聚集,而是这些资源的流动与交流,而保障流动与交流的条件是社会网络[②]。

四是研究知识溢出的方向:认为扩散可以是单向的(unidirectional)、非对称的(asymmetrical),也可以是对称的(symmetrical)、合作性的(co-operative)。

五是知识溢出的机制:认为知识能通过学习,传播到其他企业和个人而得以复制、共享和转移。许多知识传播是通过组织内或组织间的关系来进行的,如个人或下级组织、部门间、以及在网络和层次中的关系。

六是研究知识溢出的角度:

1.通过专利引用等情况研究知识溢出

---

① David B. Audretsch & Maryann P. Feldman, *Knowledge Spillovers and the Geography of Innovation*, www.cepr.org.

② David B. Audretsch & Maryann P. Feldman, *Knowledge Spillovers and the Geography of Innovation*, www.cepr.org.

有不少研究从专利活动、产业变化、劳动力流动、大学 R&D 的水平和创新率等方面考察知识溢出。如 1997 年 Almedia 和 Kogut 根据专利引用的情况研究了美国的半导体产业,1999 年 Jaffe 和 Trajtenberg 运用专利引用数据研究跨国知识流动,这些研究都认为知识流动具有地方化特征和效应,与产业内劳动力流动方向和 R&D 的集中地区一致。

2.通过知识人才的流动研究知识溢出

知识人才能够以自身为载体使知识发生空间转移,对此也有学者予以研究。如 1996 年 Audretsch 和 Stephan 分析了大学里的科学家与生物技术企业分布之间的关联,发现两者存在一定的地理邻近性,即科学家与生物技术企业在同一区域集中。1996 年及 1997 年,Zucker 和 Darby 还研究了著名生物科学家与生物技术企业之间的空间分布关系,发现两者在同一区域集中的倾向,企业与知识密切结合,并由此形成了新的生物技术体。此外,1997 年 Almedia 和 Kogut 研究了半导体产业著名专利拥有者在企业间流动的情况,也有类似结论。

3.通过商品流动研究知识溢出

主要是通过对国际贸易中有知识含量的商品的流动来体现,如 1995 年 Park、Coe 和 Helpman 就利用贸易模式分析了国家间的知识溢出情况①。

总之,在区域创新视角下,对知识在不同区域的创造和扩散,

---

① Jeremy R. L. Howells, *Tacit Knowledge, innovation and economic geography*, *Urban Studies*, May, 2002, pp. 871—884.

包括知识在不同产业间的转移，及其对实现创新和保持创新的重要性等问题，逐渐引起了学者们更多更细致的研究。

第三节　学习过程与产业发展

区域创新理论认为，知识是最重要的资源，学习是最重要的过程，通过在区域创新网络中的互动学习，能获得、创造、传播知识，促进知识在产业中的应用，实现互动创新模式。特别是，在快速的技术变化下，产品生命周期越来越短，市场的不确定性越来越大，通过学习把握技术变化的方向、了解产业发展的可能性、及时产生和获得新的知识与技能就显得尤为重要。有鉴于此，在我们的分析中，区域内产业发展是以互动学习为核心、以提高产业创新能力和竞争力为目标的多方面活动的结果。

一、学习过程的类型

创新研究学者们认为，学习是由生产结构、组织和制度塑造的集体过程，是增长、就业和竞争的核心问题。

下图表达了以学习为中心的产业发展的过程和结果，表明通过互动学习得以获得知识、信息、技术，并能获得积极的产业和区域效果，即有利于促进和实现产业创新，并推动区域经济的发展。

1.学习过程的类型和方式

学者们普遍认为学习过程有多种特征和形式，并强调学习方式和学习内容的广泛性，这是因为“技术和组织的变化变得日益内生化了。学习过程制度化和知识积累反馈环的建立，使经济从

图 2.2　以学习为核心的产业发展及其结果

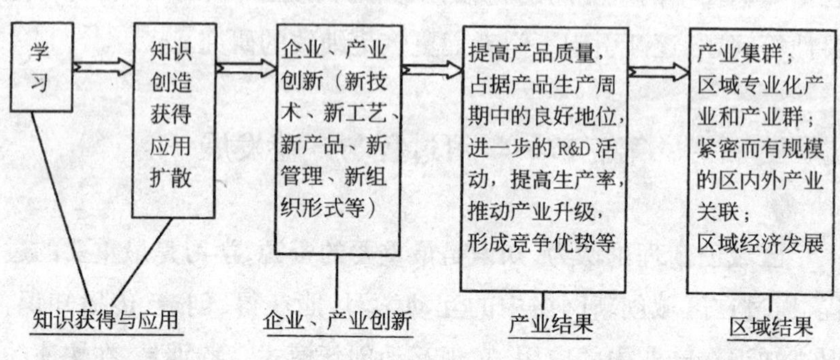

整体上变得干中学和用中学了"(Lundvall and Johnson,1994)。

狭义的观点认为,生产过程中的学习方式主要是干中学、用中学,而对于一般的经济活动,则为干中学、用中学、互动中学。广义的观点认为,学习过程是搜寻、发现、探索知识的复杂过程,包括在特定制度环境下对问题的定义和解决。搜寻是谨慎地选择和综合现有知识的过程,搜寻行为发生于特定的技术模式下,可大体认为是对技术类知识的搜寻、转化,是硬的方面;探索则是针对新问题产生新知识,大体上是产生知识增量且更多是产生软性的知识,并不产生能直接转化为新技术的知识[①]。

关于学习的方式,除了干中学、用中学、互动中学,不同学者从不同的角度还提出了其他许多方式,如搜寻中学(learning by searching)、实践中学(learning by practicing)、探索中学(learning by exploring)等,都强调学习与实践的联系,强调学习的行动性质,强

① Philip Cook, Olga Memedovic, *Strategies for regional innovation systems: Learning transfer and applications*, United Nations Industrial Development Organization, Vienna, 2003 - 12 - 8, www.unido.org.

调学习与实践活动的互动关系。

2.学习过程的层次

库克等学者认为,按照学习的深度和广度可将学习过程分两个不同的层次:第一层次可称为“做得更好”(doing things better),这一层次的学习是提炼现有实践,主要是通过更好地掌握和利用显性知识来进行,其中企业内部与外部所进行的教育、培训、直接与间接交流是主要手段;第二层次的学习可称为“做更好的”(doing better things),即产生新的实践活动、业绩、经验和知识,这一层次对于企业来说更为困难,因为新的实践知识里有许多是能意会不能言传的隐性知识,它必须有赖于具有共同经验、共同地域及文化背景的个体间的直接互动①。能否做得更好,在很大的程度上取决于能否产生形成核心竞争力的知识与技能。

二、学习的特征

如前所述,创新无论从企业和产业的技术创新还是从区域和国家的制度创新上说,都是一个经济—技术—社会过程,是在区域内通过集体学习获得知识并由此提高创新能力的过程(如 Camagni,1991)。区域创新理论强调地方创新网络中互动学习的重要

① Bjørn T. Asheim and Philip Cooke, *Local Learning and Interactive Innovation Networks in a Global Economy*, in Edward J. Malecki and Paivi Oinas edited, *Making Connection*: *Technological learning and regional economic change*, pp.145—178, Ashgate, Aldershot, 1998;

Brigitte Gregersen, Bjørn Johnson, *Learning economies*, *innovation systems and European integration*, *Regional Studies*, v31, n5(July, 1997), pp.467—478;

Philip Cooke and Kevin Morgan, *The Associational Economy*: *Firms*, *Regional and Innovation* (Chapter1, *The Institutions of Innovation*), pp.9—34, Oxford University Press, 1998.

性,互动学习是指参与区域创新的各主体(企业、大学和 R&D 机构、各种政府或民间组织等)之间的相互学习和相互促进,它强调各主体间的相互作用。互动学习具有组织性(organizational)、集体性(collective)和地方性(localized)的特征。

1.学习的组织性

Lundvall 和 Johnson 认为"学习型经济中的企业从广义上说是个学习组织","通过综合 ICT 技术、把柔性专业化和创新做为在新技术—经济模式中竞争的关键手段,这样学习经济就有了企业方面的意义"① (Lundvall and Johnson,1994)。学习型经济要求企业和其他组织能够通过组织内部的学习以适应不断变化的环境,提高创新能力,因此强调在一定的区域社会结构中培植学习型组织(Granovetter,1985),或者形成企业内部强大的职工参与,构建企业间水平式的合作网络,以及自下而上的、以互动为基础的区域创新体系等(Asheim and Isaksen,1997;Ennals and Gustavsen,1998)。

2.学习的集体性

区域创新理论高度认同学习的集体性,认为学习是以区域社会网络为保障、通过区域内各主体的互动学习完成的,是一个相互学习和共同学习的过程,是一个在交流中实现知识创造与共享的过程,知识的这种准公共物品的性质(即使是隐性知识,也有一定的准公共物品的性质),也是有赖于集体学习形成的。

3.学习的地方性

① 转引自 Bjørn T. Asheim and Philip Cooke, *Local Learning and Interactive Innovation Networks in a Global Economy*, in Edward J. Malecki and Paivi Oinas edited, *Making Connection: Technological learning and regional economic change*, p.149, Ashgate, Aldershot, 1998。

区域创新理论强调学习的地方性(localized)而非无地点性特征(Lundvall and Johnson,1994;Storper,1995),这主要是由知识资源的地区分布、流动性和区域社会经济环境所决定的。如波特认为,“竞争优势通过高度的地方化过程而被创造和继续。国家经济结构、价值、文化、制度、历史差异对竞争成功有深刻影响”(波特,1990),“在国家或区域内建立本垒(home base),是全球经济优势的组织基础”(Lazonick,1993)。卡斯特认为,无地点性的特征至少在上个世纪是不能实现的,地方化和全球化在今后时期内仍是世界经济的重要空间特征[①],基于技术、知识的遍在性和高度流动性之上的归一化(Ubiquitous)过程尚未出现。

这些具有不同特征的学习过程的直接目的都是实现知识共享,它们强调在学习过程中由区域内各主体构成的网络的质量和主体间的相互信任关系,注重各主体的集体认同感和学习的集体性,因此不仅要求有企业内强大的相互沟通渠道,也要求网络成员间的高度理解、信任和相互承诺,以提高对知识的共享能力。企业内、区域内的信任和承诺关系是成功的学习与顺利地创造知识的条件,也是成功的创新网络的必备因素,任何机会主义行为都不可能产生信任和承诺关系,将损害学习过程和创新活动。

---

① Bjørn T. Asheim and Philip Cooke, *Local Learning and Interactive Innovation Networks in a Global Economy*, in Edward J. Malecki and Päivi Oinas edited, *Making Connection: Technological learning and regional economic change*, pp. 145—178, Ashgate, Aldershot, 1998.

参见(美)曼纽尔·卡斯特:《网络社会的崛起》,夏铸九、王志弘等译,第六章,社会科学文献出版社 2001 年版。

三、学习的积累性和知识忘记

1.学习的动态性、积累性和学习内容的差异性

学习既是一个动态的、不断更新的过程,也是一个不断积累的过程,学习内容取决于已知的知识,已有的知识积累、知识结构、生产结构都会影响到学习过程,而且对不同的产业、个人和团体,学习的内容和重点有所不同。

2.学习与忘记

区域创新理论认为要注意"忘记"在经济中的作用,目前忘记在经济发展中的作用尚未引起重视。这是因为快速甚至是革命性的技术变化,要求不断进行知识更新,忘记以往不适应新的发展阶段和经济特征知识,改变或抛却落后的工艺或技能。忘记与学习一样都是必需的,都是为了更好地获得和储备新知识,因此从这一意义上说,学习经济(learning economy)也是忘记经济(forgetting economy),它是一个过程的两个方面,并需要以一定的方法、制度和渠道来支持创造性忘记(creative forgetting)。

四、互动与学习区位

瑞士学者 Olivier Crevoisier 关于学习型经济、创新与城市发展的关系对理解学习、区域创新与产业发展同样有益。他以组织性、区域性的"互动和学习区位"(interaction and learning sites,ILSs)这一概念为基础来解释城市创新,认为学习区位是被城市所创造、发展和消灭的,这些互动和学习区位能融合到创新主体间相互联系和交流的创新过程中。因此,他认为城市和创新之间的关系可以理

解为，城市具有产生互动和学习区位的能力，而互动和学习区位能产生和保持创新资源①。

Olivier Crevoisier认为，互动和学习区位是一个连接要素，它能够在制度方面和物质建设方面把城市和创新连接起来，互动和学习区位既可以是研究和培训中心、行业协会、交易会、技术转让中心、专业性媒体、图书馆和博物馆等机构或组织，也可以是会面场所，如宾馆、体育馆等，也就是说互动和学习区位是能够提供和促进相互交流和联络的条件。互动和学习区位本身就是创新环境的内容，它能提供创新环境的两个必要因素：即新的知识和技能资源、以及在创新过程中整合和利用这些资源的互动关系。

下图表示了在城市发展与创新过程中互动和学习区位的连接作用。互动和学习区位具有联系功能和建设功能，即一方面把政府和企业联系起来，另一方面通过两者的互动关系，引起城市和生产体系的变化，使创新得以发生。

正如企业网络一样，互动和学习区位具有弹性，不拘形式和期限，比如，可有长期的或临时的、单功能或多功能的、规则或不规则的、单目标或多目标的等，因时因地而异而宜。

由于互动和学习区位在地区创新上的重要性，许多区域都在努力吸引或培植它。一方面各地竞相吸引那些能成为互动和学习区位的各种资源，如重要的研究中心、大学、国际性交易会、媒体、图书馆等，并为此展开激烈竞争。那些拥有优越的公共服务、良好

① Olivier Crevoisier, *Innovation and the City*, in Edward J. Malecki and Paivi Oinas edited, *Making Connection: Technological learning and regional economic change*, pp. 61—77, Ashgate, Aldershot, 1998.

图 2.3　经由 ILSs 的城市和创新的互动关系

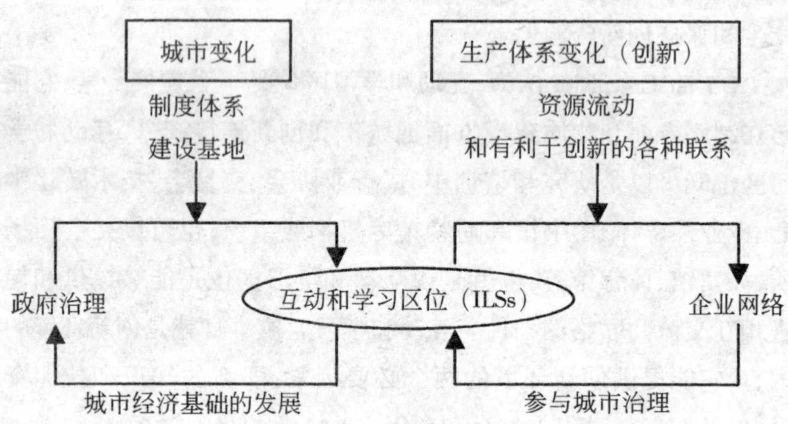

资料来源:Olivier Crevoisier, *Innovation and the City*, in Edward J. Malecki and Paivi Oinas edited, *Making Connection: Technological learning and regional economic change*, p. 68, Ashgate, Aldershot, 1998.

的地理区位、完善的金融和行政支持的地区,对互动和学习区位有更大的吸引力。互动和学习区位还具有广泛的适应力和标准化的服务,它并不仅适合当地企业的要求;另一方面各地通过改善区域创新环境、扶植产业区及其腹地内的同类专业化地区,来扩展企业和产业的创新活动。

总之,从区域创新的角度对学习的分析确有很多,特别是对隐性知识在区域创新中的作用,学者们予以更大的关注和肯定,但是由于在对隐性知识的认定、价值度量和扩散机制上,还有一些难以把握之处,有待今后有更多的研究。

第四节　空间集聚与产业发展

集聚(cluster,agglomeration)并不是一个新概念。自19世纪后,就出现了由工业迅速发展以及企业为追求低成本等因素而发生的空间集聚,特别是出现了同类工业企业的地方化集聚和由不同类工业集中在某一区域所引起的城市化集聚现象,集聚问题也逐渐被区域研究学者所关注,他们的研究涉及到集聚原因、集聚类型、集聚效益、集聚与扩散等重要概念和理论,集聚问题一直是区域研究的重要问题之一。

在全球化和地方化下,产业的扩散和企业的集中分布同时并存,新产业区和企业集聚区域不断出现,企业集聚现象十分明显且出现了新的特征,是新的社会经济背景为集聚这个古典的概念赋予了新的时代含义。因此,集聚问题重新引起了地理学者、社会学者、经济学者等的关注,对集聚原因、集聚效益、集聚对区域经济格局的影响等进行了深入研究,最突出的成果是将集聚与交易成本、互动学习、企业网络、竞争优势等概念联系起来,并将新的集聚现象与传统的集聚现象区分为静态集聚经济和动态集聚经济,将对集聚的研究推到了一个新的理论高度。

在前面的叙述中,我们已经从不同角度论述了空间集聚问题,特别是集聚对知识和学习过程的意义,这里将集中分析、比较静态集聚经济和动态集聚经济的特征、动态集聚经济的类型等问题,我们理解的区域产业发展,核心是空间集聚的企业间的互动学习,因此在这部分将主要分析集聚经济对促进学习过程、构建区域创新网络,形成产业和区域优势、提高产业和区域生产率和创新能力的意义。

一、静态集聚经济和动态集聚经济

有关学者根据历史背景的不同,将集聚经济区分为静态集聚经济和动态集聚经济,将最近二十年来与创新活动密切联系的集聚经济称为动态集聚经济。区域创新理论认为,企业的空间集聚是社会背景和空间条件以及相互学习过程的结果,它能够发挥由创新产生的竞争优势。在新的集聚经济下,集聚不仅是减少生产成本,更多的是通过集聚可以促进互动学习、相互信任、激励创新的网络的形成、交易成本的降低等。

(一)静态集聚经济

古典的静态集聚经济关注的核心问题是企业成本的降低以及由此带来的生产率的提高,它认为集聚经济与企业成本直接相关,企业由于空间集聚所产生的成本节约就是集聚效益。集聚效益通过企业间共享基础设施、信息和其他服务来实现。

传统理论划分了三种集聚效益,即以企业规模扩大为特征的集聚效益,它更多地表现为规模效益;以同类企业集聚所产生的地方化集聚效益;以不同类企业集聚所产生的城市化集聚效益。地方化集聚效益和城市化集聚效益都属于空间集聚效益,对于区域产业发展和区域经济的整体发展都有重要影响。空间集聚有利于区域带头企业的出现、区域专业化部门的建立、产业结构的调整、以及区域产业分工格局的实现,也有利于专业化城市、中心城市和城市体系的形成。静态集聚效益具有自我强化的特征,产业集聚区或城市地区在其发展过程中会产生极化效应和路径依赖,这种路径依赖一方面有利于这些区域提供更多的基础设施、集中更多的资源、产生更精细而合理的专业化分工，另一方面也能扩大区域间经济结构和生产率方面的差异。当集聚积累到集聚成本大于集聚效益的时候，区域会通过市场或政策调节集聚程度，企业和资源向区域外流动，或集聚于新的区域。

图 2.4　静态集聚经济及其产业和区域结果

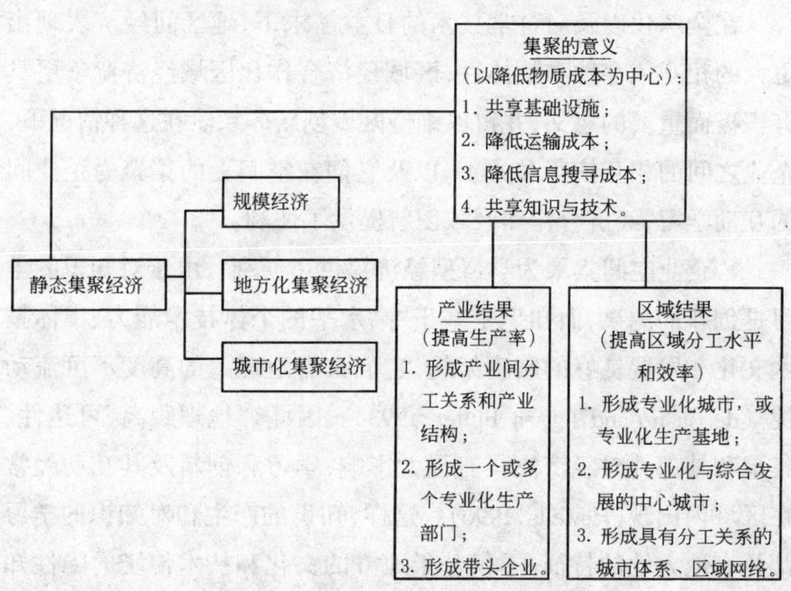

（二）动态集聚经济

动态集聚经济关注的核心问题是互动学习过程中交易成本的降低以及企业、产业和区域创新能力和竞争力的提高，而非简单地降低既定技术下的单位生产成本，这是它与静态集聚经济区别的关键。

因此,动态集聚经济研究的重要进展是将空间集聚与创新联系起来,认为企业的空间集聚能够发挥以创新活动为基础、以互动学习为源泉的竞争优势。在空间研究上,这一时期有关集聚经济和创新的关系集中体现对产业区的认识上,国内已有不少有关产业区的研究成果,因此本章不再对此多加论述,而主要注意动态集聚经济的意义及其产业和区域结果。

在全球化以及对科学技术的日益需求下,地区间经济表现出更大的相互依存性和整体性,区域经济合作比区域经济竞争更具有积极而重要的意义,并得以维持区域创新体系。在这种情况下,企业之间的相互依存和分工,以及它们在空间上的集聚为企业间的互动学习、经济合作和区域创新提供了便利。

1.企业空间集聚为学习型经济提供了便利。由于对知识的学习是创新的源泉,而知识是基于"高水平的个体技术能力、集体技术文化和发展良好的制度架构,它们具有地理上的高度不可流动性"(de Castro and Jensen Bulter,1993)。因此,"地理距离、可达性、集聚和外部性对经济流具有强大影响,学习和创新及其互动经常在区域内出现(Howells,1996)。这样,知识的产生和对知识的学习都具有地方性的特征,不仅基于地方的文化和技术传统的隐性知识具有明显的地方性特征,同时对显性知识的学习也受制于地方特定环境,而空间集聚便利了信息的传递和企业的相互学习,从而为区域创新提供空间基础。

2.空间集聚能提供创新气氛和增强互动创新。这是由于同类或不同类的企业的空间集聚,有利于建立企业间各种正式与非正式的、定期与不定期的有关技术、供求等方面的各种联系,也有利于建立上下游企业之间、经销商与生产商之间、R&D机构与企业之间、政府与企业及其他组织之间各种有关技术、管理、经营等方面的关系网络，区域内各种主体之间的互动关系能有效地促进创新活动的展开，促进企业间技术交流、共享和扩散，提高企业对技术的创新能力和适应能力，从而促进产业和区域创新能力的提高，以及区域创新环境、创新网络的形成和完善，而这又是积累创新优势、实现进一步创新的基础。正如Castells认为的，"空间的邻近性是这种氛围存在的必要物质条件，而这是源于创新过程中互动的性质。界定创新氛围之特殊性的是其产生'合能'(synergy)效果的能力，这种附加值并非来自氛围中所呈现之元素的累积效果，而是来自这些元素的互动。创新氛围是信息时代工业生产过程里创新与产生附加值的根本源泉"①。

3.空间集聚成为提高竞争力政策的依据。创新理论重视互动学习，互动学习综合了马歇尔式集聚经济、隐性和显性知识的相互作用以及非贸易的相互依赖，它是在全球经济中社会化形成的区域比较优势的基础。目前发达国家的竞争力政策的基点是认为竞争力应建立在创新和差异化战略上，该战略以产业区和空间集聚体中的地方化学习为基础，以系统促进地方化学习过程以保证创新力和竞争力为目标②。

---

① (美)曼纽尔·卡斯特:《网络社会的崛起》,夏铸九、王志弘等译,第481页,社会科学文献出版社2001年版。

② Bjørn T. Asheim and Philip Cooke, *Local Learning and Interactive Innovation Networks in a Global Economy*, in Edward J. Malecki and Paivi Oinas edited, *Making Connection: Technological learning and regional economic change*, pp. 151—152, Ashgate, Aldershot, 1998.

动态集聚经济具有明显的产业和区域结果,即提高企业和产业的技术创新能力和对技术的适应力,促进区域专业化部门和优势产业的形成与提升,特别是有利于区域创新网络的形成和巩固,促进互动创新模式的实现,提高区域创新能力,并通过企业集聚,形成对区域经济发展具有引擎作用的产业区和中心城市,提升区域在国家或大区域经济系统中的地位和作用。

图2.5　动态集聚经济及其产业和区域结果

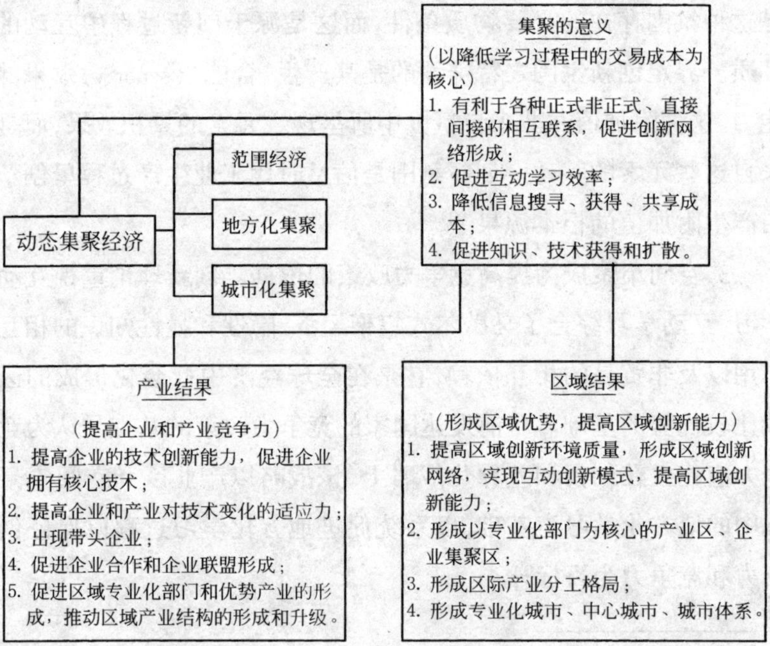

动态集聚经济

范围经济

地方化集聚

城市化集聚

集聚的意义

(以降低学习过程中的交易成本为核心)

1. 有利于各种正式非正式、直接间接的相互联系，促进创新网络形成；
2. 促进互动学习效率；
3. 降低信息搜寻、获得、共享成本；
4. 促进知识、技术获得和扩散。

产业结果

(提高企业和产业竞争力)

1. 提高企业的技术创新能力，促进企业拥有核心技术；
2. 提高企业和产业对技术变化的适应力；
3. 出现带头企业；
4. 促进企业合作和企业联盟形成；
5. 促进区域专业化部门和优势产业的形成，推动区域产业结构的形成和升级。

区域结果

(形成区域优势，提高区域创新能力)

1. 提高区域创新环境质量，形成区域创新网络，实现互动创新模式，提高区域创新能力；
2. 形成以专业化部门为核心的产业区、企业集聚区；
3. 形成区际产业分工格局；
4. 形成专业化城市、中心城市、城市体系。

二、不同创新环境下的企业集聚具有不同的空间特征

企业特别是创新性企业能否在区域内集聚,在很大程度上取

决于区域创新环境,如便捷地获得知识、技术、信息等资源、与区内外地区保持紧密而便利的联系的条件,即先进而便利的交通、通讯或信息基础设施等,而企业集聚的类型则又受制于特定的区域自然、社会、经济背景,使集聚在具有一定共性之外呈现出不同的区域特点和差异性。比如,对美国和欧洲创新企业空间集聚特征的研究表明,美国和欧洲创新企业集中的特点不尽相同。美国适宜创新企业出现的地方,一是在邻近纽约、洛杉矶等最大的中心城市的地方,以便利用大都市便捷的基础设施条件和广泛而迅速的信息,更便利地获得和更新企业发展所需要的知识、技术、人才等重要资源,并依托大城市所提供的广阔市场;二是在邻近较小都市区的地方,这是因为中心城市外缘地区具有良好的基础设施、人力资本和开阔的用地等条件,与中心城市间有便捷的交通通道和信息渠道;而一些对欧洲的研究则反映出,部分欧洲国家的创新企业分布在中心城市,而不同于美国企业的分布,这是因为这些欧洲国家的城市比城市边缘或非城市地区的创新环境更好,对企业有更大的吸引力①。不过,对此也有不同的认识,如奥地利维也纳大学的Franz Tödtling(1990,1995)就认为,有一些分布在农村和小城镇的企业,创新性比大城市的企业更强,这是因为它们与中心城市间有便捷的联系渠道如交通通道等。

Scott 和 Storper 曾归纳出三类柔性生产方式下的企业集聚区或产业区:

---

① Bennett Harrison, Maryellen R. Kelley, Jon Gant, *Innovation firm behavior and local milieu: exploring the intersection of agglomeration, firm effects, and technological change*, *Economic Geography*, v72, n3, 1996, pp. 233—258.

一是工艺性、设计密集型的企业,集中于大城市或传统的工艺生产中心,如纽约、巴黎、伦敦、第三意大利,以及希腊、葡萄牙、德国、西班牙等国的部分地区,它们都是某种专业化部门发达,或专业化与综合发展相结合的区域,如皮革、纺织、服装、酿酒等;

二是高技术产业集聚区,分布于一些城市的郊区或先前非城市化的区域,如美国硅谷、英国剑桥、法国的米迪(Midi)等,在这些地方都发展起一些包括 R&D、加工、营销等组织在内的高技术产业集群,成为新经济下国家和区域发展的引擎;

三是生产和金融服务业集中区,主要分布于大都市或邻近大城市地区,如纽约曼哈顿、伦敦城或巴黎的拉德方斯①等大都市的 CBD 地区,由城市的核心功能所决定,这些地区集中了大量跨国公司总部,吸引了大量包括法律、会计、广告、设计、咨询等专业化生产服务企业或称知识型服务业(KBS),金融、房地产等行业也十分活跃,土地高强度开发和利用,人口和企业高密度分布,在经济文化上都具有全球性的辐射力和控制力。

不过,上述对三类企业集聚区的归纳还不够全面。此外,还有一些学者对其他一些国家不同类型的企业集聚区或产业区进行了案例研究,表现了学者们对于集聚问题的普遍关注和研究,但这些研究的区域也主要集中在发达国家,对发展中国家已有或正在形成的企业集聚区研究还不多。

---

① Allen J. Scott and Michael Storper, *Regional development reconsidered*, in Huib Ernste and Verena Meier edited, *Regional Development and Contemporary Industrial Response*, pp. 13—14, Belhaven Press, 1992.

第五节 创新环境与产业发展

创新环境是理解区域产业发展的重要概念，在以下对创新环境的分析中，将着重分析在新的社会经济背景下区域发展因素的变化，论述包括若干区域发展因素在内的创新环境的概念，探讨区域创新环境在产业发展的基础作用。

传统理论认为，区域产业发展的动力主要是资本、劳动力因素，此外，区域地理位置、自然资源状况也是重要的影响因素，而具体企业的选址布局则主要是以劳动力、运输成本、集聚等区位因素为依据的，它重视自然资源、劳动力、交通条件这些物质性因素的作用，而对于区域特定的社会环境、文化背景却较少考虑。这种对区域产业发展和布局的理解，在以自然资源为基础的经济下具有明确而有效的指导意义。然而，在知识经济下，由于区域发展的资源基础从自然资源转为知识资源，因此在区域产业发展过程中，对知识和技术的拥有和创造，对区域独特的隐性知识的保留和巩固，以及为此所进行的互动学习，成为产业发展的关键，而为了实现成功的学习，以创造、保存和提高企业与产业的竞争力，实现区域创新，创新环境就成为必不可少的、最重要的基础条件。

一、区域发展因素的变化

(一)物质因素与非物质因素

由杜能(Johann Heinrish Von Thünen)的农业区位论、韦伯(Alfred Weber)的工业区位论、廖什(August Lösch)的市场区位论等奠

定并构成的传统区位论,对影响企业布局和区域发展的区位因素选择进行了清晰的分析和总结,表达了在工业革命后的工业化和城市化过程中,大量企业区位选择的共同特征,反映了当时决定企业布局的重要空间因素,无论是从成本最小或是利润最大的目标出发,这些对企业区位选择因素的深刻理解,都折射着当时经济、社会的基本背景。

在以自然资源为基础的经济下,区位论首先按自然资源在各区域的赋存状况,将其划分为遍在性资源和地方性资源两类,并根据资源和产品的运输特征,将产品划分失重产品和增重产品,再权衡资源状况、市场状况和产品特征,考虑运输成本,劳动力成本和集聚这些区位因素,将企业布局归为市场地、原料地或生产地指向。这种分析方法百年来对企业布局确有明确的指导意义和解释力,即使到现在,它们也是影响企业布局和区域产业发展的重要因素。同时,这种与微观经济学紧密联系并纳入其体系之中的传统区位论,被区域研究学者认为具有坚实的理论基础。

但是,在一个社会经济已经并继续发生重大变革的世界中,仅考虑这些因素显然不够,古典的简单的成本利润分析已不足以解释现代经济的复杂行为,决定企业布局、产业发展的区位因素已经被重新定义和排列了,在生产技能和知识、技术创新与扩散方面进行的质量竞争和发展合作,成为区域发展研究的重要问题,区域内知识存量、互动学习和社会网络状况,区域内参与创新各主体所具有的创新才能,以及区域创新能力,都成为新的影响产业发展和区域创新的因素。

根据变化了的现实,除了已有的区域发展因素,学者们不断添加着影响区域创新、产业发展的新因素，特别是人力资本和文化制度因素，如生活质量、经营文化、制度能力、社区认同等软性成分。正如 Cecilia Wong 在分析英国西北部和东部的发展时，曾恰当地将影响区域发展的因素划分为"传统因素"(traditional factors，实物性因素)和"非实物性因素"(intangible factors)[①]。不仅非实物性因素的重要性受到肯定和重视，研究者和实践者们还重视各种实物的和非实物的因素在不同区域、不同产业、不同项目上的排列组合所产生的不同结果，积极寻求各种因素的最佳组合及其对产业结构及区域整体发展的联动效应。

(二)可贸易因素(tradable)与不可贸易(untradable)因素

与上面的论述相关，影响区域产业发展的因素有很多都是可贸易的，这主要是指自然资源、劳动力、产品等实物性(tangible)要素。在以自然资源为基础的经济下，这些可贸易因素决定或影响不同产业资源配置的效益、区域产业结构的建立与调整，区域比较优势的选择、区际贸易活动也往往以此为转移。

但是，在知识经济背景下，可贸易的物质资源在企业布局和产业发展中的重要性在降低，而人力资本和社会资本的重要性在上升。物质性因素不仅是可贸易的，也是可跨区域流动的资源，是相

---

① Cecilia Wong, *Determining factors for local economic development: the perception of practitioners in the North West and Eastern Regions of the UK*. *Regional Studies*, v32, n8(Nov, 1998), p.707.

在研究区域创新问题上，许多学者关心非实物因素的影响，Cecilia Wong 在对英国西北和东部的研究中，将影响区域经济发展的因素分为传统因素(如区位、基础设施、人力资源、金融和资本、产业结构等)和非实物因素(如生活质量、制度能力、经营文化、社区认同等)。

对可以成为遍在性资源的,而不可贸易的、具有强烈地方性、独特性和不可流动性的非实物因素,如社会网络、制度、习俗、忠诚与信任,以及自然气候条件等,或言之构成区域"宜人性"的因素,已成为企业布局和解释区域产业发展的新的重要因素。在许多学者对美国硅谷、第三意大利、德国巴登—符腾堡和北莱茵—威斯特法伦、丹麦奥胡斯(Aarhus)等地区成功的发展实践的观察与研究中,都看到并重视这些不可贸易因素的特殊重要性、不可替代性和其作为难以复制的稀缺性资源的价值。淮南为橘淮北为枳,或许正是从这个意义上,一些学者认为创新的初始条件是不可复制的。

二、创新环境

最近二十年来世界范围内新的空间格局的重构,使传统的核心—外围理论受到挑战,在全球范围内资源分布和动员资源的能力越来越集中于少数区域,创新能力和创新所带来的巨大收益在某些地区表现得十分突出。在这些地区,对创新的预期和创新的收益不断抵消着上升着的土地、人力资源的价格和高昂的生活费用,它们有巨大的能量吸引着新的富有创新能力的人们,不断促成更具优势的创新环境。纽约、伦敦、东京这些世界上最大的城市,是地价、生活成本最高的地方,也是一些最重要的创新中心,代表着世界城市发展的最高水平,成本的上升并不能抑制新知识和其他资源、经济活动持续在这些地方的集聚,这是因为这些城市所具有的优良的创新环境对于各种资源具有强大的粘性。

(一)创新环境

概括地说,创新环境(innovative milieu)是区域内一组有利于创新的、实物与非实物因素的集合，是指区域已有的能力和发挥创新网络的潜力，它包括多种成分，但比较侧重于制度角度。它既包括社会制度、法律体系、社会心理、社会习俗、经营文化、社会网络等软性因素；也包括基础设施、劳动力、技术与经济存量等硬性因素。大体可分为包括物质技术设施和信息基础设施在内的基础设施环境；包括制度、历史传统、社会氛围、经营文化在内的制度环境；以及包括人力资本、资金、技术在内的资源环境三个方面[①]。

创新环境对于区域创新的重要性在于，它是区域创新的基础条件，也是形成区域分化的潜在因素。Brusco 和 Tyebjee 在 1982 年曾归纳出 12 个成功区域的环境因素，即风险投资的易得性、经验丰富的企业家队伍、大量技术熟练的劳动力、供应商的相互接近、接近客户和新市场、令人满意的政府政策、大学（研究机构）与企业相邻分布、用地便利、交通方便、善于接受新知识的群体、有辅助支持作用的服务业、宜人的居住条件[②]。也正如 Castells 所认为的："各种类型的创新环境其实都是新产业空间构成的最重要的部分，由于以知识为基础的不均衡发展的累计性，它们都在世界范围内变得越来越显著。……一个环境越是能够生成自己的内部结构，而不依赖于少数大公司或政府机构，它的潜力也就越大[③]"。

---

① 邱成利：《创新环境及对新产业成长的作用机制》，《数量经济与技术经济研究》，2002 年第 4 期。

② Malecki E. J., 1997, *Technology and economic development: the dynamic of local, regional and national competitiveness*, Addison Wesley Longman Limited, p. 165. 转引自盖文启：《创新网络——区域经济发展新思维》，第 64 页，北京大学出版社 2002 年版。

③ （美）曼纽尔·卡斯泰尔：《信息化城市》，崔保国等译，第 110 页，江苏人民出版社 2001 年版。

(二)创新环境与产业发展

新近研究表明,企业的区位变化和生存前景取决于获得知识、择取使企业生存的新知识、新技术的能力,而区域能否提供企业获取知识的途径,并产生学习和交流知识的网络,则取决于区域创新环境的质量。因此,改善区域创新环境,实现现有企业的现代化、为高技术企业提供孵化器、促进企业间的相互依存与交流,已成为当前许多国家区域经济发展政策的中心内容①。

创新环境与区域产业发展的关系,概括起来就是,创新环境是产业发展的基础,产业发展的质量受创新环境质量的制约,两者存在正向的互动关系。

许多国际经验证明,最能保持持久发展的地区,正是那些拥有创新企业、具有创新能力的地区,而它们都有拥有良好的创新环境,而那些具有较低创新能力和较少创新企业的地区,很关键的就是缺乏高质量的创新环境。1996 年 Sternberg 对硅谷、大波士顿、剑桥、慕尼黑等世界 7 个高新技术区进行了研究。他认为,这些地区的创新环境具有共性,即政府对 R&D 的支出、空间集聚、良好的研究和教育基础设施、区域悠久的历史。1997 年,Micklethwait 以硅谷为例对创新软环境进行了研究,他认为,容忍失败和背叛、敢冒风险、在社区内再投资、喜好变化和迅速应对技术变化、对移民和妇女的开明态度、合作精神、较低的进入门槛等,是硅谷能够保

① Bennett Harrison, R. Maryellen, Jon Gant, *Innovative firm behavior and local milieu: exploring the intersection of agglomeration, firm effects, and technological change*, Economic Geography, Vol.72, n3, 1996, pp.233—258.

持创新能力和吸引企业的重要环境①。

(三)社会资本与产业发展

社会资本是创新环境的必要成分，之所以将它单独列出，是因为社会资本对区域创新的作用越来越引起人们的高度重视，在最近十多年中对它的研究成果甚丰，将社会资本视为区域创新的关键因素的观点亦不在少数，颇有影响的研究如美国学者福山的《信任——社会美德与创造经济繁荣》(Francis Fukuyama, 1995)、普特南的《独自打保龄：美国社会的瓦解和复兴》(Robert D. Putnam, 2000)② 等。

社会资本被认为是区域成员为共同目标而合作的能力。它是在一个组织网络内能够进行团结协作、相互促进生产收益的情况下形成的"库存"。从区域创新的观点看，社会资本是区域内各创新主体为实现创新而进行合作的能力。信任是社会资本的核心和基础，对社会资本有关键意义，它有助于克服市场失灵，减少企业的市场成本。社会资本不能被购买或输入，它是经过长期相互作用实现的。

1.以信任为基础的社会资本对产业发展的作用

以信任为基础的社会资本与产业发展之间是一个相互推进的

① Paivi Oinas and Edward J. Malecki, *Spatial Innovation System*, in Edward J. Malecki and Paivi Oinas edited, *Making Connection: Technological learning and regional economic change*, p. 22, p. 19, Ashgate, Aldershot, 1998.

② 福山和普特南分别研究了世界一些国家和美国社会资本的情况，对社会资本的影响因素如家庭结构、宗教、社区活动，以及社会资本对经济发展的影响等方面进行了深入探讨，强调社会资本的重要意义，但是也有一些学者虽然认同社会资本对创新具有作用，但对福山和普特南的社会资本决定论有异议。

正反馈关系。有关研究表明,社会资本中的信任关系是形成和保持企业竞争力的关键,因为信任关系有助于各主体间的互动学习,能最大限度地减少学习过程中的相互封闭、信息独占和扭曲,扩大对知识的共享和扩散,使企业从这种信任关系下的互动学习过程中获取、应用相关知识和技术。社会资本还有助于解释经济活动的集中,因为社会资本是区域创新环境的组成,是区域吸引力的重要表现,正如 Peter Maskell 所认为的,社会资本是解释一些区域能对资本和其他资源具有“粘性”的原因。在美国,最典型的例子是硅谷,许多研究硅谷的学者都注意到,硅谷成功的关键是它的开放的、动态的、相互信任的社会关系网络,是它既相互合作又互相竞争的企业关系。此外,美国的经验还表明,社会资本是建立有效的合作关系、实现科技事务上政府分权的关键,同时也是一项更具合作性与积极性的联邦政策。

社会资本对产业发展至少有如下作用:

一是企业和区域其他主体之间的互信关系有利于互动学习和创新活动中的降低交易成本,提高区域经济社会的运转效率,并有利于增加区域吸引力;

二是有利于产生、交流、共享知识特别是对于企业和产业发展具有重要意义的隐性知识,促进企业形成和保持核心竞争力,并有利于提高区域产业的竞争力;

三是社会资本所提供的关系网络有利于信息汇集、交流和共享,有助于提高企业应对技术和市场变化的不确定性的能力,降低企业经营风险;

四是相互信任的社会关系能提供企业和其他主体互动学习的

平台,有利于提高企业和其他主体的学习能力,并增强其提出问题、解决问题的能力,并有利于巩固社会资本,形成区域内优质的企业文化和区域文化;

五是有利于企业和其他主体之间建立产品交易、技术扩散、产业分工等方面的关系,并通过彼此信任加以巩固和扩大,不仅有助于企业的发展壮大,也有助于区域内专业化产业部门的发展和区域产业群的形成。

2.不同信任度社会的特征

不同信任度的社会特征不同,对创新的支持作用也大不相同。

高信任度社会的特征是:参与者有共同的目标或价值,彼此承担长期义务,彼此给予适时支持而不计成本和短期回报,自由和诚恳地交流,准备给予彼此财富,互相给予便利。

低信任度社会不利于形成稳定的创新环境,会增大创新风险,这种低质量的社会具有明显的负面性。其特点是:参与者具有多种目标和价值,精于利益权衡并追求短期利益,吝于让步并对让步的利弊谨慎计算,只交流他们感兴趣的事情,不重视和信赖对方意见,多疑且不履行义务等(Fox,1974)。

3.信任产生和演进的过程

信任的产生和演进是一个动态的过程。关于信任的演进有两种观点,一种观点是认为信任关系不是文化规范(cultural norms)的结果,而是计算行为(calculative action)的结果,即对合作和信任的利弊事先经过计算后决定的。另一种观点认为,信任既不是计算的结果,也不是文化规范的结果,而是成功的合作的结果,成功的合作要求更高的信任关系,因此信任是成功的副产品而非其前提条件(Powell,1996)。以信任为基础的网络要求高度的协商结构(consultative structure),这个结构使得参与者能够监控其互动关系,这种监控减少了机会主义的可能性,其核心作用是“使各部分的协商过程正规化,以使错误的代价最小而使改善带给大家的利益最大”(Sable,1993)①。

第六节　创新网络与产业发展

一、创新网络

创新网络(Innovation network)在互动学习和区域创新中具有非常重要的意义,它不仅是互动学习和创新的条件,也是新的社会组织,区域创新视角下的产业发展就是各主体通过创新网络内的互动学习和相互合作实现的。

(一)创新网络的概念和特征

创新网络不同于创新环境,如前所述,创新环境是一组实物与非实物因素的集合,而创新网络是一组社会关系的集合,是以互动学习为中心的、有组织的合作和交流关系,旨在促进知识、生产或服务的发展。创新网络中的学习过程基于持续不断的知识交流,以及基于信任关系对新知识的集体生产和利用。

创新网络是区域内一组纵横交错、不可贸易的相互依存关系,

---

① Philip Cooke and Kevin Morgan, *The Associational Economy*: *Firms*, *Regional and Innovation* (Chapter1, *The Institutions of Innovation*), pp.30—31, Oxford University Press, 1998.

是区域内包括政府、企业、R&D 机构、金融机构、协会、个人等主体,为实现互动学习和创新活动、并在互动学习和创新过程中形成的正式与非正式的关系的总和,因此创新网络是一种旨在促进学习和创新的社会网络。

创新网络具有开放性、高弹性、平等性等特征,由于企业在网络中能获得各种信息来源,因而比具有垂直关联的企业(hierarchical firms)更能提供广阔的互动学习的界面,因此从这个意义上,区域创新网络既是网络成员所构成的关系总体,又是各成员广泛参与的互动学习的平台。

创新网络的结构如下:

图 2.6 区域创新网络的基本结构

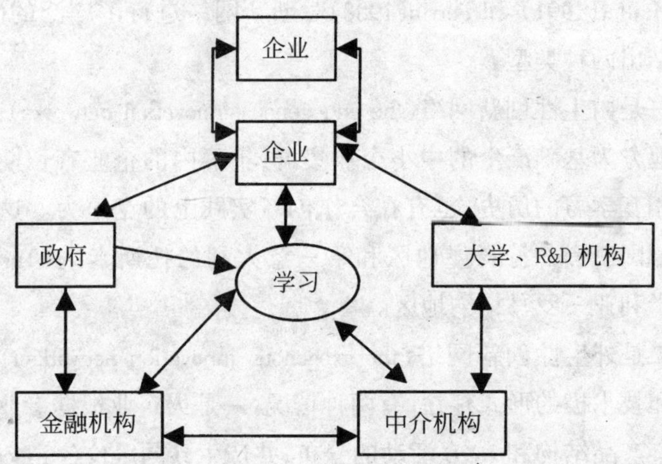

资料来源:盖文启:《创新环境——区域经济发展新思维》,第 50 页,北京大学出版社 2002 年版。

创新网络本身包含社会资本,它的优势是能够减少其成员互动学习的交易成本,减低企业因外部环境不确定性所产生的决策风险,而网络的维持则取决于成员们所拥有的各种资源以及个人影响力。

创新网络同样以成员间的信任关系为基础,网络的稳定性取决于成员间的相互信任、依存感、信誉和规则,即彼此的价值和心理的认同,具体表现在成员间的相互交流、对合作者整体的信任感、对合作者信誉的确信、对开放和学习要求的理解、包容而非排他的个性、赋权式(empower)而非精英式的政治特征、共同的习俗及规则等七个方面。

(二)区域创新网络的类型

Maillat(1991) 和 Perrin(1988)对创新网络进行了广泛的研究,并总结出两种类型:

一是内生性创新网络(the endogenous innovation networks):以区域或地方为基础产生的中小企业集群,集群内的企业有长期的互动和相互学习的历史,也有在合作创新实践上的竞争力。这种类型如德国巴登—符腾堡地区和第三意大利的托斯卡纳(Tuscany)或艾米利亚—罗马格纳地区。

二是外生性创新网络(the exogenous innovation networks):以科学园和技术极的形式存在,有两种情况:一是大企业根据专业功能分解其产品结构和 R&D 活动的分布,并产生共同区位(co-location)或集中布局(如法国的 Sophia Antipolis 或 Lille);二是促进由大学和中小企业构成的合作性的、有规划的创新网络(如英国和美国的科学园)[①]。

（三）区域创新网络对产业发展的意义

第一，创新网络首先和最重要的是，有利于企业和其他主体间的互动学习、合作和创新。这主要是由于创新网络重组了网络内企业和不同组织的关系，降低了学习和创新过程中的交易成本，因此便利于以各种正式非正式的形式相互学习，创造、共享和扩散知识与技术，促进创新活动。

其次，创新成员之间的信任关系有助于建立和发展在知识、技术、生产、销售等方面的密切的合作关系，形成区域内外各种企业间、产业间分工协作关系，建立区域内外生产和交换网络，从而使企业和产业获得稳定发展的可能。

再者，网络成员的紧密联系和互动学习，能使企业更好地应对技术和市场的快速变化，并巩固企业之间、企业与 R&D 机构之间相互依存、相互合作的关系，减少不确定性，并有能力不断地从技术和市场变化中调整产品和产业发展方向，促进产业升级和产业结构的调整，促进企业和产业保持竞争力。

创新网络对企业及其他组织关系的重组表现为：由以垂直关系为主的主要生产商之间、生产商与外包商之间的关系，转变为以

---

① Bengt-Åke Lundvall, Susana Borrás, *Creating networks and stimulating interactive learning*, in Chapter 7, *The Globalising learning economy: Implications for innovation policy*, Report based on contributions from seven projects under the TSER programme, DG XII, Commission of the European Union;

Bjørn T. Asheim and Philip Cooke, *Local Learning and Interactive Innovation Networks in a Global Economy*, in Edward J. Malecki and Paivi Oinas edited, *Making Connection: Technological learning and regional economic change*, pp. 155—157, Ashgate, Aldershot, 1998.

水平关系为主的主要生产商之间及其与供应商之间的关系。Patchell认为,这种转变如同从生产系统到学习系统的转变,即把具有固定商品和服务流的传统生产系统,变为以学习为基础的动态系统(Patchell,1993),因而企业间水平性的、确保采纳和扩散突变创新的技术合作具有特别意义。正如有关对硅谷的研究所表明的,公司的社会关系网络是迅速获取现有资源,并获取内部无法产生的新技术诀窍的有利工具①。

事实上,水平关系并不是网络成员的唯一关系形式,网络成员间的联系方式有横向合作(Horizontal cooperation)和纵向联系(Vertical linkage)两种,表现为上下游产业的企业间、供应商与客户、生产商与销售商、生产商与金融机构、生产商与R&D机构、企业与政府等广泛的正式、非正式的相互依存与制约关系,网络成员创造网络的规模与质量并被网络所塑造。

第四,创新网络有助于促进以互动学习为核心的各种与产业发展有关的活动,具体的:

1.提高开发人力资本的能力,促进企业与大学间的互动,开展地方性职业培训;

2.网络成员间以正式或非正式的接触交流信息、建立和更新客户与供货商间的关系,并就与产品、技术、营销等方面的合作进行更深入和长期的联系;

3.通过产业内部具有共同文化、心理、政治意愿的各主体的合

① 埃米利奥·卡斯蒂拉、浩秋·黄、艾琳·格兰诺维特、马克·格兰诺维特:《硅谷社会关系网络》,为李锺文、威廉·米勒、玛格丽特·韩柯克、亨利·罗文主编:《硅谷优势——创新与创业精神的栖息地》,第11章,第253页,人民出版社2002年版。

作与交流,实现协同创新或者“创新剩余”;

4.提高在各主体教育、创新和企业支持方面的立法和战略管理能力。

第五,创新网络有利于创造刺激区域产业发展的战略联盟和优势。创新网络的目的是通过各主体间的联合、合作与交流,“创造比网络外对手更强的战略优势”(Lipparini and Lorenzoni,1994)。由于网络将区域内的企业联合在一起,因此单个企业间的竞争就转变为企业联合体之间或区域之间的了,网络所代表的也就不是单个企业,而是企业和区域的整体优势和能量,并能在与其他地区的竞争中表现出来。

第六,创新网络对同类企业或具有分工关系的企业的空间集聚也很重要,企业集聚是企业间形成学习型网络的重要推动因素,而创新网络又有利于降低学习和创新的交易成本,引起企业的进一步集聚,进而推动产生具有紧密分工协作关系的产业群和产业区。因此,开放的、有弹性的、牢固的创新网络不仅对网络内企业有较大的凝聚力,对网络外企业也有强大的吸引力,且成为一种优良的区域性资源,增加区域的“粘性”,因此创新网络与空间集聚具有相互促进的作用,有利于实现由企业发展到产业发展再到区域发展这样一个逐渐扩展的过程。正如 Camagni 所认为的,具有外部性和专业化环境(specialized milieus)的创新网络,可以作为当地企业在经济和技术竞争中所需的补充性资源(Camagni,1991)。

在不同的创新环境和创新网络下,区域和产业的创新能力是不同的,后续发展的潜力和前景也可能因此完全不同,Bjørn T. Asheim 和库克在对区域创新有关理论和实践研究、观察的基础上,

表2.1　具有强、弱系统性创新潜力的区域的特征

强区域创新潜力	弱区域创新潜力
基础设施层面	
自治性财政支出和征税	分权化的财政支出和征税
区域性私人金融	国家性私人金融
战略性基础设施能力	较少的基础设施能力
扎根于区域的大学和R&D结构	非扎根性的大学和R&D机构
组织层面:企业	
工作地点的合作、接近	工作地点的对立、隔离
外部化	外部化
创新	适应
组织层面:政策	
包容性	排斥性
监控	反应
咨询	权威
制度层面	
共识	各持己见
协同性的	个体性的
学习式的	内省的

资料来源:Bjørn T. Asheim and Philip Cooke, *Local Learning and Interactive Innovation Networks in a Global Economy*, in Edward J. Malecki and Paivi Oinas edited, *Making Connection: Technological learning and regional economic change*, p.160, Ashgate, Aldershot, 1998.

另见:Philip Cooke, *From technopoles to regional innovation systems: The evolution of localised technology development policy*, *Canadian Journal of Regional Science*, Autumn 2001 v24, i1, p.40.

总结出不同创新潜力区域的特征，对于建设区域创新环境、培育区域创新网络、改进区域各主体的行为与组织结构，以增强区域产业的创新能力很有启发。

另一方面，有关研究也表明，当网络发展到一定程度就有可能出现负面问题，如由于需要许多资源(如人力和时间)来建立网络和有效运作网络，会增加交易成本；搭便车会减少其他合作者的集体收益；现实中的网络兼有包容性和排他性的属性，而排他性具有负面性质；不合理的权力结构也会影响网络，如大公司对网络运作方向的控制等。

通过这一章的分析，获得以下基本认识：

首先，区域创新视角下的产业发展，是一个社会、技术、经济因素综合作用的创新过程，是产业的创新性发展，其核心是在不断更新的社会经济背景下，面对技术、市场等的快速变化和更加激烈的竞争形势与更大的不确定性，企业、产业和区域必须高度重视通过互动学习，提高对知识与技术的创造、占有、应用能力，增强创新能力，以获得和保持发展优势和竞争力。

其次，良好的区域创新环境和创新网络是支持区域产业发展的基础和前提，是产业和区域长期发展的保障，其中信任关系作为社会资本和创新网络的基础，既是实现区域内互动学习的关键要素之一，也是提高区域粘性的核心因素之一。

再者，企业的空间集聚有利于实现互动学习，便利企业获得、应用、共享和扩散知识，促进企业培育核心技术，巩固企业和产业间分工协作关系，促进专业化生产部门的形成和产业结构的优化升级，提高企业和产业的竞争优势，并由此推进区域经济的整体发展。

此外,无论是区域创新环境和创新网络,还是区域企业和产业结构的状况,都会随着经济技术的发展变化而不断调整,它是不停息的动态变化过程,也是不断发生着创造性破坏的创新过程。

第三章　有关政策变化及启示

最近二十余年来,区域创新的实践探索和理论进展引起了许多国家和地区对其既有区域政策的反思和调整,使之适应和促进新的社会经济背景下区域经济的发展,单一的以提供政策优惠和资金支持为核心的扶持落后地区发展的政策,已明显不能适应新形势的要求,许多地区在收入差距缩小的表象下,创新能力的差距在扩大,创新能力已成为区域分化的重要因素。在这些因素下,这一时期国外的区域政策发生了一些重要变化,比如重新确定区域政策的重点,由采取税收等方面的优惠政策转向提高区域创新能力;鼓励政府和民间力量的合作和协调,兼顾自上而下和自下而上的区域发展方式;高度重视包括政府、企业和其他组织、个人在内的创新网络的建设,提供更广阔的创新平台,以利于互动学习并促进实现互动创新模式等。

国外这些政策变化对我国区域经济发展思路和政策调整具有启示意义,调整国内既有区域政策以适应新形势的要求已十分迫切。此外,最近二十余年来国际区域经济发展的现实也提供了理解我国沿海地区的发展的另一角度,即沿海的快速发展不仅是制度安排的结果,它还依赖于其有利的社会资本,且它的发展条件恰好符合全球化及新的国际分工的背景，适应国际资本流动和国际市场调整的需要，并实现了初步创新。

在最近二十多年中，区域创新理论直接影响到许多国家的区域政策，随着由知识积累和技术进步引导的全球化和新经济的蔓延，许多国家对原有区域政策的重点、区域发展路径、企业组织及空间结构等方面都进行了反思和调整。传统的以政策性投资和税收优惠等为主要手段，以促进区域平衡发展为基本目标的区域政策，在新的经济形势下受到挑战，政策在激励创新、改善创新环境、促进互动学习、鼓励创新网络等方面的作用更为重要。

比如，欧盟是实施区域政策最有力的区域之一，长期以来它通过有针对性的区域政策，通过对特别地区提供发展基金、减少税收等政策工具，促进了欧盟内部落后地区的发展，但是与此同时，那些发达地区通过经济结构调整而获得了更大的竞争优势。因此，欧盟在关于 1990 年代区域政策的总结中认为，在过去十年中欧盟虽已部分地缩小了地区差距，使最穷国家的人均 GDP 接近平均水平，但其在创新方面的地区差距却是人均 GDP 差距的两倍，创新差距成为地区差距形成的重要因素。还有观点认为，欧盟以往的区域政策是治标不治本的（如忽视低创新潜力），对区域创新的支持也主要集中于那些较发达的地区如创新岛上，因此扩大了发达地区与落后地区的差距①。由于欧盟已经认识到创新是决定现代

① Kevin Morgan, *The learning region: institutions, innovation and regional renewal*, *Regional Studies*, v31, n5(July, 1997), pp.491—503.

经济竞争力的重要因素,已经采取了诸如鼓励中小企业(SMEs)政策等,旨在通过促进中小企业在垂直非一体化中进行创新和参与国际分工,来推进区域经济的发展,并计划在这方面继续采取积极行动①。

第一节 若干政策变化与启示

一、国外有关区域创新和企业集聚方面观念和政策的转变

1.从自上而下的发展方式转向自下而上的发展方式

在许多原有区域政策的思路中,公认需要通过国家政策和政策工具,推进特定地区的发展,但是近年来随着内生增长理论和报酬递增理论的出现以及一些国家的实施经验,这种由政府推动的、自上而下的发展模式受到了来自多方面的批评,而以鼓励内生增长和自下而上自为发展的模式则受到更多的关注和肯定②,增强区域创新能力和竞争力成为政策关注的重大核心问题。以前政府政策通常侧重于知识生产(如 R&D)而非知识应用,最近的政策转向知识的应用和分配上,如对技术服务体系的支持。

---

① Olivier Guersent, *The regional policy of the European Union: A balance and an outlook*, *Regional Studies*, Vol.35, No.2, p.163, 2001.

② *Contemporary approaches of regional development*, from David Macleod's Planning and Environmental Information, www3.simpatico.ca/david.macleod/RGECDV.HTM, 1996.

Tony Sorensen, *Regional development: some issues for policy makers*, Research paper 26, 1999 – 2000, 27, June, 2000, www.aph.gov.au.

2.从重视物质基础设施到重视社会资本

在一些理论研究和区域发展实践中,对欠发达地区如何获得创新能力、实现区域发展进行了探讨,认为落后地区的弱项主要不是缺乏基础设施,而是缺乏社会资本,如制度、组织、R&D、人力资本、创新网络、信任与互利关系等,此外还缺乏企业对技术供给、技术服务等的需求。因此,区域政策将转向鼓励区域社会资本的形成与完善上,强调通过在自下而上和互动潮流中建立集体学习能力,重视通过服务中心对区内企业有系统地帮助,促使企业紧跟技术发展来提高整体能力,增强行动能力。如威尔士实行的区域技术计划(RTP)就是以此为宗旨的。

3.从线性发展模式到互动发展模式的转变

对于发展模式的反省,引起了许多国家在制订区域技术政策过程中,从线性发展思维到互动创新思维的变化。线性模式曾指导了许多国家的 R&D 政策。许多观点认为这个模式至少有几方面的问题:一是过分强调研究(特别是基础科学的研究)是新技术的源泉,这样创新能力的高低就归结为 R&D 能力的高低,结果西方许多国家把技术政策的重心放在基础科学上;二是技术官僚认为创新是纯粹的技术行为,即技术设备的生产,片面重视技术装备水平,三是缺乏反馈链,R&D 机构常常不知道自己的研究是否对实践有用。线性创新方式如日本、法国等国的例子,强调由政府自上而下地建立科学城、科学园等方式,或称之为建立“技术极”(technopole)的方式进行区域创新,其缺点是忽视了地区发展的内生性和区域创新网络的生成和作用。这种植入型的区域发展由于其主观性,使企业间难以自发形成关联,缺乏各因素的协同,缺乏利于创新的社会资本，在这方面的例子如法国的 Grenoble、Sophia Anitpolis，日本的 Tsukuba、Kansai、Sendai 等。

由于这种缺乏互动创新内涵的模式的局限引起了人们对互动创新模式的重视与肯定，区域技术政策也转向将区域作为战略性创新的支持因素来看待，区域创新环境、创新网络中的互动学习、区域社会资本等倍受关注，水平的、网络的而非垂直的组织关系受到鼓励，创新模式被认为是自下而上的互动创新模式（bottom - up interactive innovation model）（Asheim and Isaksen，1997）。因此，它特别适合网络中的中小企业和学习型经济，并由于地理邻近性和区域聚集变得十分方便了。互动创新模式强调生产系统和创新的多样化（科学和工程只是其中一部分）、经济合作的小过程（small process）、非正式的实践以及正式的制度，以及累进的和大规模的创新和调整（Storper and Scott，1995）。这方面的区域实践如 North Rhine-Westphalia、奥地利 Technical University of Graze、Oulu Technopole、瑞典 Linkoping University 等。此外，这个转变也促进了对显性知识和对隐性知识的共同重视。

4.政府参与创新网络

由于区域创新是一个互动过程，因此创新主体间的沟通、合作和协调被认为是创新过程的必要因素。在过去二十年中，创新政策也由强调基础设施转向强调促进创新主体间的互动。

政府和公共部门在网络运作中具有重要作用，政府与企业同样成为创新网络的组成成分，且公共和私人部门的经营者们日趋共同参与战略性政策的决策中，政府与非政府部门的互动对于区域发展具有非比以往的重要作用。

由于创新网络是形成创新能力和进行创新活动的手段,网络参与者之间的合作和协调被认为是产生和传播新商品和服务的前提,因此政府对创新政策的认识也从强调实物和功能的基础设施(physical and functional infrastructure)转向知识基础设施(knowledge infrastructure),以提高创新能力和培育企业间的互动。通过网络进行的合作有助于减少不确定性和提高小企业参与共同解决问题的能力(Korfer and Latniak,1994)。

建立创新网络已被认为是提高欠发达地区技术能力的必要的政策工具。网络在以下几方面有助于区域创新体系:

1)建立区域社会资本,发挥个人和人力资源的学习潜力;

2)增强区域的制度能力(institutional capacities);

3)提高区域公共和私人部门的合作。

对于鼓励创新网络有多种不同的计划目标,它们是:

1)促进了解;

2)便利主要工作团体之间的非正式联系;

3)通过中介组织(support brokerage)联结企业;

4)支持合作设施(collaborative facilities)和技术服务;

5)对网络和企业间合作提供金融支持①。

威尔士对欠发达地区实行的RTP(regional technology plan)项目

---

① Bengt-Åke Lundvall, Susana Borrás, *The Globalising learning economy: Implications for innovation policy*, Report based on contributions from seven projects under the TSER programme, DG XII, Commission of the European Union, pp.62–68.

Bjørn T. Asheim and Philip Cooke, *Local Learning and Interactive Innovation Networks in a Global Economy*, in Edward J. Malecki and Paivi Oinas edited, *Making Connection: Technological learning and regional economic change*, p.155, Ashgate, Aldershot, 1998.

也是个很好的例证。它针对欠发达地区缺少社会资本的问题，打破了欧盟原有以传统的基础设施导向的区域政策，强调在自下而上和互动关系中建立集体学习能力。针对原有区域政策忽视制度能力的问题，RTP 重视"行动能力"。

5.提高企业的需求能力：区域的问题不仅在于供给，如缺乏 RTD 以及技术扩散机制（RTD 即研究、技术开发），而且更重要的是有需求。产生对技术和创新的需求要求企业至少具备三个能力：技术能力——企业要掌握所需的专门技术；企业家能力——根据企业经营战略，整合相关技术的能力；学习能力——企业组织和管理规则的构建，以使其能在不断变化的市场、技术和创新性组织结构中吸取信息①。

6.从吸引投资到增强投资能力

关于创新的理论认为，区域投资能力（investability）是比获得投资更重要的因素，对区域发展具有更重要的意义。投资能力强调通过改善区域条件以吸引潜在投资者，而不是以追求政府项目补贴这样具体的结果等为目的。可以比较清楚地看出，投资能力的概念与区域创新环境有密切关系，或者说在某种意义上等同于区域投资环境，它所关心的是前提而非结果，并认为投资能力是区域战略性发展的基础②。

7.协同经济和合作的重要性

---

① Kevin Morgan, *The learning region: institutions, innovation and regional renewal*, *Regional Studies*, v31, n5(July, 1997), pp.491 – 503.

② Lain Begg, '*Investability*': *the key to competitive regions and cities*? *Regional Studies*, April, 2002, v36, n2, pp.187 – 193.

创新理论十分重视合作的价值,并认为在现代经济中,合作比竞争更重要,希望能够实现区域协同(regional synergy),并提出协同经济(associational economy)的思想,认为成功的创新越来越依赖于企业的协同能力,这种能力促使企业内经理人和工人间的合作、保护供应链中企业的合作、形成企业和制度环境间的合作界面,它可以是地方的、区域的和国家的。这个制度环境具有双重含义,即软硬两方面。硬制度如政府机构、银行、大学、培训机构、贸易协会等组织;软制度如社会规范、习惯、习俗等①。

在一个知识迅速增长、分工日益细密的时代,人们所掌握的知识、技能如沧海一粟。人们之间、各种社会组织之间的相互依存更强,只有分享信息才能占有更多信息,但是由于信息有别于一般商品,它不能在市场上交易,即使有独个的交换关系也不是纯粹的市场关系,需要通过合作来传递信息、引发创新。有观点认为,合作仍然是在互动框架中进行的,合作的状况取决于对合作的需要和合作伙伴满足需要的情况,区域内高度合作会产生区域创新体系的高效率,而企业的空间集聚有利于产生和维系合作关系。

合作对于区域创新与发展的意义在于:

1)合作提供了信息交流的条件;

2)合作中的信息交流有利于集体学习和创新;

3)合作产生创新性劳动分工(innovative labor division)和专业化;

4)合作关系是知识溢出的渠道,溢出效益的核心是能在空间

---

① Philip Cooke and Kevin Morgan, *The Associational Economy: Firms, Regional and Innovation* (Chapter1, *The Institutions of Innovation*), Oxford University Press, 1998, pp. 9 – 34.

上接近信息源[①]。

以产业区内中小企业集聚为基础的第三意大利经济的快速发展,引起了对企业间的合作、企业与当地政府的合作对实现国际竞争力的重要性的重视。Pyke(1994)强调了区域内企业间合作和制度支持(supporting institutional infrastructure),是第三意大利的艾米利亚—罗马格纳地区成功的主要因素。正如 Dei Ottati 所说的,"产业区内通过合作实现创新的意愿非常必要,因为企业间的劳动分工就是一个集体过程,因此对于区域及其企业的竞争力的动态变化来说,没有企业间的合作就没有企业的创新。"Lazonick 根据波特(1990)的研究,认为国内合作而非竞争是获得全球竞争优势的决定因素,对于国内企业而言,获得持续的全球竞争优势要求不断创新,这样就需要企业与国内有关组织的合作(Lazonick,1993),Cooke(1994)也支持这一观点。也有人认为在实际中形成协同经济是很困难的,因为各主体、企业和区域目标多样、利益纷杂,容易产生区域间竞争和引发管理问题[②]。

此外,有观点认为,公共政策与行动的目的不仅是鼓励单个企业加入到创新网络中,还必须注意系统中潜在的负面效应,应观察这些问题并促进区域内形成更有弹性的网络形式,即公共行动应关注网络的拆解和重构,这要求政策制订者们能够结合其他政策,

---

① Michael Fritsch, *Co-operation in regional innovation systems*, *Regional Studies*, June, 2001, v35, n4, p.297.

② Ray Hudson, *Regional future: Industrial restructuring, new high volume production concepts and spatial development strategies in the New Europe*, *Regional Studies*, v31, n5(July, 1997), pp.467—478.

给予传统的产业和技术以新的方向,为此许多国家和区域注意鼓励企业参加到国际和全球网络中,以提高其对技术的适应和应用能力、增强其创新能力。

表 3.1　　区域创新的多级政府治理比较

巴登—符腾堡案例	
创新的政府治理	联邦及区域
创新性企业	区域
基础设施能力	相对自治
政策环境	包容式
创新文化	协同学习
艾米利亚—罗马格纳案例	
创新的政府治理	区域
创新性企业	区域和地方
基础设施能力	独立
政策环境	协商式
创新文化	协同和学习
威尔士案例	
创新的政府治理	欧盟和区域
创新性企业	全球和区域
基础设施能力	半自治
政策环境	权威式
创新文化	学习协同

资料来源:Philip Cooke, *From technopoles to regional innovation systems: The evolution of localised technology development policy*, Canadian Journal of Regional Science, Autumn 2001 v24, i1, p.40.

二、对我国区域创新与产业发展思路的建议

我国区域经济发展到了一个新的转折时期，这是因为国际国内形势都发生了新的重大变化，对区域经济提出了新的要求，要求解决区域经济发展的问题，形成区域经济发展的新思路、新机制。

据此，我国区域经济发展的新思路可考虑为：以转变政府职能、完善市场体制为前提，以实现区域经济发展的效率和协调发展为目标，以建立区域发展环境和创新环境为基础，以提高区域创新能力为核心，以充实知识与技术资源、提高区域创新能力、提供均等社会福利为重点调整区域政策，实现区域经济的更大发展。

这个思路与以往不同之处在于：特别重视区域发展与创新环境对区域经济发展的基础作用；强调知识、技术资源在区域发展中的关键意义；建议区域政策重心由目标导向（如促进区域经济协调发展）转向培育能力（如建立区域创新网络，提高区域创新能力）和社会福利均等导向（促进各地区发展条件的趋同）；强调创新是区域经济发展的动力。核心是，进一步加快改革开放，建立起适应新背景的区域发展环境，充实创新资源，将提高区域创新能力和竞争力作为区域经济发展的核心，并据此调整和制订区域政策，在一部分地区率先基本实现现代化的同时，促进区域经济的协调发展。

（一）建设良好的区域发展与创新环境，构造区域发展与创新的基础

在国内区域发展中，目前仍有一些地区片面理解区域发展环境，将区域发展环境简约为基础设施和优惠政策、劳动力资源等因素，肢解了发展环境的综合含义，对区域创新环境更很少考虑，忽视

区域发展的基础而侧重于建设项目、实现增长率这些短期可见的成果，甚至不切实际地追求跨越式发展，乃至期望通过政府直接干预或计划手段迅速实现区域经济的高速增长。这种思路的最大问题是舍本逐末，难以使区域经济在坚实的基础上获得长期发展，而且还可能在某些方面恶化区域发展与创新的环境，如污染加剧、政府行为失范、市场秩序混乱等，国内在这方面的经验教训已有不少，需要引起足够的重视。国外近年来区域发展的实践表明，区域经济的竞争在某种程度上已表现为区域创新环境的竞争。

因此，应切实重视区域发展与创新环境在区域经济发展中的基础作用，并将地区发展环境建设作为地方政府的职责，也需将创新环境作为衡量区域差距的指标和促进协调发展的任务。区域创新环境建设主要是：

1.完善基础设施，特别是完善信息基础设施建设，以适应知识经济和以信息化带动工业化的要求，建设包括计算机网络、数据库、图书馆、大学和研究机构等，各级政府需为此提供资金和政策支持；

2.培育并形成有利于创新的区域文化和制度条件，转变政府职能，在政府与其他主体、政府与市场的互动框架中定位政府的作用和政策重点；

3.促进当地创新网络的形成，提供创造知识、产生人才、交流信息的环境，并提高区域对创新资源的吸引力；

4.改善区域生态环境，提高区域宜人性，增强区域吸引力。

(二)高度重视知识、技术在区域经济发展中的关键作用

无论是全球化、知识经济，还是新型工业化及小康社会建设，都需要重视区域内知识、技术资源的产生和占有能力，都应将知

识、技术视为区域发展和创新的最重要资源。

重视显性知识和隐性知识在区域发展中的不同功能。一方面，政府需要支持建立联结全球知识和技术资源的信息基础设施建设，跟上世界知识与技术进步的步伐，促进地区经济融入世界经济，防止对隐性知识或陈旧技术的过多依赖，推动以隐性知识或陈旧技术为主的地区积极学习和应用显性知识，提高其适应和学习多种知识的能力。另一方面，保护、开发构成核心竞争力的那些地方隐性知识，维护和完善有利于地区经济发展的地方企业网络和特有的互动学习方式。

完整认识技术在经济发展中的作用，防止对大学、R&D机构和以制造功能为主的高新技术产业片面重视的线性增长观念，更多应用高新技术、适用技术在经济发展中的更多应用，多渠道、多形式地开发、研究、吸收新知识和技术，形成应用与研发、国外与国内在技术开发、扩散、交流方面的互动。

1.正确处理本地与外来知识、技术资源的关系，创造本地资源与外来资源机会均等、公平发展的条件，并通过创新网络促进本地资源与外来资源的互动，共同促进区域经济发展；

2.政府和企业要加大对科技的投入，在知识学习、技术开发、技术引进方面提供更好条件，特别是对区域发展具有战略意义的资源、产业和企业发展要予以特别投入；

3.多渠道、多方式更新知识、技术资源：如数据库更新、技术合作、职业培训、人才交流、人才再培养、设施升级等方式，不断更新知识、技术资源，防止知识、技术老化；

4.扩展企业连接知识、技术资源的渠道,企业和政府都要树立依靠科技进步的意识,企业要主动与科技人才、机构建立联系,科技资源也需要通过市场竞争找到合适的转化机会和应用前景;

5.提高企业对知识、技术的需求能力:知识、技术资源能否在区域内落地生根,取决于供给和需求两方面,甚至更重要的是区域需求。因此,需要通过提高企业掌握技术的能力、整合技术的能力和学习能力,扩大企业对知识与技术的需求,使企业有自发地获得知识、应用技术的意愿和能力。随着以满足企业需求为目的的研发活动的增加,不少企业内部也设立了研究开发机构,或与大学和研究机构合作开发企业所需技术,从而促进实现以问题为导向的、技术供给与需求正反馈的良性过程,而这正是互动创新的特征。

在世界银行2001年出版的研究报告《中国与知识经济:把握21世纪》中,对中国如何大规模、高水平地获得和应用知识与技术资源以提高经济发展质量、适应知识经济要求进行了论证。建议将吸引外国直接投资和进行海外投资作为中国吸收全球知识的来源之一。认为吸引外国直接投资是获取更多的外国专有技术的最有效途径之一,在适当的环境下,外国直接投资能帮助建立高素质的员工队伍、促进劳动力的自由流动,有利于通过竞争机制激活国有企业,促进经济、学术、技术的国内外交流与合作、利用生产流程和管理技术等方面的新技术。中国对外投资则可使中国企业紧跟世界先进技术和管理的潮流,便于收购具有知识资产和市场准入权的外国公司和实验室。通过参与国际技术贸易,通过转包生产,实现出口和增加对纯粹技术的进口也是吸收国外知识的途径[①]。

(三)以增强创新能力、实现社会福利均等化为核心调整区域政策

实现区域经济协调发展一直是我国区域政策的目标和实施重点,但从未来一段时间看,缩小各地区间经济发展水平(人均 GDP)差距的难度很大,甚至近期内地区差距还有扩大的可能。因此,在有利于实现区域经济协调发展的总目标下,借鉴国际经验,建议调整区域政策的重点,使区域政策目标更有现实性、可达性。

1.区域政策的重点应逐渐由赋予特定区域优惠政策、提供投资、安排项目、设定增长中心内容,转向更多鼓励完善区域创新环境和提高区域创新能力,各地区对其投资环境的营造应兼顾物质基础设施、知识基础设施、社会资本和优良的自然环境,防止普遍存在的片面强调优惠政策和硬件设施的倾向。

2.区域发展方式由希望政府提供援助和倾斜政策、进行自上而下式的区域发展,转向鼓励自下而上式的内生发展模式,或自上而下与自下而上相结合的方式,促进民间力量和政府在区域创新方面的协同作用,强化提高地方创新意识和在创新上的行动能力。从我国区域发展的历史过程看,依靠政府政策支持的观念在许多地区尚未转变,形成了依靠政府倾斜支持越多、自我发展能力越弱的循环。

3.注意鼓励企业参加到全球经济网络中,以提高其对技术的

---

① 卡尔·J.达尔曼、让·艾立克·奥波特:《中国与知识经济:把握 21 世纪》,熊义志等译,第 141－152 页,北京大学出版社 2001 年版。

适应和应用能力、增强其创新能力。

4.完善财政转移支付制度,尽可能实现各地区基础设施和公共服务水平的大体一致,促进各地区间相对均等的社会福利水平,特别是为欠发达地区提供发展的启动机会和必要的环境条件。

(四)发挥政府作用,着力培植区域创新能力和竞争力

前面已说明政府在建设区域发展和创新环境中的作用,这里主要对政府在新背景下,服务于区域发展与创新的作为进行分析,主要有:

1.为高技术企业提供孵化器,促进企业的知识与技术创新、促进企业间相互制约,这也是当前许多国家区域经济发展政策的中心内容之一。

2.政府参与创新网络的构建:重视政府与非政府部门的互动,构建区域创新网络。政府是区域创新网络中不可缺少的成员,与其他网络成员形成平等的合作交流与相互约束关系。在创新网络的形成过程中,网络成员间的相互信任与合作至关重要,其中政府的作用是为创新提供必要的政策支持与财政支持,并发挥政府在区域整合中的管理与协调作用。

3.培育和利用社会资本:社会资本是影响区域发展与创新的关键因素之一,决定着区域的凝聚力、创新能力和运行效率。在我国区域发展与创新的实践中,尽管社会资本问题还没有得到足够的重视,但在一些快速发展地区已经显现出区域社会资本对经济发展的作用,特别表现为政府与企业间的正向互动关系。社会资本应主要通过区域制度环境的改善而逐渐形成,其中政府具有关键作用,即一方面政府应清正自律、高效廉洁,另一方面应运用政

府权威制订规则、加强管理,以增强区域内作为社会资本核心的信任关系。

4.重视培育区域知识应用能力:过去政府政策通常侧重于知识生产而非知识应用,重视大学和研究机构的研究成果,而科技成果的转化缺乏连接渠道和支持体系,区域知识与技术资源与区域发展之间有脱节。目前一些国家在政策上比较重视知识的应用和配置,加强对技术服务体系的支持,值得借鉴。

(五)形成以城市为中心的区域经济网络

城市化是中国未来时期内的战略任务之一,是实现小康社会和国家现代化的必由之路。城市就是区域发展与创新的核心,特别是城市所具有的集聚效益是城市化、城市发展和区域发展的强大动力。长期以来中国滞后的城市化水平不仅影响了整个国民经济的效率和水平、影响了社会发展的脚步,也影响了中国参与国际经济合作与竞争的能力。

以城市为中心的区域经济网络主要依靠市场力量来形成,这是因为以城市为中心的区域经济网络的形成与发展是一个自然的社会经济过程,在非限制性的政策下会自发形成,适宜的发展战略和发展政策也会加快它的形成。

从现状看,现有各不同等级的经济区内事实上都是以城市为核心的,但是城市的功能和优势还没有充分发挥,城市的发展质量、对劳动力的吸纳能力、城市竞争力都还不够。从国际城市发展的经验看,有两个比较显着的特征,即城市群带和世界/全球性城市。应对这种国际城市的变化特征,面对国内庞大的农村人口和较低经济发展水平的现实,今后城市发展的两个支点是工业化和

制度创新,在政策上需要:

1.立足于工业化是城市化的动力,防止城市化政策与工业化水平的不匹配,即防止高估和低估城市化政策的效应,一方面要进一步通过制度创新,破除妨碍城市化的制度障碍,另一方面要防止高估政策在城市发展中的作用,简单放宽对城市发展的政策限制,忽视城市产业对就业的吸纳能力,应始终将工业化作为城市化的基石和动力。

2.进一步转变政府职能,破除地区壁垒,通过市场配置资源,调整和形成合理的区域分工,形成、扩张、提升不同等级和规模的城市群,推动城市化进程和国民经济发展的效率。

3.调整和慎重制订新的城市发展方针,发挥不同等级城市在国民经济发展中的不同功能,重视发挥而不是限制大城市在带动国家现代化进程中的作用。

4.对潜在的全球性城市,如上海、北京,要加快与国际经济接轨,提高区域吸引力、通过进一步聚集国内外的创新资源,提高科技对经济发展的贡献率,增强城市竞争力,扩大在世界经济中的作用和影响力,成为带动国家现代化和城市化、加快区域创新的核心和前沿,也成为全球资源的集聚地。

5.发挥城市集聚效率,引导产业在城镇地区集中布局,依托现有城镇,将其做大做强,进一步发挥城市在区域经济社会发展中的核心作用,有意识地避免处处新城镇、工业区遍地开花式的分散布局问题。将产业园区或其他空间组织的规划与城市总体规划、城市经济发展政策及管理政策结合起来。一方面应通过建设创新环境形成产业集群和新的经济增长中心,另一方面通过合理的规划引导和约束企业，防止企业分布过于分散或集中规模过小，以合理和高效利用城市土地，提高城市集聚效益并反馈于创新环境的不断提高。

第二节　余论：对沿海地区发展的再理解

关于改革开放以后沿海地区的发展，国内和国外的学者大致有几种基本的看法，即比较优势原则、梯度推移原则、制度安排与制度变迁过程、全球化与新的国际劳动分工等。相对而言，国内学者多将沿海地区的快速发展视为改革开放政策这一特定制度安排的结果，在政策效应方面做了许多研究，而海外学者对沿海地区的发展则多放在全球化、新的国际劳动分工和区域创新的视野下进行研究①。

以制度安排解释的确十分有力，但是我们仍然关心：为何一定的制度安排在甲地可能有效，而在乙地可能不那么有效（如改革开

① 此类研究可参见 Haishun Sun and Ashok Parikh, *Exports, Inward Foreign Direct Investment(FDI) and Regional Economic Growth in China* (2001); Haishun Sun, *Foreign Direct Investment and Regional Export Performance in China* (2001); Irene Eng, *The Rise of Manufacturing Towns: Externally Drive Industrialization and Urban Development in the Pearl River Delta of China* (1997); Le-Yin Zhang, *Location-specific Advantages and Manufacturing Direct Foreign Investment in South China, World Development* (1994); Roger Hayter and Sun Sheng Han, *Reflections on China's Open Policy Towards Foreign Direct Investment* (1998); Shujie Yao and Jirui Liu, *Economic Reforms and Regional Segmentation in Rural China* (1998); Sui-Auch, Lai Si, *Regional Production Relationships and Development Impact: A Comparative Study of Three Production Networks* (1999); Yingqi wei, Xiaming Liu, David Parker and Kirit Vaidya, *The Regional Distribution of Foreign Direct Investment in China* (1999); Weng Qihao, *Local Impacts of the Post-Mao Development strategy: the Case of Zhujiang Delta, Southern China* (1998)等。

放后实施同一政策的广东与福建的分化、沿海地区与其他地区的差别)。

在区域创新的角度下,我们可以理解为后进地区的问题在于启始条件的不充分和跟进因素的不及时。缺乏启始条件即主要缺乏创新环境特别是社会资本,以及缺乏沟通国内国际市场的其他资源渠道如区位条件、人缘优势,这些因素组合状况和权重的不同,直接影响到区域发展的不同特征和进程。跟进因素如市场化的结构调整、与国际市场与规则接轨的经济重构等。

因此,沿海的快速发展不仅是制度安排的结果,它还依赖于其有利的社会资本条件,且沿海地区的发展条件恰好符合了全球化及后福特制、新的国际劳动分工的背景,适应国际资本流动和国际市场调整的需要,而且通过这种当地条件与国际背景相适应的状况,完成了当地资源的整合,实现了国内资源和国际/国内市场的结合、国际资本和国内资源/市场的结合,不仅成为国内生产率提高和促进生产方式向集约型转变的重要因素,也参与了国际劳动地域分工,并大量吸收国际投资和国外转包业务,并在此过程中逐渐转向柔性专精的生产方式,在技术上、制度上实现了初步创新。

在这样一个具有创新意义的产业发展过程中,沿海地区特别是珠江三角洲和长江三角洲已形成或正在形成若干具有一定核心产业(如电子、纺织、皮革、服装等)的企业集聚区,以此为基础出现了自上而下的城市化方式和新生的城市群,并成为亚洲城市转型过程中乡村城市化的另例。沿海地区的发展历程表明,改革开放政策充实和改善了区域创新环境,诱发了政府与民间的良好互动关系,促进了区域社会资本的形成①。

沿海快速发展地区企业空间集聚大致可以分为这样几个类型,即国有企业、私营企业和外资企业,这几种相互交叉分布在不同的产业区中,呈现不同的特点。通常在中心城市这几种类型的企业均有分布,而在中小城市和以中小城市为主的城市带中,以后两种或一种企业类型的集中为主。

在沿海快速发展地区企业集聚区逐渐形成的过程中,有几个比较明显的特征:

1.对隐性知识的延续、发展和具备一定的创新软环境。沿海地区在隐性知识和创新软环境方面具有明显的适应市场经济的优势,如经营传统、民间技艺、创业精神,并具有能够承传技艺的能工巧匠、经营组织等,因此,一些沿海省份能够以不高的识字率水平而创造出具有一定技术含量和适应市场需求的产品,并能顺利地接受具有一定技术要求的国际品牌商品的加工制造。

2.逐渐形成企业间相互需求与合作的网络,为互动学习、技术扩散、信息交流提供了便利。在沿海地区的产业区或城市群内不同产业区之间已经形成了比较细密的分工关系和紧密的相互服务网络,出现了较长的产业链条和较密集的企业网络,在互动学习和模仿基础上的创新活动正在展开。

---

① 此类研究可参见 George C.S. Lin, *Metropolitan Development in a Transitional Socialist Economy: Spatial Restructuring in the Pearl Delta, China* (2001); Yu Zhu, *New path to urbanization in China: seeking more balanced pattern* (1999); Laurence J. C. Ma, Fan Ming, *Urbanization from below: the growth of towns in Jiangsu, China* (1994); Stephen Young and Ping Lan, *Technology Transfer to China through Foreign Direct Investment* (1997)等。

这里把沿海地区的产业集中和网络形成与硅谷的企业做一个比较。20世纪后半期以来，硅谷的发展经历了三个阶段：1960年代的企业化时期、1970年代的公司联合和扩展工厂时期以及1980年代的网络化生产时期。沿海地区最近二十年的发展经历也大体循着或正循着这样一个轨迹在行进着，这表明在一个相互合作和依存的生产体系中，企业最终要形成和维护这样一个空间集聚和网络化状态。

因此，沿海地区的创新性发展不仅是在改革开放政策下企业在空间上相对集中，在规模档次上不断提高的问题，它还包含了更为广泛的内容和含义，即在一定的创新环境下，逐渐形成相互学习和相互需求的企业网络，并在地理上集中成群，发挥邻近效应和社会化效应，形成区域创新能力或潜力。

这一章的分析同样表明，区域创新理论是对区域发展实践的研究与提炼，而区域发展政策的变化则应根据实践提出的要求而调整和改善。最近二十年世界范围内区域创新的实践和对区域创新的要求，使我们得以重温理论、比较理论、学习理论和观察实践，并期待理论和实践能在不断互动中达到相互提升的境界。

第二部分　国内案例研究

本部分将对国内四个案例地区的产业发展问题进行分析论述，这几个地区分别是：云南省丽江县、浙江省桐乡市濮院镇、北京市中关村地区和台湾省。这几个地区在产业发展上的特点不同，我们重点考察了丽江县旅游业、濮院镇羊毛衫业和北京中关村科技园的高新技术产业，以及台湾省的中小企业发展问题。

与第一部分所阐述的分析框架相衔接，这一部分围绕区域创新环境、创新网络、互动学习等概念点进行分析，重视从整个区域背景理解产业发展过程。

在案例研究过程中，我们关注的主要问题是产业发展是否具有创新性，这种创新性的发展与区域创新环境和创新网络的关系，区域内各主体为实现产业发展而发生的相互作用，这些产业成为区域主导产业所依据的优势，以及这些产业的发展壮大对区域经济整体发展的影响等。

对于这几个不同的案例，虽然我们所关注的中心问题是一致的，但是案例所表现出来的结果却有所差异。丽江旅游业是通过独特的自然和人文旅游资源与当地良好的物质基础设施条件和政府政策相结合而迅速崛起和壮大的；濮院羊毛衫业是依托富有创业精神和经营传统的区域文化与当地的区位条件、基础设施和政府政策,由区域内具有企业家精神的企业经营者、政府和其他经济组织相互合作、相互推动而发展的,提供了缺乏产业基础和自然资源的地区获得发展的经验;中关村高新技术产业则凭借高密度的智力资源、具有一定企业家精神的创业者与为产业创新活动所提供的各种支持性制度,反映出区域创新环境和创新网络在产业发展中的作用,而我们将台湾省的中小企业视为企业组织创新,并说明其对台湾经济发展的贡献。

尽管这些案例地区在以往的发展中都显示出蓬勃的活力,但各自也都存在一定的问题,面向未来,仍需更多地借鉴国内外其他地区的经验,进一步完善区域创新环境,发挥区域内创新网络在促进互动学习、推动创新活动方面的作用,不断提高应对技术与市场变化的能力,巩固和提升产业发展的优势,带动区域经济的更大发展。

第四章　云南省丽江县旅游业发展研究

丽江纳西族自治县(目前行政区划改丽江县为丽江市,辖古城区和玉龙县,本章仍以旧制称丽江县)是全国唯一的纳西族自治县,是世界文化遗产丽江古城的所在地。近年来丽江县旅游业迅速发展,不仅成为国内外闻名的旅游景区,而且旅游业的发展也带动了丽江乃至滇西北地区的经济发展。

本章是在2002年4月对丽江进行实地调研的基础上完成的,我们认为丽江县旅游业的发展是具有创新性的,本案例研究的核心是探讨丽江县旅游业发展的因素,特别是区域独特的资源和良好的发展环境的作用,并分析旅游业对整个区域经济发展的影响。研究表明,丽江县独特而优越的自然和人文旅游资源、良好的物质基础设施条件和政府的支持性政策,对于旅游业的发展具有特别明显的推动作用,而旅游业的发展又成为推动区域经济成长的最主要动力。

第一节　旅游业发展的条件分析

丽江纳西族自治县位于云南省西北部,面积7468平方公里。

2000年末,全县总人口34.7万人,有纳西族、汉族、白族、傈僳族、彝族、藏族、普米族等10多个世居民族,其中纳西族占58%,丽江县是全国唯一的纳西族自治县。

近年来,丽江县立足资源优势,确立以旅游业为龙头,旅游业、生物资源开发、林果业、畜牧业为支柱产业的发展战略,经济社会得到了较快发展。旅游支柱产业已基本形成,以旅游业为龙头的第三产业已成为全县经济的重要支撑。2000年来丽江接纳海内外游客258万人次,旅游总收入13.4亿元,旅游业直接从业人员1.2万人。2000年,全县国内生产总值13.88亿元,其中第三产业的比重达到50%;完成地方财政收入9115万元,农民人均纯收入1166元,城镇居民人均可支配收入5786元。

经过十多年的发展,丽江纳西族自治县旅游业逐渐步入成熟期,旅游业的发展已由数量规模型转向质量效益型。2002年游客增幅虽由以往的两位数降为一位数,但旅游业总收入仍保持了两位数的增长势头。

一、资源条件

丽江虽地处西南边陲,但历史悠久,自然资源十分丰富。这里10万年以前就有人类活动的足迹,在战国时期就设立了蜀郡。丽江自然资源也非常丰富,是“高山植物王国”和“药材”之乡。境内有种籽植物2900多种,有20多个完整的原始森林群落,20多种珍稀动物,50多种花卉植物,2000多种药用植物,其中名贵珍品占全国的1/3以上。另外,丽江县境内水能资源储量丰富,开发潜力巨大。金沙江在县境蜿蜒447公里,落差近700米,平均径流量达

491亿立方米，加上支流，水能资源达2000多万千瓦，有建成全国大型水电基地的资源条件。

更重要的是，丽江有发展旅游业所需的优越的人文资源和自然资源条件。首先，丽江处在汉族、藏族、白族、纳西族文化的交汇带上，几千年来，众多民族在这里交融，多种文化在这里交汇，历史文化沉淀丰富，形成了具有鲜明特色的以纳西族文化为代表的民族文化。1997年丽江古城被联合国确定为世界文化遗产，这成为丽江旅游业大发展的契机。丽江还是国家级风景名胜区、中国历史文化名城、省级旅游开发区和度假区等。再者，丽江县境内山河交错、峰奇谷秀，自然景观多姿多彩，其中有北半球最南端终年不化、被称为“现代冰川博物馆、植物王国”的玉龙雪山，有集深、险、奇、绝、秀一体的大峡谷虎跳峡，有万里长江掉头东流的长江第一湾，还有九十九龙潭、大树杜鹃林、黎明丹霞地貌、利增滇金丝猴保护区和新主横断山脉天然植物园等景观，以及三江并流主体部分的老君山景区等。

二、发展环境

近年来丽江旅游业快速发展的原因是多方面的，不仅得益于良好的整体规划、丽江古城成功申报成为世界文化遗产、投资环境和基础设施的改善等，也得益于我国改革开放的逐步深入和国民经济的持续快速发展，还得益于以高度发达的信息产业、现代交通等为代表的知识经济的发展，使得世界各地都能及时了解到丽江的变化，国内外游客能够方便快捷地来丽江旅游消遣。

近年来，随着我国旅游市场日渐成熟，丽江县依托优越的旅游资源,抓住机遇,树立大旅游观念,以实施精品战略和市场多元化战略为突破口,全面提升旅游品位,促使旅游业由数量规模型向质量效益型转变,并着力将丽江建设成为世界级精品旅游胜地。2001年以来,丽江古城被列为全国文明风景旅游区示范点,玉龙雪山和黑龙潭分别被评为4A级和3A级国家旅游区,文笔山和玉水山寨被评为2A级国家旅游区,老君山景区旅游接待能力正在形成。2001年丽江县实施了以"丽江天下奇"为主题的形象宣传活动,全国16家省级大报同时连续30天推介丽江的旅游资源和投资环境。2002年与央视合拍大型电视专题片《世界的丽江》,还在中国民航所有航空公司航线上进行丽江形象宣传。

知名度的提升、精品景区的形成、市场管理的逐步规范,使丽江县旅游业不断转型提升,从单纯观光旅游向观光、休闲、度假、健身、购物、会展、商务等综合旅游型转变。近年来,国际七星越野挑战赛和国际公园定向赛连续两次在丽江举行,全国地掷球邀请赛、国际时尚球类赛、李宁高尔夫球邀请赛、以及联合国亚太遗产管理年会、东南亚山地文化节等一些重要的国际会议也在丽江举行,不仅提高了丽江的知名度,也促进了丽江发展环境的改善。

第二节 旅游业发展过程及对区域经济的影响

一、旅游业发展的基本过程

丽江旅游已有十余年的发展历史,其发展过程可以分为1995年前后两个阶段。

1995年以前，由于交通落后、信息闭塞等方面的制约，旅游资源开发较少，丽江旅游业发展相对不足，对国民经济的贡献相对较低。

从1995年起，丽江旅游业进入了高速发展的时期。1996年丽江发生百年罕见的“二·三”大地震，地震不仅引起了各地对丽江重建家园的关心，更引起世界范围内对这里保留完好的纳西文化的关注，地震后的重建工作为恢复丽江古城、保护纳西文化提供了机遇，丽江利用国家、省和国内外各界援助，高起点做好旅游基础设施的建设以及旅游资源的开发和保护工作，在提高丽江知名度的同时，也改善了丽江旅游业的发展环境。

1997年12月，丽江古城申报世界文化遗产成功，进一步推动了丽江旅游业的健康快速发展。此后东巴文化艺术节、1999年昆明世界园艺博览会的成功举办，以及昆明国际旅游节分会场和七星国际越野挑战赛等活动，使丽江在国内外的知名度空前提高，使丽江成为新兴的旅游热区。国内外游客从1992年的27万人次增加到2001年的290万人次。旅游业综合收入从1996年的2.9亿元增加到2001年的18亿元（其中旅游外汇收入从879万美元增加到1892万美元）（见图4.1、图4.2）。

二、旅游业对区域经济发展的贡献

旅游业对丽江县经济的发展产生了明显的推动作用。“九五”期间，丽江县GDP年均增长10.8%，其中第一产业年均增长4.7%，第二产业年均增长6%，第三产业年均增长21%，第三产业的比重由1995年的36∶27∶37达到2000年的23∶23∶54，以旅游业为龙头的第三产业支撑着全县国民经济的半壁江山。2001年

图 4.1　丽江县海内外旅游人数

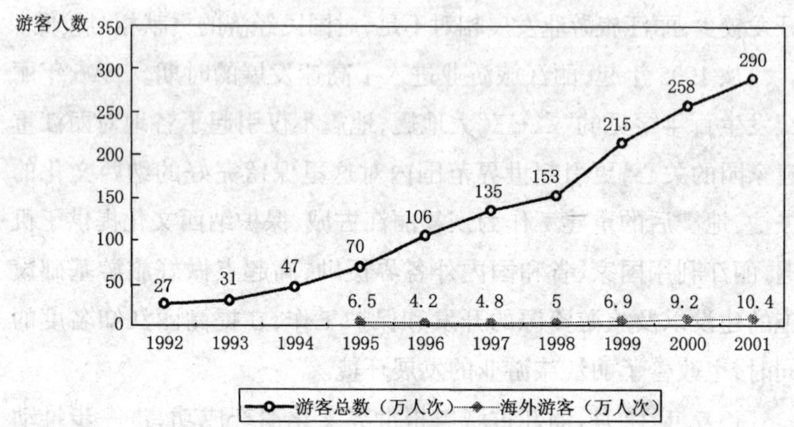

图 4.2　丽江县旅游收入

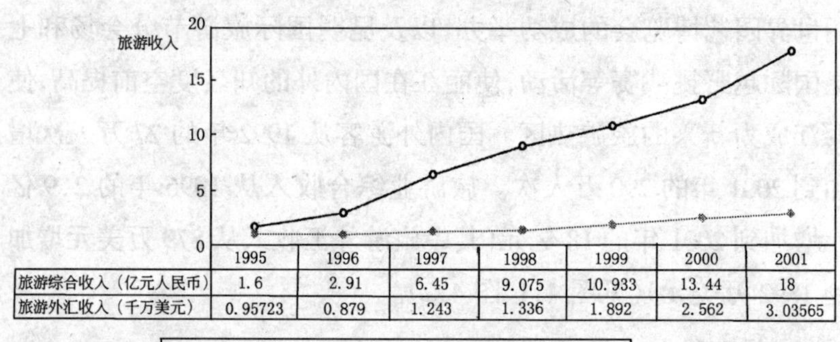

	1995	1996	1997	1998	1999	2000	2001
旅游综合收入（亿元人民币）	1.6	2.91	6.45	9.075	10.933	13.44	18
旅游外汇收入（千万美元）	0.95723	0.879	1.243	1.336	1.892	2.562	3.03565

丽江县旅游综合收入占全县 GDP 的比重达到 56%,旅游业名副其实地成为丽江县的龙头支柱产业。

“九五”以来,旅游业已逐步成为丽江县财政收入的最重要来源。1996 年由于受到大地震的影响,地方财政收入只有 3644 万元,其中来自旅游方面的财政收入 658 万元,占 18.1%。1997 年地方财政收入7507万元，其中来自旅游方面的1786万元，占23.5%。1998年地方财政收入9086万元，其中来自旅游方面的2530万元，占27.8%。1999年全面实行天然林保护工程，停止采伐，来自"木头财政"的收入大幅减少，而旅游业和相关产业的收入大幅度增加，使地方财政收入达到9391万元，其中来自旅游方面的收入为3274万元，占34.8%。

2002年1至8月，丽江县接待海内外游客206.48万人次，同比增长2.39%，但客源结构变化很大，海外游客达90978人次，同比增长28.68%。旅游综合收入149561万元，同比增长16.23%，外汇收入2679.91万美元，同比增长30%。丽江县旅游业继续保持了总游客数量与海外游客和旅游总收入稳步增长的好势头。2002年上半年，丽江县共征收旅游业税收2000多万元，旅游业带动社会消费品零售总额增长11.4%，以旅游业为龙头的第三产业对GDP增长的贡献率为10.7个百分点。

丽江旅游业的发展不仅有力地促进了全县经济社会发展，也带动了滇西北地区的经济发展和产业结构升级，旅游业已成为整个滇西北地区经济发展中最具活力的经济增长点。

第三节　问卷调查结果和分析

我们对丽江旅游业及其相关产业进行了问卷调查，问卷调查有助于理解丽江旅游业的创新环境、竞争优势、企业网络等方面的问题。问卷共设计10个方面的问题，问卷答案有多选情况。调查共收回问卷34份，以下是问卷调查的一些基本结果。

一、投资人来源地

在 34 家被调查企业的数据显示,投资人主要是本地或本省人,其中本地人占 70%,本省人占 15%。实际上,目前丽江有许多外地投资者,有一些具有实力的企业投资建设与旅游相关的大型服务业企业,如中泰合资的格兰大酒店、天津亚太公司投资的玉龙花园酒店、四川剑南春集团投资的剑南春文苑有限公司等。此外还有大量外地投资者经营规模较小,在丽江古城最繁华的四方街就可到处见到这样的小企业,它们经营与纳西文化有关的雕刻、银器、织品、饮食等。

图 4.3　投资人来源地分布

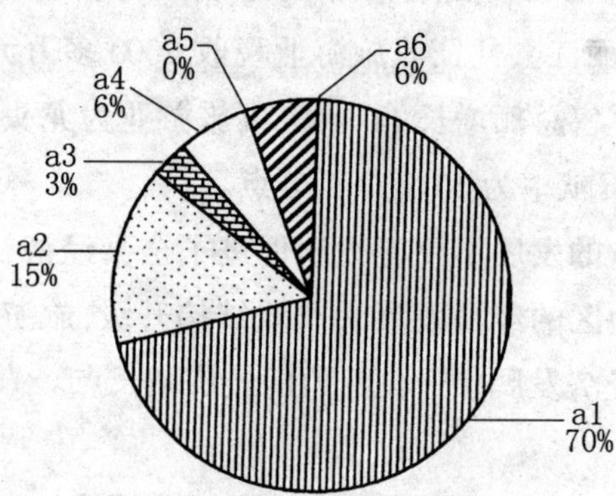

注: a1:本地人; a2:本省人; a3:邻省人; a4:外省人; a5:港澳台及海外侨胞; a6:外国人。

二、投资人来本地投资的时间

投资者在丽江投资的时间长短不一,被访者的投资时间大多在 3 年以上,时间在一年以内的占 6%,1—3 年的占 26%,3—5 年的占26%，5年以上的占42%。这在一定程度上说明当地的投资和发展环境具有一定吸引力和"粘性"。

图4.4　投资人投资时间

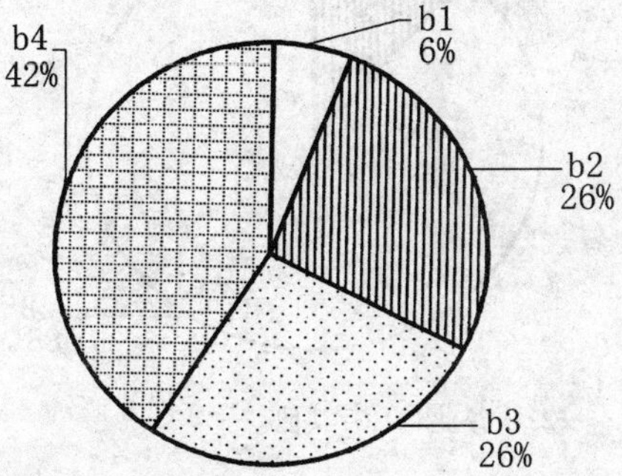

b1
6%
b2
26%
b3
26%
b4
42%

注：　b1：一年以内；　b2：1—3年；　b3：3—5年；　b4：5年以上。

三、投资人从事的行业

被访者中从事服务业的占88%，投资制造业的占12%。目前丽江旅游业和相关服务业集中于旅馆业、餐饮业、民族艺术品制造、表演和销售、旅行服务（旅行社、旅行运输）、商业等部门。除了民族艺术品制造、展示和销售、民居旅社、纳西餐馆等仍保留浓厚的地方本土特色外，许多新型旅游服务设施如旅店、饭馆、商店等，经营已表现出明显的多元化、现代化与一般化。

四、投资人的投资来源

在被访企业中个人投资的有16家、股份制有13家、国家投资的有7家、中外合资的有3家。目前丽江旅游业及相关服务业的投资已呈明显的多元化格局，个人投资的小企业占大多数，大企业

图 4.5　投资行业分布

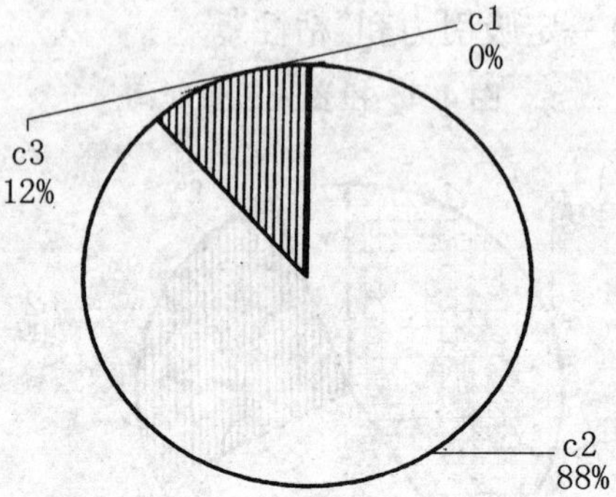

c1
0%
c3
12%
c2
88%

注：　c1:制造业；　c2:服务业；　c3:其他。

投资相对较少,外资企业更少。在旅游发展所需的基础设施建设方面,除政府投资以外,基本上没有其他的投资方式,这在一定程度上限制了丽江旅游业发展环境的改善。

图 4.6　投资来源状况

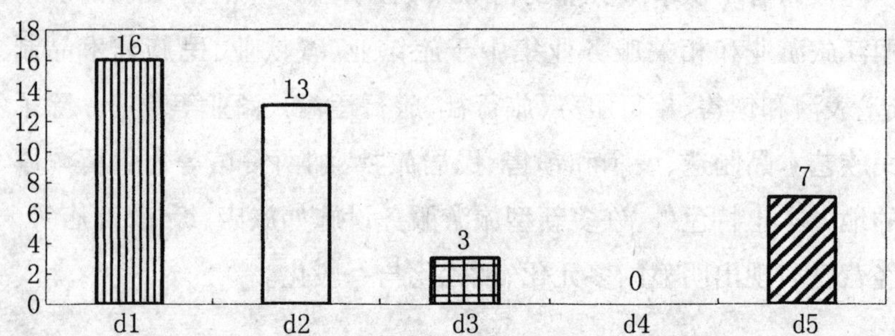

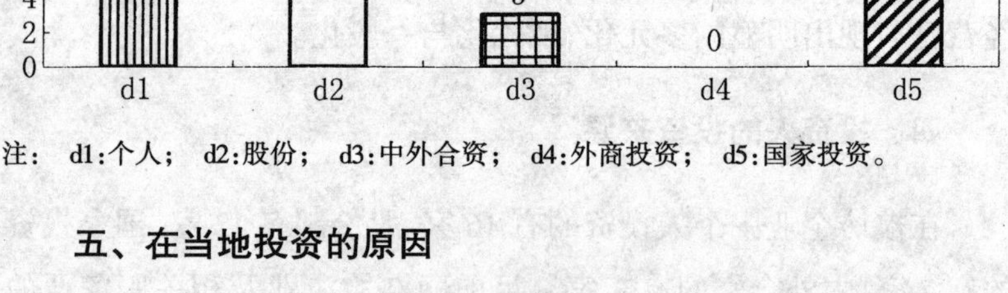

注：　d1:个人；　d2:股份；　d3:中外合资；　d4:外商投资；　d5:国家投资。

五、在当地投资的原因

在被访企业中,有 21 家选择独特的自然资源和人文环境,有

15 家企业选择当地政府的鼓励政策，而较高的投资回报等其他因素的作用较小。这与丽江独特的旅游资源相符合，也与我们的观察一致。

图 4.7　在当地投资的原因

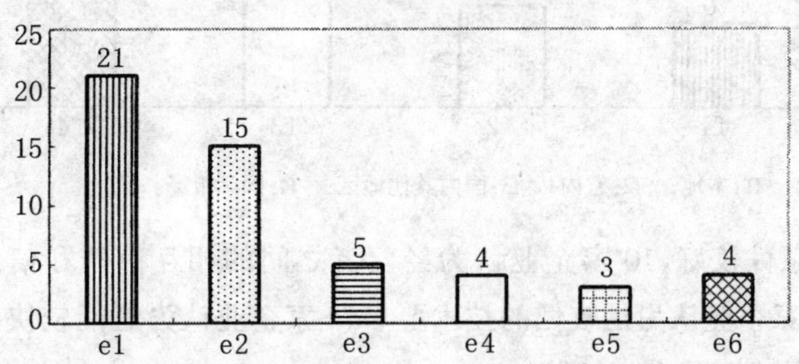

注：　e1：独特的自然环境和人文环境；　e2：当地政府的鼓励政策；　e3：较高的投资回报预期；　e4：离家近；　e5：朋友/合作者介绍；　e6：其他。

六、产品/服务的主要市场

在被访企业中，有 25 家企业产品/服务的主要市场是国内其他地区，10 家企业是本地，12 家企业是省内，16 家企业是国际市场。这里的国际市场是指国际游客，服务市场明显依赖于其客源情况，而事实上，在丽江已经不那么容易区分市场的范围，因为在一个很小的空间内已经涌入了太多来自不同地区的人。

七、投资后对当地投资条件的评价

多数被访者对当地独特的自然和人文环境予以肯定，其中有 24 家企业选择独特的自然环境和人文环境，占 34 家企业的绝大多数。9家企业认为是当地政府的鼓励政策，6家企业认为是基础

图 4.8　产品/服务的主要市场

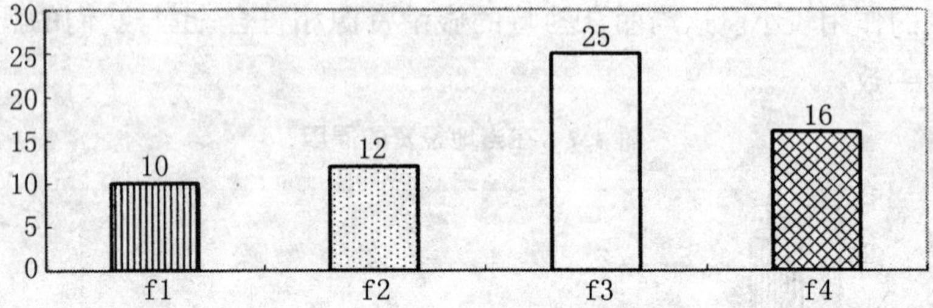

30
25
20
15
10
5
0
10
12
25
16
f1
f2
f3
f4

注：　f1:本地；　f2:省内；　f3:国内其他地区；　f4:国际市场。

设施条件较好,10 家企业认为经营者之间的相互信任和信息交流,1 家企业认为是较低的技术要求,4 家企业认为是能较快接受先进技术和信息的扩散。

图 4.9　投资后感觉本地最宜人的投资条件

30
25
20
15
10
5
0
24
9
6
10
3.3
4
3
g1
g2
g3
g4
g5
g6
g7

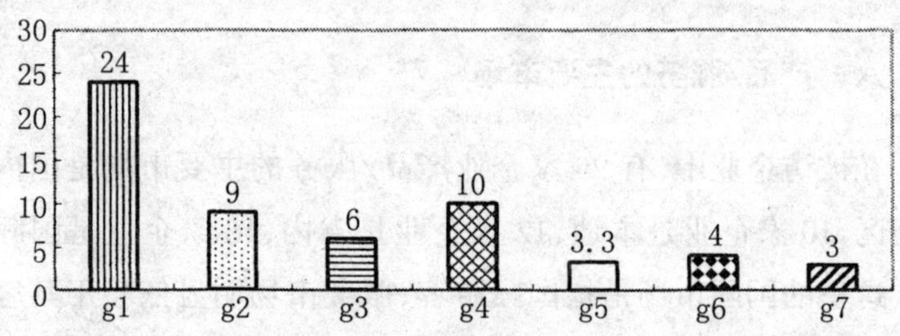

注：　g1:独特的自然环境和人文环境；　g2:当地政府的鼓励政策；　g3:基础设施条件较好；　g4:企业经营者之间的相互信任和信息交流,大家可以相互交流和合作；　g5:较低的技术要求；　g6:能较快接受先进技术和信息的扩散；　g7:其他。

八、投资者对自身经营优势的认识

多数被访企业认为自身的经营优势是良好的服务和管理(28 家),而其他方面优势相对较小。说明本地企业的服务和管理意识较强，但产品的独特性、市场营销和技术设备等方面需要提高，这是保持企业竞争力非常重要的方面。

图 4.10　投资人认为的经营优势

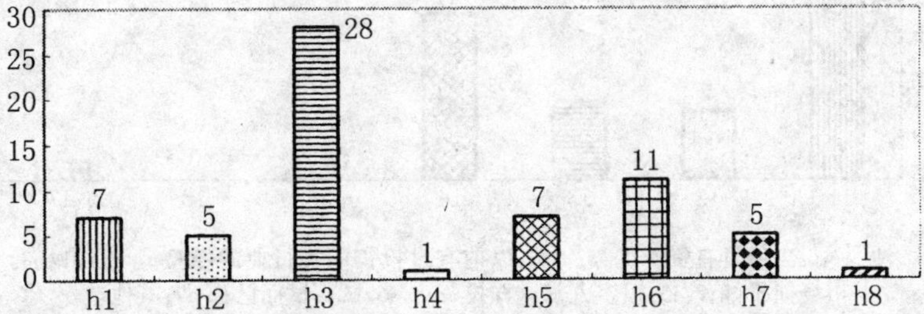

注：　h1：提供服务/产品价格低；　h2：服务/产品具有垄断性、独特性；　h3：良好的服务和管理；　h4：技术/设备/工艺先进；　h5：市场广阔；　h6：职工素质好；　h7：善于宣传；　h8：其他。

九、投资本行业的原因

多数被访者认为当地资源是吸引其投资的主要因素，有 24 家企业认为当地具有资源优势，7 家企业选择以前有从事同行业的经验，8 家企业认为市场行情好，17 家企业认为市场前景好。的确，丽江突出的旅游资源优势已吸引了大量不同年龄、不同地区、不同目的的投资者，他们不仅已取得了良好的投资回报，也为丽江旅游业的发展与繁荣发挥了重要的支持作用。

十、对当地不利的投资条件的认识

被访者认为当地产业网络和政府政策稳定性是主要欠缺的。有 4 家企业认为本地投资主要的不利之处是交通不便，6 家企业认为是信息基础设施不完备，两家企业认为是教育医疗条件不足，

图 4.11 投资人投资该行业的原因

	i1	i2	i3	i4	i5	i6	i7
数量	24	7	8	17	3	0	2

注: i1:当地具有资源优势; i2:以前有过投资同类行业的经验; i3:市场行情好; i4:市场前景好; i5:很多人都这样投资; i6:试一试而已; i7:其他。

10家企业认为是未形成产业网络,6家企业认为是经营者之间相互封闭,9家企业认为是地方政府政策不稳定,两家企业认为是其他因素。

第四节 若干存在问题及基本结论

在调研过程中,我们发现丽江旅游业在蓬勃发展的同时也存在一些问题,结合实地调研和文献学习,获得了关于丽江旅游业发展的一些基本认识。

一、若干存在问题

丽江旅游业快速发展的同时也出现了一些值得注意的问题,最主要地表现为开发与保护、局部与整体、古城与新城的关系。

首先是对丽江古城的影响。丽江古城以良好保存纳西文化艺术特点而当之无愧地成为世界文化遗产,但是随着游客的增多有

图 4.12 投资人认为本地投资的主要不利之处

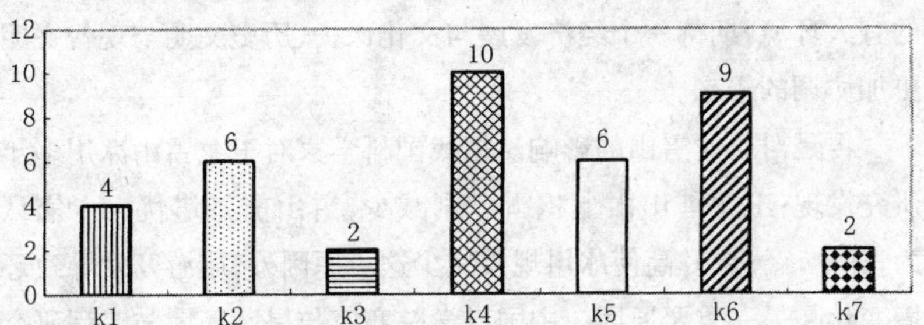

注： k1:交通不便； k2:信息基础设施不完备； k3:教育医疗条件不足； k4:未形成产业网络,企业之间缺少相互支持； k5:经营者之间相互封闭； k6:地方政府政策不稳定； k7:其他。

时甚至是超容量地到来,以及在对旅游资源保护的意识、对丽江旅游资源价值认识有淡薄之处,丽江古城在保持原真性与旅游资源开发、游客超承载力与旅游设施保护、古城与新城的功能划分与设施衔接、旅游业与其他部门的发展关系等方面存在一些不足,古城在开发与保护上均面临一定压力。

目前对古城旅游影响最大的问题是,古城旅游资源的开发在一定程度上对古城文化遗产的保护造成了冲击,比如对古建筑的保护和商业性利用之间存在一些矛盾,对纳西文化(如建筑艺术、音乐艺术、绘画艺术、宗教、语言文字、民俗等)的挖掘、宣传的长期努力与短期经济利益方面也有矛盾,古城与新城之间的城镇功能、用地结构和建筑格调上的衔接还不够,旅游资源的整体开发和区域内产业结构的再调整、专业化与多样化发展之间的关系还需进一步构建,等等。尽管在这样 个以旅游带动经济发展的地区,旅游的繁荣必然会引起社会经济结构的变化和重构,但是我们仍然期待一个人与环境更和谐、文化与自然更和谐、历史与现实更和谐的宜人环境,期待一个经济发展与文化保护、历史文明与现代文明更加协调的未来。

再是对玉龙雪山的影响。据我国科学家对玉龙雪山冰川多年研究发现:玉龙雪山山上积雪急剧减少,雪山前景堪忧。专家认为,除全球气温升高使冰川规模减少这一原因外,旅游开发导致环境变化是另一重要原因。中国科学院寒区与旱区环境与工程研究所研究员何元庆认为:"特别是旅游开发以来,人口也增加了,由于人口增加了,一些旅游设施也增加了,丽江地区由于热量散发比较多了,必然就造成区域性的'温岛效应',(雪山)就受到一定的影响"。玉龙雪山积雪减少的现象应引起丽江当地有关部门的足够重视,采取适当措施来保护和合理开发雪山资源。

此外,在旅游收入大幅增加的同时,政府对古城保护的投入却严重不足。丽江古城 2001 年游客人数达到 320 万人次,旅游业收入 18 亿元,2002 年更上一级台阶。在旅游黄金周期间,每天中午大约有 3 万人同时涌入古城狭窄的街道,在新华街、东大街等长约 3 公里的游览街区中,人头攒动,接踵摩肩。然而当地政府每年用于古城保护的投入却不足千万元,其中从旅游收益中返还的还不到 100 万元。通过多种渠道筹集资金用以保护、开发丽江旅游资源,成为政府的一项重要任务。

二、基本结论

根据前文的分析,我们可以归纳出以下几点基本结论:

第一,丽江古城独特的资源优势是丽江旅游业兴起的前提和基础。丽江旅游资源，如丽江古城、纳西族文化、自然风光等、具有一定的独特性和垄断性。

第二，当地政府良好的规划和政策为旅游业发展创造了有利环境。云南省政府专门召开滇西北旅游规划会议，提出并实施“旅游先导”战略，加强基础设施建设和旅游产品的开发和宣传，使丽江旅游环境明显改善，知名度大幅度提高。

第三，高度发达的现代交通通信业把丽江与世界各地联系起来，使丽江旅游业的兴起成为现实。

第四，丽江旅游业的发展在带动整个云南西北部地区经济发展的同时，也使全县经济结构得到提升，尤其以旅游业为核心的第三产业已占当地经济的半壁江山，随着旅游业及配套产业的进一步发展，对地方经济的贡献将更大。

第五，丽江旅游业的发展也对当地的自然环境、传统文化和丽江古城带来一定的负面影响。应正确处理开发和保护的关系，保持旅游业的可持续发展。大量游客的涌入已对玉龙雪山、丽江古城、纳西传统文化造成不同程度的负面影响，应该引起当地政府的足够重视。

第六，丽江旅游业的投资环境需要进一步改善。我们的调查发现，政府应着重在如下几个方面改善投资环境，即保持政策的稳定性和连续性、做好信息服务和管理工作、进一步改善基础设施、加快产业网络的建设、加大引进外资的力度等。

附录　云南省丽江县调研简录

调研时间:2000年4月2日—4月5日

调研地点:云南省丽江县丽江古城

调研内容:旅游业的创新与区域经济发展

调研方式:座谈、企业典型调查、问卷调查

调研企业:(除宣科纳西古乐会外,均有问卷)

1. 旅馆业

格兰大酒店

云龙大酒店

玉龙花园酒店

木老爷客栈

白鹤宾馆

溢璨旅社

丽江余家花园

剑南春文苑有限公司

2. 民族文化艺术

和文光丽江纳西民俗文化园

丽江民族首饰厂门市部

丽江民族服饰工艺部

丽江天书艺苑

艺者根据地民族工艺店

丽江县江南工艺品店

宣科纳西古乐会

问卷单位：

1. 旅馆业(9个)

云之南宾馆

丽江森龙大酒店

黑白水大酒店

纳西大酒店

云杉饭店新楼

蓝天宾馆

阿丹阁大酒店

七星酒店

兰花宾馆

2. 餐饮业(3个)

古城酒楼

纳西饮食文化城

丽江神龙三叠水生态旅游公司

3. 旅行社(6个)

玉龙雪山旅游开发总公司

云杉坪索道公司(中美合资)

烟草旅行社(当地个体投资)

蓝天旅行社(当地国营企业)

丽江中国国际旅行社有限责任公司(云南省股份制企业)

白鹿旅行社(当地个体/股份/国家投资)

4. 商业企业(1个)

丽客隆超市(当地个体投资)

5. 旅游交通(1个)

旅游汽车公司(当地国营企业)

第五章　浙江省桐乡市濮院镇羊毛衫业发展研究

位于长江三角洲地区的浙江省桐乡市濮院镇自1970年代末期以来，羊毛衫业从初创到成为目前全国最大的羊毛衫集散地和桐乡市羊毛衫业的一个集中生产区域，实现了具有创新意义的发展，带动了濮院镇乃至桐乡市经济的成长，这一发展变化无疑是一个可供研究的良好案例和可供借鉴的实践经验，对于我们理解区域创新下的产业发展问题十分有益。

本章的核心是理解和分析有关创新的三个基本问题，一是创新为何发生在羊毛衫业，二是创新为何发生在濮院镇，三是区域创新网络的状况，为此重点探讨了区域创新环境与网络，并关心政府、企业之间的互动关系和企业网络状况，认识社会资本在产业发展中的作用。

濮院镇羊毛衫业创新的基本特点可概括为：依托一定的创新环境，以生产推动市场的建设，由市场带动生产的扩大，以市场需求为导向、初步构建了新的产业结构，建立了生产—销售—相关行业企业构成的产业群并初步形成了企业网络，推动了区域经济的发展。

濮院镇的案例说明，在一个物质资源有限的地区进行创新的条件和机制,在于其有一定优势的社会资本,在于其民间力量与政府作用的相互促进与逐渐协调,也在于其通过行业间的有机联系实现专业化和多样化发展,有使行业发展变为区域发展的能力,并通过市场的变化不断加以改进和矫正。

桐乡市位于浙江省北部,属嘉兴市辖,处于自古富庶的长江下游杭嘉湖平原,有“鱼米之乡、丝绸之府、百花地面、文化之邦”之称。这里自然条件优越、发展历史悠久、区位条件良好,距离上海仅有110公里,距离杭州、苏州等大城市的距离分别只有56公里和74公里。全市面积723平方公里,人口65万。

改革开放以来,桐乡市在民营经济带动下迅速发展起来,形成了以轻纺为主体,以毛纺针织、化学纤维、丝绸服装、建筑材料为支柱的工业结构。2001年全市GDP达到113.68亿元,人均GDP为17369元,财政总收入达到10.05亿元,是浙江省十大经济发达县(市)之一,也是中国农村综合实力百强县(市)之一。

目前在桐乡市已经出现了若干专业化市场或专业化生产区。据2001年统计,桐乡市共有各类市场60个左右,其中最著名的是具有全国影响的濮院羊毛衫行业,崇福镇的皮毛市场正在兴旺发展中,可望成为另一个具有全国影响的市场区。

濮院是桐乡市辖镇,2001年有4.3万人,全镇面积61平方公里,其中镇区面积5.3平方公里。这里距离杭州市64公里,距离嘉兴市18公里,320国道和京杭大运河贯穿全境,区位条件和基础设施条件良好。2001年,全镇GDP为12.3亿元,其中第一产业9283万元,第二产业98340万元,第三产业15377万元,第二产业占有绝对优势比重。全镇财政收入 3100 万元,外贸出口交货值 4.5亿元[①]。2001 年,濮院镇人均 GDP 为 2.86 万元(如以全部人口即本地人口加外来人口计,则人均 GDP 约为 2 万元),高于桐乡市 1.74 万元和浙江省 1.46 万元的水平。濮院镇还是浙江省首批小城镇综合改革试点镇和省中心镇之一,也是浙江省规划在 2005 年率先基本实现农业和农村现代化的百家试点乡镇之一。

濮院镇具有纺织业发展的漫长历史。濮院镇的丝绸业始自南宋,到明清时期已是"日出万匹绸"的江南重镇,所产"濮绸"以品质精美而闻名,当时"海内争夸濮院绸",虽然民国后濮院镇的丝绸业有所衰落,但长期以来丝绸一直是其主要经济行业之一。然而,最近二十多年来,濮院镇羊毛衫行业迅速发展,在濮院镇经济中的地位不仅超过了丝绸业,而且产生了全国性的影响,已成为目前国内最大的羊毛衫集散地、最具辐射和吸引力的羊毛衫市场区,羊毛衫业也成为濮院经济的最重要支柱。到 2001 年,濮院已有羊毛衫企业 2300 多个、产值 35.8 亿元、羊毛衫加工从业人员 1.3 万人,羊毛衫产量 1.02 亿件;羊毛衫市场内共有 4600 多个门市[②],从业人员亦约在万人以上。目前占地 2200 多亩的濮院毛衫城工业园和占地近 1700 亩的镇园区已初具规模,围绕羊毛衫业的多种相关产业已建立起来,如运输、仓储、零售商业、餐饮、旅馆、金融等。自 1999 年以来,以濮院羊毛衫为主题的桐乡菊花节每年召开一次,

---

① 濮院镇统计中心:《关于 2001 年全镇经济和社会发展的统计公报》(2002 年 3 月)。

② 桐乡市经济贸易局:《全市针织行业调查汇总表》、桐乡市政府:《桐乡市块状特色经济调查表》。

吸引了许多国内外客商,机遇与新的发展压力同时存在,对濮院今后的发展提出了更高的目标与要求。

通过对濮院镇羊毛衫业发展的考察,我们认为,濮院羊毛衫业从平地起家发展到现在的规模与地位,是具有创新性的,这种创新性包括管理、技术、产品、市场等多方面。濮院羊毛衫业创新的基本特点可概括为:依托一定的创新环境,以生产推动市场的建设,由市场带动生产的扩大,以市场需求为导向,初步构建了新的产业结构,建立了生产—销售—相关行业构成的经济综合体和良性循环,在一定程度上促进了企业网络形成,实现了企业的技术进步,从而推动了区域经济的发展。在这个过程中,濮院良好地结合了自上而下和自下而上两种发展方式,政府管理创新与大量民间经济活动的互动,表现了优良的区域社会资本,使濮院的羊毛衫业创造并积累了发展优势,促进了羊毛衫业的壮大和区域经济的发展。不过,通过调研也感到,虽然濮院羊毛衫业已有突出成就和创新性,但创新的深度和水平还不够,创新环境和创新网络还有待继续营造并使之完善,创新仍是濮院发挥羊毛衫业的潜力和增强竞争力的必经之途。

第一节　羊毛衫业的兴起和发展过程

在对濮院镇羊毛衫业的调研中,最令人感兴趣的问题是与其说是目前濮院羊毛衫业发展的状况和影响,毋宁说是它是如何开始兴起和生长的,我们关心在这个兴起和生长过程中,区域发展的基本背景和区域内各主体间的相互作用。

一、濮院镇羊毛衫业的兴起

(一)羊毛衫业的出现和初期自发发展

濮院羊毛衫业出现于 20 世纪 70 年代末。根据有关资料记载,1976 年桐乡县二轻总公司下属的濮院弹花生产合作社购置了三台手摇横机生产膨体纱,次年生产丙纶衫和羊毛衫,取得很大成功,产值和利润急速上升,于是弹花社不再弹棉花而是专门生产羊毛衫,并与濮院印染合作社合并而成桐乡县第一针织厂,后来又改名为第一羊毛衫厂,开始了濮院羊毛衫的生产,这个开始是由集体企业发起的。

1979 年,濮院制面生产合作社通过个人集资成立了中华羊毛衫厂,1980 年入股人数达到 136 人,当年产值为 80 万元,开个人集资办厂之先。

由于当时生产羊毛衫的主要设备是手摇横机,它体积小、操作简单、售价较低且可以单人操作,行业进入门槛比较低,因此十分便于联户、单户或个人生产,建立个体生产厂家的审批手续也十分简便,因此在此后几年中,个体羊毛衫厂家迅速增加,到 1985 年,羊毛衫个体厂家已有 81 户,1988 年更达到 359 户,大约每 6 户左右就有一个个体厂家,这还不包括自家生产的未注册企业。

到 1988 年濮院毛衫业已初具规模,共有横机 1540 台,大约每两户就有一台横机,羊毛衫企业 372 家,从业人员 2 万多人,年产羊毛衫达到 270 万件①,形成了以濮院为中心、方圆数十里的羊毛

① 参见陈兴冀主编:《濮院镇志》,第 162—163 页,上海书店出版社 1996 年版。

衫生产基地,机杼声不绝。

(二)羊毛衫业初期迅速发展的基本原因

濮院能够迅速形成羊毛衫业的生产规模,至少可以归纳出以下几个原因:

首先,传统的织造业优势是促使濮院毛衫业发展的历史财产。

其次,当时国内羊毛衫市场具有较大的需求空间,全国短缺经济尚未结束,国民对生活消费品的需求持续多年旺盛,加之1980年代国家由重工优先到轻工优先的政策取向,促使轻工业加快补短,以及沿海地区在有利的倾斜性区域政策下迅速释放生产力等原因。因此,国内较大的市场需求和政策导向是推动羊毛衫发展的宏观背景和主要动力。

再者,当时羊毛衫行业竞争尚不剧烈,主要的生产区域集中在长江三角洲地区,濮院羊毛衫业具有一定的先发优势。

还有,较高的劳动力素质,当地劳动力所具有的勤劳、坚韧、灵活等特点,也为羊毛衫业的兴起和扩展提供了有利条件。

以及,地方政府采取了比较宽松的政策和管理方式,如在初始阶段允许近郊农民在小规模生产和销售上无照经营、自由设摊,对羊毛衫新建企业审批也比较简便等,也都对羊毛衫业的兴起和发展起到了促进作用。

但是,调研所关心的问题仍然没有得到完全解释,即为何是羊毛衫业而不是其他的行业发展起来了?即为何创新发生在羊毛衫业?在已往的区域经济研究中,我们常常关心的是区域的资源禀赋、技术条件、历史基础、制度环境等因素,试图通过对这些因素的占有和组合来实现区域经济发展,而在调研中发现这些因素在濮院羊毛衫业的兴起中并不具有突出的优势,有的甚至没有多少优势。因此,上述自然资源、历史基础、政策环境、市场需求和劳动力等因素,也只解释了濮院羊毛衫业兴起的一部分原因,因为这些因素对于某些其他行业也是适用的。

新近区域经济发展的实践在继续证明区域发展的必然性和确定性时也说明,在一个不具备特别自然资源优势的地区,仍然可能产生具有竞争力的行业来。有关研究认为,这种现象出现的原因是区位因素的重要性发生了改变,自然资源的重要性在下降,而知识、技术、人才的占有和运用能力、自然环境的宜人性,特别是制度、经营文化、历史传统、社会资本等非实物因素,成为新的、更加重要的区位因素。同时,新近的观点对决定论的认识论提出疑义,承认区域经济发展存在偶然性,并认为从偶然性的发端性成功而产生示范效应,经由模仿、扩散而壮大成为新的具有竞争力的部门或具有特色的区域经济,并产生路径依赖,延续和积累初期的产业发展方向和发展优势①。

在对濮院羊毛衫业发展实践的考察和思考中,我们倾向且乐意把这种偶然性的发生归结为作为创新环境重要因素的社会资本或区域文化的作用。因此,对于理解问题更重要的不是这种偶然性是否存在,而是为什么会发生这种“偶然性”、谁来做这种“偶然”的事、“偶然”之后又怎样了,而这也是理解濮院羊毛衫业兴起的关键。在濮院,这种偶然性背后的社会文化因素如灵活而务实的生

---

① 学者们已注意到偶然性对经济的作用,如克鲁格曼就将最初的产业集聚归于一种历史的偶然,初始的优势因路径依赖而被延续和放大,并产生锁定效应,对此意大利学派(柔性专精学派)和加利福尼亚学派在对产业区和集聚的研究中也有阐述。

存观念、勤劳而精细的劳动精神、开放而平和的社会氛围、为共同利益而合作的观念,都对羊毛衫业的兴起和发展具有作用,看似偶然的现象其实有其必然的依据。

因此,改革开放的宏观经济背景、较大容量的消费市场、良好的政策环境和区位条件、优良的劳动力资源这些比较确定性的因素,与对羊毛衫业的尝试性选择这一组因素交织作用,是濮院羊毛衫业发展的启始因素。

二、濮院镇羊毛衫业的发展过程

濮院镇羊毛衫业的发展经历了如下几个阶段:

1.1988 年以前:1988 年前濮院羊毛衫生产以小规模家庭生产为主,有规模和档次的企业较少,交易场所也比较简单,有些就是就地设摊销售,劳动密集性的手工生产、较低的技术和质量要求及简便的销售方式,将大量人口集中在羊毛衫的加工和销售中,并使产业迅速扩张,形成濮院羊毛衫业发展的基础或雏形。

2.1988—1992 年:这是两个羊毛衫市场的中间阶段,是个相对比较低落的时期。1988 年,根据濮院前一阶段羊毛衫业发展的势头,1988 年 10 月,在政府参与下开始建造了占地 4300 平方米的羊毛衫交易市场,为羊毛衫的交易提供了一个相对正式和稳定的场所,这时的产品以本地和周边地区为主,销售人员也以本地为主,羊毛衫生产和销售具有一定的辐射能力,吸引力尚不明显。但是,由于市场建立后加强了对羊毛衫销售的管理,使得一部分经销者离开濮院,寻求成本更低的交易场所,比如一些人转到了邻近濮院的嘉兴洪合。此外,由于治理整顿的宏观背景和羊毛衫业粗放型发展所积累下来的质量、管理方面的问题，也使得这一时期濮院羊毛衫业的发展受到影响。

3.1992—1995 年：回升和兴旺的时期。1992 年根据桐乡市羊毛衫业发展的基础和已经产生的影响，加之邓小平南巡讲话后所产生的全国影响，各地区经济竞相快上。在这样的背景下，桐乡市决定进一步强化羊毛衫行业的优势，当年由 21 个政府单位共投资近亿元开始建设羊毛衫市场，并于 1994 年建成了拥有 10 个交易区的羊毛衫市场，成为全国最大的羊毛衫集散地和交易中心。羊毛衫市场的建成，不仅改善了交易场所的条件，稳定并促进了羊毛衫交易的形势，而且扩大濮院羊毛衫的影响，巩固了它做为全国性羊毛衫集散地的地位，并更多地带动了相关行业的发展，逐渐形成以羊毛衫销售和生产为中心，并包括有关辅助产业、服务业在内的体系，濮院羊毛衫业的辐射力和吸引力都增强了。

4.1995—1997 年：低落与调整的时期。1995 年后国内短缺经济结束，许多工业品供过于求，供求的结构性矛盾加重，客观上影响了濮院羊毛衫生产和销售。此外，濮院羊毛衫市场上存在着基础设施薄弱、管理不规范、厂家急功近利地生产和销售假冒伪劣产品等问题比较明显，当地羊毛衫加工业的整体技术水平和产品质量也不够高，致使羊毛衫生产和销售都比较低落。

5.1997 年后：改造提升时期。1997 年后，政府加强了对羊毛衫业的管理，加大了对羊毛衫市场的投资力度，加快市场基础设施的建设，并进一步规范市场管理，同时，引导羊毛衫生产由相对粗放转向提高质量，注意吸引和培养有规模和档次的企业，并通过毛衫城的规划建设，尽可能地使羊毛衫的生产通过地理集中能够共享基础设施、改善生产条件、提高环境质量。目前已形成了功能多样、规模更大、管理逐渐规范的全国最大的羊毛衫市场集散地,并成为桐乡市羊毛衫的主要生产区。

目前羊毛衫市场占地1.5平方公里,有十个羊毛衫、针织服装交易区,有毛纺原料市场、毛纱市场、辅料市场、托运中心、卸货中心、客运中心和科技开发中心。2001年年末有门市部4603间,实现成交额33亿元①。

2000年开始规划建设的毛衫城工业园区已初具规模,良好的设施条件和管理吸引着更多的投资者。濮院镇政府建立的镇园区也有良好的发展,到2002年7月,镇园区占地1318亩,园区内有168个企业、就业人数2784人②。

2002年11月在濮院镇召开的以羊毛衫为主题的桐乡菊花节又吸引了外资1690万美元、内资1.48亿元,并获得出让土地费3973万元③。

随着羊毛衫销售和生产的发展,关联产业不断生长,企业网络初步构建起来,羊毛衫业的实力继续增强,并出现了由加工羊毛衫向生产其他针织产品扩展的迹象。

经过20多年的发展,濮院的羊毛衫业逐渐完成了几个变化:一是在产品上由低质量的粗纺毛衫为主到较高质量的精纺毛衫为

① 濮院镇统计中心:《关于2001年全镇经济和社会发展的统计公报》(2002年3月)。

② 濮院镇统计中心:《濮院镇工业企业统计资料汇总》(2002年7月)。

③ 濮院羊毛衫市场管理委员会:《共约秋花盛会,领略毛衫风采》(2002年11月)。

主;二是在企业规模上由家家户户为主的小规模生产逐渐转向较大规模生产,出现了一些产量在几十万件的企业;三是在设备上逐渐由低成本低档次的设备逐渐升级换代;四是经销者和在市场上销售的产品由以本地为主转向以外地为主。这几个变化说明濮院羊毛衫业发展的质量在逐步提高,并已具有跨区域的吸引力和辐射力。

第二节　羊毛衫业发展的区域环境

濮院镇羊毛衫业发展的区域环境,可以被认为是区域创新环境,这种区域创新环境可以分解为一般环境因素和特殊环境因素。在特殊环境因素中,桐乡市和濮院镇政府的作为具有重要作用,它是巩固、保持并创造濮院羊毛衫业独特发展优势的关键。当然,在这个过程中,我们注意到当地政府与企业和个人之间一直存在着相互促进的互动关系,而这种关系恰恰是在区域创新过程中受到高度重视的社会网络和社会资本,尽管它在濮院的发育还不十分充分和成熟。

(一)羊毛衫业发展的一般区域环境

濮院地处长江下游杭嘉湖平原,随着魏晋南北朝后特别是南宋以后江南地区的持续开发,农工商业兴盛,这里成为全国最为富庶的地区之一。南宋时随着大量北方人口的南迁,新增了大量消费,对丝织品的需求也迅速增加。由于濮院地近南宋都城临安,又经此地濮氏家族的努力经营,丝织业于是发轫并持续了数百年的发展和繁荣,因此在历史上纺织业就是濮院经济的长项。

但是事实上，几乎在整个长江下游地区都具有纺织业的优势和历史，与周边地区相比，濮院的纺织业优势并不具有垄断性。上一节已归纳出濮院发展羊毛衫业的几个有利因素，但是这些有利因素也不具有独占性，拥有类似条件的地区还有一些，当时在长江三角洲和珠江三角洲已有一些与濮院羊毛衫业同时兴起的地区，比如在濮院附近就有嘉兴的洪合。

同时，濮院也存在几个不利的因素，一是此地自古富庶，农业、传统手工业基础较好，并不具有穷则思变的强大动力；二是本地缺乏羊毛衫加工所需的原料，羊毛衫业的基础也甚为薄弱；三是与长期就与上海有密切联系的苏南乡镇集体经济和以家庭个体经济为主、生存压力更大的温州经济比，它可利用的技术、市场和生产组织形式也不具有特别优势；第四，缺乏能产生产业核心竞争力的知识或技术。但是，这些不利因素同有利因素一样，也并不对濮院的经济发展有致命影响。

这里用创新环境来解释问题。在前一节已经用创新环境中的社会资本解释了羊毛衫业兴起的部分原因，这里继续用它来解释羊毛衫业能在濮院发展壮大的原因。

创新环境包括物质和知识基础设施在内的设施环境；包括制度条件、法律条件、历史传统、经营文化等在内的制度环境；包括人才、技术、资金等在内的资源环境。创新环境在区域创新中具有特别重要的意义，它是创新的基础。因此，要理解为什么是在濮院而不是在别的地方出现了创新，就必须了解濮院的创新环境，了解各种条件在濮院的组合与作用情况。于是，这里与其要回答“为什么在濮院而不是其他地区发展起羊毛衫业”，不如回答“为什么羊毛衫业的优势在濮院而不是在其他地区被保存、稳固和壮大起来了"？因为当时并存的其他一些规模类似的羊毛衫市场最终都没有达到濮院现在的规模，它们在上一轮竞争中就已经落后了。

濮院具有基本的创新环境，其区位条件、基础设施、劳动力、市场化程度等条件都在国内属上好水平，这些条件的组合提供了发展的基础和可能，具有一定的优势，但正如前述，这种优势并不具独占性，至少在1990年代前实施效率优先、倾斜沿海的区域政策下，这种资源组合的状况在沿海的许多地区都是共有的。

(二)政府在羊毛衫业发展中的作用

在对濮院羊毛衫业发展历史的观察中，我们发现具有决定意义的两个点，即羊毛衫业的兴起点和羊毛衫业的壮大点，这两个点正好可以理解"创新在羊毛衫业"和"创新在濮院"两个问题。兴起点标志着产业的产生，是产业创新的开始，而壮大点则对濮院保存、稳固和垄断羊毛衫业优势具有关键意义，是新的区域优势和竞争力产生的基础，是今昔濮院的分水岭。壮大点可以以1988年濮院羊毛衫市场的建立为标志，它促使濮院羊毛衫业产生独占性优势，并使得濮院和其他羊毛衫生产区开始分化开来，表明产业开始在一个较高的平台走在路径依赖的轨道上，这个轨道向更高更远处延伸。

对调查的分析我们发现，促使濮院羊毛衫业产生独占性优势的决定性因素是政府，是当时政府的发展决策，政府适时而有远见的规划与管理是强化濮院羊毛衫业优势的关键。两次由政府发动或参与的羊毛衫市场建设，以及羊毛衫工业园的建设，都对濮院羊毛衫产业的发展具有历史性的意义。

首先,1988年10月,桐乡市工商局、濮院镇政府、永越村共同出资成立股份公司,其中市工商局出资最多,永越村出土地,濮院镇政府出少部分资金,开始建设羊毛衫市场,即现在的市场第一、二、三区。

其次,1992年邓小平南巡讲话后,桐乡决定把羊毛衫市场作为全市经济的主要增长点,政府组建了羊毛衫市场管理委员会,并动员21个政府单位在濮院共投入近亿元资金,建成了十个羊毛衫交易区和一个羊毛纱交易区,包括3000多间营业房,完成了目前羊毛衫市场的基本框架。新的羊毛衫交易市场的建设,为羊毛衫经营提供了更加宽阔、稳定和规整的交易场所与环境,随之吸引了来自全国许多省市区的客商。这时市场内商品的主要来源是桐乡及周边地区千余家羊毛衫厂的产品,市场的功能主要是作为当地产品的窗口和外销渠道。

第三,2000年,政府以濮院羊毛衫市场为依托,在市场西侧规划建设了占地1245亩的中国濮院毛衫城工业园区。目前工业园区已实现七通一平,到目前实际园区已开发建设2245亩,引进项目59个,吸引投资7.5亿元①,以羊毛衫、针织服装加工为主,以毛纺、印染、缩绒、后整理等为辅,并配套了图书馆、体育馆、银行、会计事务所、律师事务所等,园区正在准备进行二期建设。此外,镇政府还在320国道附近建立了镇园区。

第四,在羊毛衫行业的发展过程中,政府的管理和服务意识逐

① 濮院羊毛衫市场管理委员会:《濮院毛衫城工业园区开发建设情况》(2002年11月)。

渐增强，并将羊毛衫的生产与市场发展同桐乡经济发展和小城镇建设结合起来，在基础设施建设、治安保卫、税费征收和其他市场秩序建设方面逐渐完善，濮院羊毛衫市场和毛衫城工业园区也已与濮院城镇的总体规划建设衔接起来。

第三节　对问卷调查的总结和评论

在该案例研究中完成了小样本的简单问卷调查，问卷涉及投资、经营、技术等16个方面的问题，答卷人/被访者尽量覆盖与羊毛衫业有关的主要行业，核心是了解创新环境、企业网络和企业技术来源。在问卷调查的32人中，几乎所有被访者都是企业经理，多数人既是企业投资者又是经营者、管理者。在32份问卷中，有效问卷30份。

在30份有效问卷中，被访者以来源地分，本地人有18个(其中1人为外商身份)，浙江省人7个、外省人4个、外资1人。以投资经营时间分，16个为5年以上、8人为3—5年、5人为1—3年，1人为1年以下。以被访者的行业分，羊毛衫生产企业14个、毛纱企业3个、染色企业2个、物流服务业1个、运输企业1个、羊毛衫销售企业5个、毛纱销售企业2个、旅馆业1个、科技中心1个。绝大多数被访者的投资来源为个人投资。

一、问卷调查的基本结论

这里就问卷最关心的几个问题的调研结果做一叙述与评论。

(一)投资前后对濮院投资环境的认识

多数被访者对于投资前后濮院投资环境的认识基本一致,即投资前后的感受集中于"当地政策环境和政府管理条件"及"良好的基础设施"上。这些既是投资经营者的认识,也是濮院保持至今并不断提高的优势条件。此外,与区位因素相关的"距离中心市场近"这一因素,也对投资决策有重要作用。

(二)投资濮院的动因

大多数被访者认可当地的投资环境,认为"当地政策环境和政府管理条件"(15 人)和"良好的基础设施条件"(11 人)的吸引其前来投资的主要因素(见 5.1 图)。

图 5.1　投资前对投资环境的认识

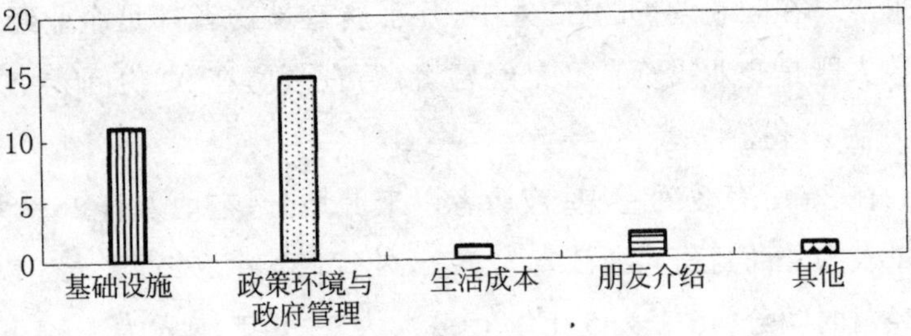

20
15
10
5
0
基础设施
政策环境与政府管理
生活成本
朋友介绍
其他

(三)投资后对投资环境的评价

投资者在投资后对当地软硬环境感觉最好的是政策、区位条件和基础设施。认为"政策开明、制度和法律健全、社会文化气氛宽松积极"的有 10 人、"距离中心市场较近"的有 8 人、"基础设施良好"的有 5 人(见 5.2 图)。

(四)投资该行业的动因

投资者的行业选择更多地是关注当地的行业基础和市场,这表明当地资源条件的情况(如是否产羊毛、毛纱等)已不是投资者

图 5.2　投资后感觉最宜人的投资条件

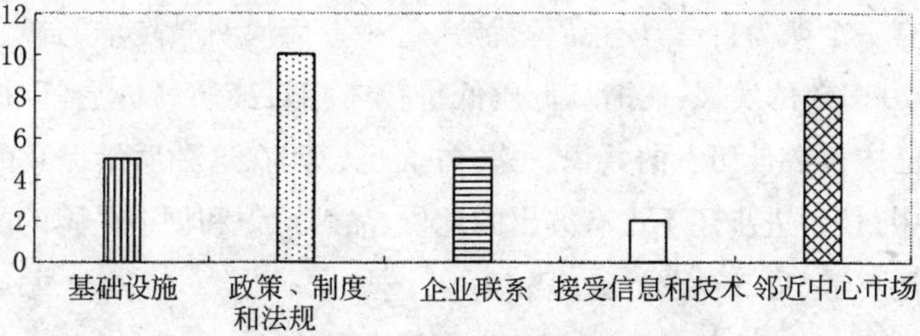

12
10
8
6
4
2
0
基础设施
政策、制度和法规
企业联系
接受信息和技术
邻近中心市场

所考虑的重点，投资者对行业的选择具有明显的市场导向性，对当地的产业规模和基础也很重视。因此，“当地有资源优势和专业化生产基础”（12 人）、“市场前景好”（9 人）、“市场行情好”（4 人）是投资者行业选择的主要因素。或言之，投资者关心的主要问题不是这里由于产业集中而上升的用地、仓储等成本，而是在这里投资可能享有更大的外部效益，获得更大的市场收益（见 5.3 图）。

图 5.3　投资目的

14
12
10
8
6
4
2
0
资源优势和专业化基础
有投资同行业的经验
市场行情好
市场前景好

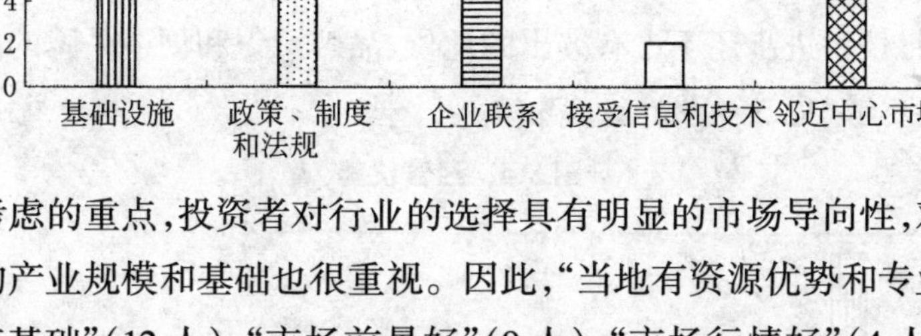

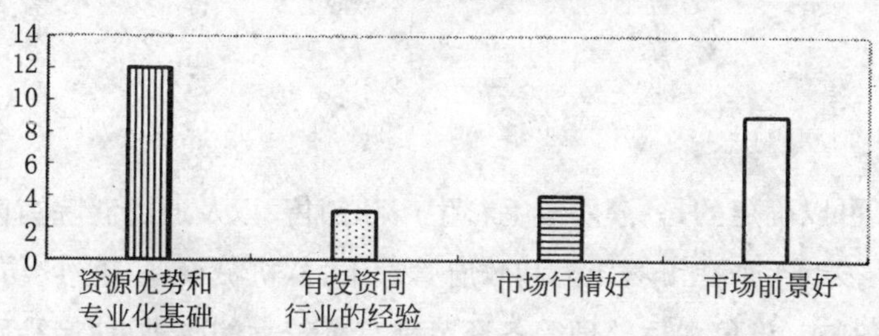

（五）经营优势

大部分投资经营者认为“产品质量好”（23 人）、“服务与管理良好”（2 人）、“良好的销售网络”（2 人）是其主要优势，价格优势已不占主要地位，只有一人认为其有价格优势。同时，技术和品牌的优势度也比较低，除了东华大学的中纺濮院针织技术开发中心有核心技术外,其他被调查者都没有独立的核心技术,所有被访者中没有一个认为自己具有品牌优势,这一方面说明濮院羊毛衫业经过20多年的发展,逐渐从低质低价转向相对高质高价上,重视质量已成多数被访者的共识,另一方面也说明在这种质量提高的过程中,技术进步还不占有突出的地位、品牌意识和创造品牌的能力也还不够(见5.4图)。

图5.4　经营优势

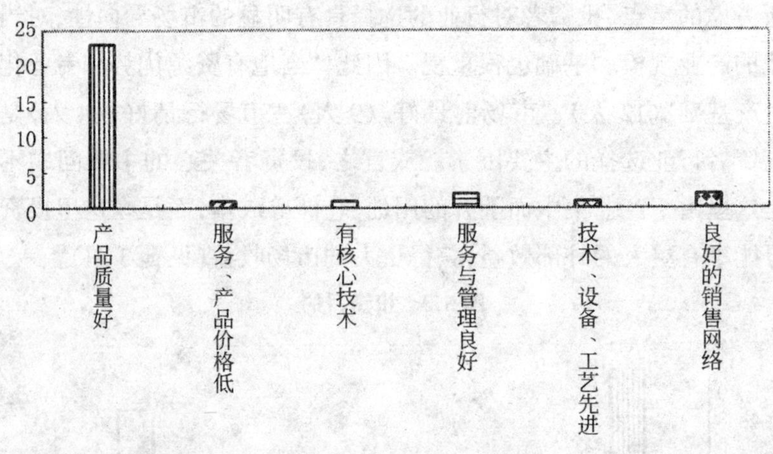

可以确定的是,濮院羊毛衫生产和销售,以及通过濮院销售的羊毛衫近年来在市场压力和政府管理下,从机械设备、毛纱、纺织、剪裁制衣、染色和后整理等各环节都有了较大的改进,使产品质量有了较大提高,这是经营者自认其产品质量好的内在基础和主要原因。

(六)技术来源

作为羊毛衫生产方面的技术,包括设备、设计、编织、染色、后整理等不同环节的技术,问卷中所谓的技术,主要是指羊毛衫款式设计、编织、染色和后整理技术，特别是款式设计技术。

目前濮院羊毛衫生产及所销售的羊毛衫的技术来源基本上是“模仿和改进别人已有技术”，虽不少企业有自己的设计人员，但是基本不独立创作和设计，多数是在别人已有的款式上做些修改，设计手段也比较简单，“模仿和改进别人已有技术”十分突出（21人）、“自己发明”（8人）。但是在“自己发明”中，最名副其实的是东华大学创建的“中纺濮院针织技术开发中心”所拥有的技术。由于东华大学在纺织方面的学科优势，使得其在技术上具有独创性和自主开发的能力。其他几个“自己发明”的技术，绝大部分的初始来源仍然是“模仿和改进别人已有技术”。

这种情况出现的原因主要是：

一是对产品独立设计的要求不迫切。日用服装不同于展示用的时装，它的设计更多服务于实用的要求，因此并不要求特别地独出心裁。但是，由于日用服装个性化、时装化的趋势，对日用服装款式的要求会更加多样化，对设计的要求也会更高。

二是市场对装备和设计更新的要求不迫切。由于目前羊毛衫市场容量还比较大，国民的消费观念也在改变，不属于耐用消费品的羊毛衫，其更新的速度也逐渐加快，因此羊毛衫的市场空间还很可观。但是，要注意的是，由于生活消费品已由卖方市场转为买方市场，生产者有引导消费和适应消费的双重压力，这些都需要装备、设计和其他技术方面的更新。

三是较低的交易费用使技术进步的要求不迫切。大量低成本技术信息的存在，钝化了生产者进行独创性技术革新的愿望。在具有良好企业网络和互动学习机制下的企业集中分布，对于企业技术的获得、传递、应用具有外部性,它会缩短区域内同类企业寻求技术的时间成本和资金成本,增加面对面交流的便利,并通过信息共享而增加单个企业的总信息量。但问题是,濮院目前缺乏企业网络和相互学习的机制,有可能使具有技术信息的企业被搭便车、引发企业间的纠纷、增加交易成本。因此,区域内的企业与其共享技术信息,莫如相互敬而远之,从其他途径各自获取技术信息。这样,企业大多去寻求低成本的公开技术信息(如市场上已有的成衣样式、出版的书籍杂志上的款式等)并加以模仿和改进,获得技术信息的企业尽量保守其技术来源,所以目前濮院企业间相互封闭和防备的情况比较多,企业间的学习尚不具备地方化的特征,也不具有互动学习的性质。企业技术主要以远距离的间接学习为主,即主要通过有关书籍杂志和通过市场观察来学习。

这里有一个令人遗憾的事例。由东华大学建立的"中纺濮院针织技术研究中心"在将其技术推向市场、转化为生产力的过程中,由于知识产权保护方面的失误而使其技术专利的效益大量流失。该研究中心所拥有的羊毛衫丝光处理技术,经产业化生产成制剂,使用后使羊毛衫手感好,能增加羊毛衫价格大约 1/4,本是一件高校的科研成果与市场良好结合的产品,结果由于专利技术外流,使得个别企业得以通过低成本获取专利技术模仿生产,并由于价格明显低于"中纺濮院针织技术研究中心"的产品价格,因此迅速被大量羊毛衫企业所购买和应用,从而致使"中纺濮院针织技术研究中心"几乎流失全部利润。

(七) 创新网络

创新网络在区域创新中具有重要意义,创新网络是由不同个人、组织所组成的以信任为基础的各种关系，创新就是通过网络成员的相互交流、互动学习实现的。

这里从两个方面考察濮院的创新网络：

1.企业网络

在这样一个专业化生产和销售区域内，企业网络具有十分重要的作用。调查表明，目前濮院羊毛衫业的企业网络尚未完全形成，现有的企业网络多半是垂直关系的企业之间的，即上下游企业间、加工企业与服务企业之间已基本形成网络。调研观察到，目前濮院的企业网络具有两个特点：

一是行业内封闭行业间开放的特点。如前所述，同行企业间相互独立，往来较少，服装款式自行决定，很少或不与同行交流，以防纠纷，但上下游企业间不仅有供求关系，也有供求信息交流，但需方要求供方对同行企业保密。

二是企业间的联系多是功能性的而非互动学习性的，缺乏一些能够激励相互学习和更好发挥功能的媒介机构，如协会、信息中心、技术中心、图书馆等。企业之间相互信任、相互合作的关系还没有完全建立起来，竞争比合作更受重视。

这里把濮院羊毛衫业的企业网络分为生产企业间和生产与服务企业间两种：

(1)生产企业间的关联：

濮院羊毛衫生产企业之间的网络关系可以用转包关系来反映，其转包方式主要有外转内和上转下两种。

外转内的方式主要有两种：

一是国外转国内，即接受国外订单：总的来说接受国外订单的机会不多。由于一些企业不是直接接受订单，而是通过中间商接受订单，款式、原料和市场销售也不由自己决定，自己也不一定知道所加工的品牌。当地企业对这类加工一般兴趣不大，认为获利不多且要求严格。少数企业（如港资顺富针织厂就是转包企业，产品全部出口，但加工的都不是名牌产品，主要市场是美国、欧洲、日本。阳明针织厂主要市场在国内，但也做过直接接受外单的加工，市场在南非）有接受订单直接加工出口的经历。

二是外地转本地，即接受外地订单：如上海。一是根据上海厂家的款式和质量要求生产（如嘉兴市舒艳羊绒针织制衣厂），成品用上海的商标，上海企业在厂内驻有技术人员；二是根据自己设计的款式生产，得到上海厂家认可后使用上海商标。

上转下的方式在旺季发生。主要形式是濮院的厂家在旺季生产供不应求时将生产转包给其他企业或加工户，比如大一点的企业会向小企业或农户转包，以便按时完成订单。加工户有横机，横机多少各户不同，一个村子共有10—40台不等，生产初级产品后送到厂里经缝口、整形等工序后出成品。

(2)上下游企业间的关联：

目前随着羊毛衫加工和销售的迅速扩大，带动了相关服务行业的发展，一是为成衣加工配套的生产企业，如毛纱、染色、后整理等；二是为产品配套的服务行业，如市场销售、运输、仓储等；三是为生产和生活服务的企业，如餐饮、旅馆、汽车出租、娱乐业；四是其他与羊毛衫业有关的专业化生产服务业，如金融、法律、会计、房地产业等。目前有政府参股的物流公司业已成立，政府的管理部门也延伸到这里，如工商管理机构、税收机构等。

2.网络内其他组织和联系

(1)企业协会

不到一半的人(40%,12人)参加了企业协会,其中绝大多数为政府组织的协会,如个体工商业者协会,其中多数人认为目前协会成员之间的交流"还不够"或"基本上没有实质内容"。

(2)企业之间的相互学习和信息交流

大多数人(77%,23人)认为企业之间的相互学习和信息交流很重要,其中有19人(63%)认为以"政府组织培训和交流比较好",其余各有一半的人认为以"非正式的方式进行比较好"或"以定期的协会会议方式比较好"。

(3)企业与大学和R&D机构的关系

目前很少有企业与大学或R&D机构有联系,由于企业所需要的技术来源基本上通过低成本渠道获得,所需要的技术服务也比较有限,因此企业与大学和R&D机构建立联系的愿望并不迫切,但是仍有多数经营者(47%,14人)认为与大学和R&D机构之间的联系"需要,但还没有建立联系",次一部分人(27%,8人)认为目前没有必要,有4个(13%)企业已建立起联系。

二、问卷未涉及的几个其他问题

(一)外地人员

2001年濮院共有工业企业2630家,其中近90%为羊毛衫企业。生产企业中外地人员占15%—20%,销售人员占3/4甚至更多。

在濮院的外地人员大多与羊毛衫业有关,其投资、经营、务工

方式大约有以下几种,其中第一种包括一些较大的投资者外,其他几种都是比较一般的情况:

1.多数在镇上办厂;

2.在乡下租房,合资买及其进行生产。

(1)乡下房东出租房屋,招人合股,房东提供食宿,并收取加工收入的一半;

(2)打工者。

(二)流动人口

濮院羊毛衫业的发展吸引了许多外来人口,成为羊毛衫的销售、生产人员,目前外来人口已占到濮院总人口的1/3,约为濮院本地人的一半。据统计,到2002年8月31日,濮院镇共有外地人口22880人,其中有12890人办暂住证。2001年全镇有外来人口1.7万人[①],他们基本上与羊毛衫行业有关。

(三)机器设备

规模大的企业能购置进口电脑横机或圆机,并备有手摇横机。购买的进口机器主要有德国、日本、意大利等,价格在40—60万元左右,而国产电脑圆机价格约11万元,但是质量不稳定,功能也不够齐全。现在能购置进口机器设备的厂家还不多,但是有增加的趋势,越来越多的企业意识到质量和品牌在竞争中的重要性。

(四)毛纱、染色

本地有毛纱市场,有毛纱供应、染色企业,但是一些规模大的

---

① 2001年外来人口见濮院镇统计中心:《关于2001年全镇经济和社会发展的统计公报》(2002年3月),2002年数据来自濮院镇政府。

企业在外地专门厂家订购毛纱、染色，以求质量（如双龙针织公司的毛纱来自江苏、染色在桐乡）。

（五）企业类型

主要为个体私营企业，民营经济具有绝对优势，只有五六家外商企业，其中至少有两家已投产。

第四节　羊毛衫业发展对区域经济的影响

根据2001年的资料，全镇共有羊毛衫加工企业2314个，从业人员1.26万人，拥有固定资产1.57亿元、手摇横机5843台，生产羊毛衫10157万件。羊毛衫市场内的销售企业4000多个。2001年，濮院镇工业总产值为420922万元，其中羊毛衫业产值为357784万元，当年羊毛衫业销售收入为35亿元、利润为1.82亿元①，与建材、丝绸、绢纺和化工等行业共同构成濮院的工业支柱。

濮院羊毛衫业的发展和创新对当地经济发展的作用主要体现在以下方面：

第一，构成濮院经济的最主要支柱，并对桐乡市纺织支柱产业的壮大具有重要贡献。2001年，濮院羊毛衫业企业数占全镇企业总数的88%、占全市羊毛衫企业总数的63%（当年全市共有羊毛衫加工企业3700个）；羊毛衫业产值占全镇工业总产值的85%、占全市羊毛衫业产值的56%。濮院羊毛衫业的生产、销售和服务人

① 桐乡市经济贸易局：《全市针织行业调查汇总表》、桐乡市政府：《桐乡市块状特色经济调查表》。

员占全镇总人口的一半左右(2001 年全镇总人口包括本地人口和外来人口,共 6 万人),单是羊毛衫加工业的从业人员就占到全市羊毛衫加工业总从业人员的 74%。目前濮院羊毛衫生产量已占全市的 66%,羊毛衫销售收入占全市的 58%①。

表 5.1　　　　濮院羊毛衫业在全市和全镇的地位

	单位	濮院	全市	濮院占全市(%)
羊毛衫加工企业	个	2314	3700	62.54
羊毛衫加工产值	亿元	35.78	63.72	56.15
羊毛衫销售收入	亿元	35.09	60.00	58.48
羊毛衫加工从业人员	人	12600	17000	74.12
羊毛衫产量	亿件	1.02	1.53	66.39

资料来源:根据桐乡市对外贸易经济合作局:《桐乡市羊毛衫业发展情况介绍》、濮院镇统计中心:《关于 2001 年全镇经济和社会发展的统计公报》(2002 年 3 月)、桐乡市经济贸易局:《全市针织行业调查汇总表》、桐乡市政府:《桐乡市块状特色经济调查表》整理。

第二,带动了相关产业的发展。以羊毛衫生产和销售为核心的多产业发展,使濮院的经济形成了一个相对密切关联、结构紧凑的行业群,构建起了濮院专业化与综合发展相结合的行业结构。更为重要的是,这种与羊毛衫业的关联而衍生出的行业,提高了濮院羊毛衫业的效率和竞争力,巩固和充实了羊毛衫业发展的优势,它使得一个行业的发展变为行业群的发展,使一些企业的发展变

① 桐乡市对外贸易经济合作局:《桐乡市羊毛衫业发展情况介绍》、濮院镇统计中心:《关于 2001 年全镇经济和社会发展的统计公报》、桐乡市经济贸易局:《全市针织行业调查汇总表》、桐乡市政府:《桐乡市块状特色经济调查表》。

为区域经济的发展。

第三,增强了濮院经济的综合实力。在濮院羊毛衫业的发展过程中,可以看到推动其进一步发展的因素间密切耦合,相互衔接,由生产到销售,由销售到市场,由市场到服务,进而再形成新的生产扩大和地理集中,以及市场质量的提高,就在这样一个逐渐递进的过程中,伴随濮院逐渐成为全国性的羊毛衫集散中心,行业优势与区域优势逐渐融合起来,增强了濮院经济的整体实力,并有利于提高其吸引力和辐射力。

第四,促进了濮院的城镇建设和投资环境改善。以羊毛衫业为核心的濮院经济发展,不仅对羊毛衫业本身的发展提出了更高的技术与管理要求,也提出了进一步完善投资环境、加快城镇建设的要求。1996年,濮院被列为全省首批小城镇综合改革试点城镇,近年又被浙江省确定为在2005年率先基本实现农业和农村现代化的百家试点乡镇之一。目前濮院已进行了新村规划,并进行了城镇改造和新区开发投资多元化和市场化的探索,供排水、供电、通讯、道路等城镇基础设施进一步完善,城镇环境整治也在进行,濮院毛衫城的建设为城镇规划建设提供了良好的契机与榜样。2002年11月在濮院召开了第四届桐乡菊花节,为进一步树立濮院形象、改善投资环境、吸引外来投资起到了积极作用。

如果用传统的区域经济发展的供求理论来解释的话,濮院的发展在于它利用自己的资源为其他地区提供了产品和服务。对濮院羊毛衫的需求在区外,这使它具有广泛的辐射力,而它所提供的具有竞争力的资源在区内,又使它具有较强的吸引力。

第五节　对羊毛衫业发展的若干建议

从目前濮院羊毛衫业发展的状况来看,虽然它已经成为全国最大的羊毛衫集散中心和桐乡市重要的羊毛衫生产区,实现了初步创新,但目前其工艺水平、管理水平、技术水平、企业组织、羊毛衫销售的方式、相关服务业的质量等还在发展中,目前技术先进、管理水平高、品牌响亮的企业还比较少,靠继续创新促进发展的空间还比较大。

建议今后重视以下几个问题:

1.继续提高创新环境的质量

创新环境是实现创新的基础,是吸引具有创新能力的企业以保持区域长期发展的关键,是比投资更重要的概念。创新环境不仅包括政府所提供的优惠政策、良好的物质基础设施和信息基础设施条件、优越的区位条件、自然环境的宜人性,还包括具有鼓励创新和宽松开放的社会环境、以信任为基础的社会资本、良好的经营文化等,企业的区位选择已逐渐不将成本最小作为最重要的因素,它所寻求的是区位能否为企业创新和再发展提供支持,其中具有地方独特性的、非实物因素成为企业区位选择所考虑的重要因素。在濮院以往的发展中,区域创新环境无疑为产业的兴起和壮大提供了基础保障,但是其创新环境的质量和内容都还需要提高和充实。建议今后在创新环境上重点加强以下工作:

第一,加快信息基础设施建设,提高网络设施条件和网络应用水平,通过网络手段获取信息、便利联系、扩大宣传、取代部分运输功能、提高效率。

第二,在全社会倡导诚信,奖励信誉良好的企业和企业家,树立起公平、信任、负责、诚实的社会风气和开放、学习、交流的社会氛围。

第三,进一步美化环境,加快镇区公共设施和公用事业建设,创造更好的居住和创业的宜人条件。

2.巩固和加强创新网络

区域创新理论强调在知识经济和全球化下,知识成为最重要的资源,学习成为最重要的过程,企业间的合作与竞争同样重要甚至比竞争还要重要,因为在一个知识、技术和市场快速变化、专业化程度越来越高的社会中,企业之间的相互依存和相互交流变得更为重要,特别是服务于互动学习和相互需求的创新网络对于企业和产业的发展意义重大,它有利于企业及时跟上和掌握技术与市场的变化,提高企业对这些变化的适应能力,减少企业经营风险,提高企业和产业发展的效率,也有利于企业开发应用新技术,培植核心技术,增强企业竞争力。

目前濮院的创新网络还比较单薄,缺乏政府、企业和个人等多种主体交流和学习的广阔平台,虽然已有不少投资经营者加入到了政府组织的协会或民间性协会,但目前这些协会的功能还比较弱。

企业网络的形成需要民间和政府的共同努力,政府要尽快实现从管理型到服务型政府的转变,加强与企业的联系与反馈,与市场形成良好的运作架构。民间方面要积极发挥和加强民间组织在联系企业、交流信息方面的作用,与政府共同探索促进企业交流和接触的途径与手段,减少企业间的封闭与隔离。

3.提高企业技术创新能力

企业的技术来源一般有两个,一是模仿和引进技术,一是自己独立或合作发明和应用技术,目前濮院多数羊毛衫企业没有独立的技术,技术来源基本属于前一种形式,企业虽已逐步具有技术更新的意识,但总体上还缺乏技术创新的意识和迫切性,企业普遍缺少核心技术,这种情况显然与技术模仿成本低,目前对技术创新的要求不高有关,但同时最近几年来濮院羊毛衫业的发展也说明,以技术为支持的产品质量已越来越重要了,今后企业的升级和分化将越来越受到技术因素的影响,目前濮院一些较大的羊毛衫企业已经完成或正在进行设备更新,并更加注重款式设计。从近期看,企业面对市场竞争,一方面要加快技术应用的速度,有实力的大企业应在设备更新、工艺改良等技术进步方面起到带动和示范作用;另一方面要加快企业、政府和 R&D 机构的紧密互动,加快科技成果的产业化,提高技术进步对产业发展的贡献率,金融组织也要在企业技术进步方面予以支持。

4.密切企业与大学及 R&D 机构的关系

由于创新在区域经济发展中的关键作用,企业与大学及 R&D 机构的关系越来越密切了,它们都是企业创新网络的组成部分,也是互动学习的主体。由于今后企业与教育和研发机构加强联系更加重要,今后在企业技术改造、技术应用的过程中会对大学和研发机构提出更多的需求,大学和研发机构作为企业发展的重要支持因素,必须面向市场开发技术,面向企业提供服务,这正是现代创新模式所倡导的互动创新方式,同时还需要通过良好的市场秩序、加强对知识产权的保护,保障企业与研发机构之间相互促进和合作的关系,实现双赢。

当然,上述不足也许都不是需要迫切解决的,但都是需要加以重视并从长考虑的。最近二十年来国际区域经济发展的理论与实践已经为区域发展提供了新的视角,上述问题应是濮院羊毛衫业巩固和再创优势所需要考虑的。

濮院案例说明,在一个物质资源有限的地区获得发展的条件和机制,在于其具有一定的发展与创新环境,在于其民间力量与政府作用的相互促进与逐渐协调,也在于其通过行业间的有机联系而使行业发展变为区域发展,并通过市场的变化不断加以改进和矫正,它的发展过程提供了一个可供介绍、借鉴和值得继续研究的良好案例。

附录　浙江省桐乡市濮院镇羊毛衫业调研简录

调研时间:2002年9月9日—9月14日

调研地点:浙江省桐乡市、桐乡市濮院镇

调研内容:羊毛衫行业的创新与区域经济发展

调研方式:座谈、企业典型调查、问卷调查

调研企业:1. 嘉兴市浅秋制衣有限公司　高海松　总经理

2. 桐乡市濮院万体制衣有限公司　吴根生　总经理助理

3. 桐乡市万祥针织有限责任公司　陈德祥　总经理

4. 桐乡市双龙羊绒针织制衣有限公司　夏月龙　总经

理

5. 桐乡市顺富针织有限公司(港资) 王名区 总经理

6. 桐乡市阳明服装有限公司(日资) 王亚明 总经理

7. 桐乡市濮院物流有限公司 王震辉 副总经理

访/座谈人员: 厉海光 桐乡市对外贸易经济合作局 副局长

陆幼强 桐乡市对外贸易经济合作局办公室 主任

周国强 桐乡市濮院镇政府经管办 副主任

李炳松 桐乡市政府统计中心 主任

周成坚 桐乡市委政策研究室 副主任

王震辉 桐乡市濮院镇物流有限公司 副总经理

曾有宁 桐乡市濮院镇羊毛衫市场管委会综管科科长

唐新根 桐乡市发展计划局 副局长

钱月芳 桐乡市经贸局 副局长

吴建勇 桐乡市财政局 副局长

何祖达 桐乡市工商局 科长

问卷单位: 共32个,其中:

1. 羊毛衫生产企业(14个)

桐乡市万体制衣有限公司

嘉兴市浅秋制衣有限公司

桐乡市双龙制衣有限公司

桐乡市万祥针织有限责任公司

松明羊毛衫厂

荣兴羊毛衫厂

桐乡市濮院新雅羊毛衫厂

桐乡市云峰针织制衣有限责任公司

嘉兴市舒艳羊绒针织制衣厂

桐乡市濮院秋之豪针织厂

桐乡市天宇针织制衣厂

明龙羊毛衫厂

桐乡阳明服装有限公司(日资)

桐乡顺富针织有限公司(港资)

2. 毛纱企业（4个）

浙江厚源纺织有限公司

桐乡市桐鑫毛纱整理有限公司

濮院星富毛纺厂

桐乡市星光毛纺有限责任公司

3. 染色企业（2个）

桐乡市华丰染色有限责任公司

桐乡市南方印染厂

4. 羊毛洗涤企业

桐乡市濮院洗毛厂

5. 物流服务业

桐乡市濮院镇物流有限公司

6. 运输企业

桐乡市濮院装卸服务有限公司

7. 羊毛衫销售企业(5个)

桐乡市濮院羊毛衫市场2区1081号

桐乡市濮院羊毛衫市场1区839号

红梅羊毛衫门市部(3区77号)

金鑫羊毛衫门市部(1区664号)

精品街1321号(2区)

8. 毛纱销售企业(2个)

江阴市万达毛纺织有限公司

某毛纱销售企业

9. 旅馆业(1个)

浙江濮院车站旅馆

10. 科技中心(1个)

中纺濮院针织技术开发中心

第六章　北京市中关村科技园区发展研究

北京中关村科技园区是全国高新技术产业发展的旗帜，是全世界智力资源密集区之一。自1980年代以来，中关村高新技术产业在探索中成长和发展，不仅形成了多产业相互配套和互为需求的产业群，建立了以研发—生产—销售活动相对集中的产业集群，也初步构建了政府—企业及其他组织—个人之间合作与沟通的网络关系，形成了一园多区的园区空间格局，是全国高新技术产业发展和创新的前沿，其发展经验具有多方面的启示意义。

国内对中关村地区的研究已有一些有启发性的成果，本章研究的核心是在区域创新框架内理解中关村科技园区的发展与创新过程。我们认为，中关村科技园无疑具有区域创新意义，本章特别探讨了三个方面的问题，一是为实现高新技术产业的创新而进行的创新环境的建设，包括制度供给与创新、金融供给与创新、技术支持与创新等；二是高新技术产业本身的创新，重点分析几个产业集群的发展，论证创新环境与产业发展之间相互促进的关系；三是中关村科技园未来发展的基本对策。

面向未来,中关村科技园区应成为推动科教兴国战略,实现两个根本转变的综合改革实验区;具有国际竞争力的国家科技创新示范基地;立足首都、面向全国的科技成果孵化和辐射基地;高素质创新人才的培养基地。为此必须构建一个能充分利用各种资源的完善的创新型系统结构,它是由企业、科研机构、教育培训机构、各级政府以及从事技术和知识转移的中介机构组成的有机体,包括知识创新系统、技术创新系统、知识传播系统、知识应用系统以及高新技术传播和应用系统。

"八十年代看深圳,九十年代看浦东,二十一世纪看中关村"这句话曾经流行一时。中关村特殊的区位优势和资源优势在中国确实是独一无二的,为中关村的高速发展提供了优越而独特的条件。中关村近年的发展历史也表明其较好地扮演了区域创新的角色,有望成为中国经济增长的新一台发动机。本章将首先简要回顾中关村的发展历程与现状,然后较为系统地分析中关村的高速发展的原因所在,最后论述制约中关村进一步发展的多方面问题,并提出解决问题的思路。我们认为中关村的高速发展突出地体现了知识经济的特征,其源泉在于区域创新支持体系的逐步构筑和完善,包括制度创新、技术创新、产业创新、金融创新等方面的创新,有力地推进了中关村的发展进程。要将中关村建设成为世界一流的高新技术园区,需要进一步构建更加开放的和更加完善的区域创新网络系统。

第一节　中关村的历史演变与发展现状

中关村是以全国乃至全世界智力资源最密集的地区，中关村科技园区的发展始自改革开放之初的“中关村电子一条街”，经历了从“电子一条街”到北京新技术产业开发试验区、再到中关村科技园区的三个发展阶段。

一、“中关村电子一条街”的形成

开放之初，最先走出国门的一些科技人员参观了美国硅谷，并带回了“硅谷理念”。1980 年 10 月，以陈春先为首的 15 名中国科学院科技人员在中关村率先创办了第一个民办科技机构——北京等离子体学会先进发展技术服务部，这是中关村高科技产业发展的萌芽。在他们的带动及各主管部门和海淀区政府的支持下，科海、京海、四通、信通等一批科技企业相继成立。在 1983 年之后的五年中，中关村形成了全国的电脑产品市场，也就是著名的“中关村电子一条街”。

二、北京市新技术产业开发试验区的建立

中关村通过创办技术企业、以扩散新技术、将科研成果迅速转化为生产力的新路子得到了党中央和国务院的关注。1988 年 5 月，以中央办公厅为首的五部委调查组对中关村进行了两个月的调查，肯定了中关村的方向和运营机制，指出新技术产业区是世界发展潮流。此后，国务院正式批准发布《北京市新技术产业开发试

验区暂行条例》（又称《十八条》），我国第一个国家级高新技术产业开发试验区在中关村宣告成立。

中关村试验区是一个包括"海淀科技园"、"丰台科技园"和"昌平科技园"在内的一区三园格局。试验区成立后，在北京市政府、海淀区政府和试验区办公室以及国家有关部委的指导与支持下，试验区的发展逐步走向正轨。凭借《十八条》及后来的配套政策、法规，依靠自筹资金、自愿结合、自主经营和自负盈亏的"四自"原则，以及研发和销售在内、生产制造在外的"两头在内，中间在外"的发展战略，经历了1992年邓小平南巡讲话后引发的第一次创业高潮，涌现出一批发展迅速、富有活力的高新技术企业，并初步形成了具有一定竞争优势的支柱产业群。产学研相互渗透、相互衔接，企业创新能力也大大增强。

三、中关村科技园区的建立

鉴于中关村试验区的迅猛发展和取得的突出成就、以及中国发展高新技术产业的内在要求，1999年6月5日，国务院正式批复并同意科技部和北京市政府《关于实施科教兴国战略加快建设中关村科技园区的请示》，将"北京新技术产业开发试验区"正式更名为"中关村科技园区"。中关村园区将"电子城科技园"和"亦庄科技园"（北京经济技术开发区）纳入，形成了一区五园格局。

中关村的快速发展令人瞩目。首先是中关村的高新技术企业数持续增长[①]（见图6.1）。

---

① 文中图形资料如无特别说明均来自于中关村科技园区管理委员会：http://www.zgc.gov.cn/网站发布的最新统计资料和相关专题报告。

图 6.1　1988—2000 年中关村高新技术企业数(单位:家)

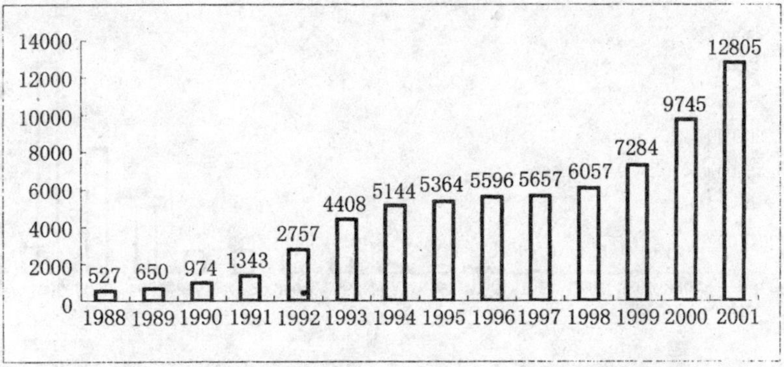

1989—1998 年和 1999—2001 年期间,高新技术企业数年均增速分别达到 27.66%和 28.34%。与此相对应,有关经济指标也呈现出强劲增长势头(见图 6.2、图 6.3)。名义增加值年均增速在 1990—1998 年期间为 46.85%,在 1999—2001 年期间为 42.65%;技工贸总收入在 1989—1998 年和 1999—2001 年期间年均增速分别为 43.37%和 57.67%;出口创汇 1989—1998 年和 1999—2001 年期间年均增速分别为 42.03%和 109.02%(见图 6.4)。

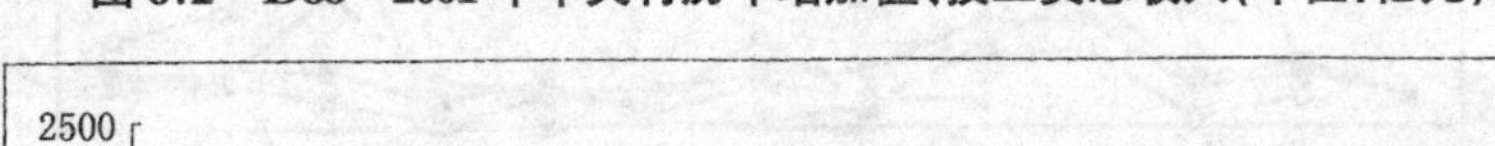

图 6.2　1988—2001 年中关村历年增加值、技工贸总收入(单位:亿元)

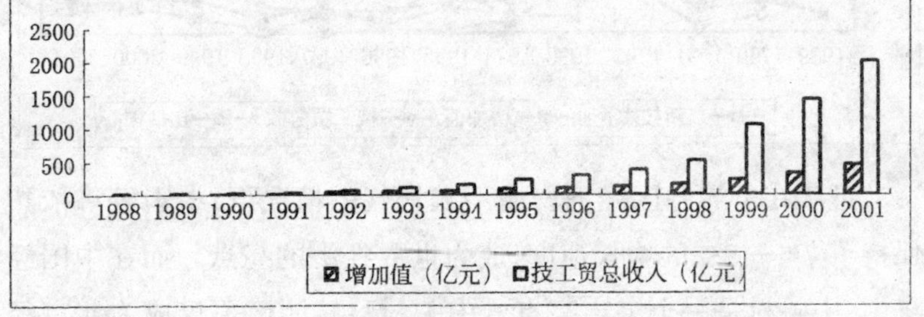

图 6.3　1988—2001 年中关村出口创汇(单位:亿美元)

1988	1989	1990	1991	1992	1993	1994	1995	1996	1997	1998	1999	2000	2001
0.10	0.34	0.42	0.45	0.72	1.12	1.32	2.23	2.67	3.32	3.34	9.60	18.20	30.50

进入 2002 年,中关村科技园区的发展速度依然不减。全年新认定高新技术企业 3321 家,比上年增长 8.5 %;园区技工贸总收入达 2404.8 亿元,增加值达 519 亿元,分别比上年增长 13.9%和 19.4%。上缴税费总额达 99.6 亿元,比上年增长 11.4%。

图 6.4　1988—2001 年中关村园区若干指标增长速度(%)

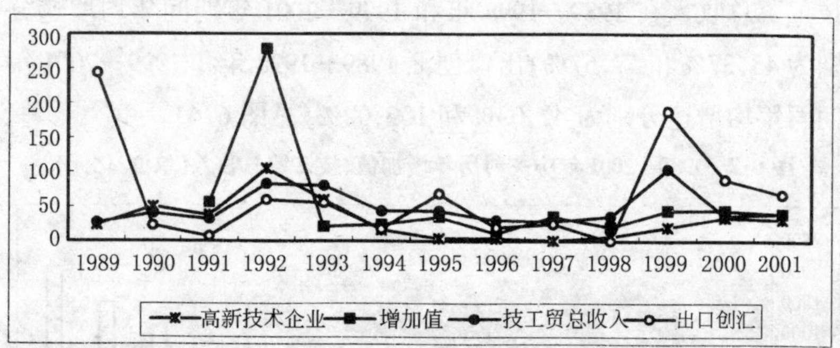

近年在世界各国经济普遍不太景气的情况下,中国经济依然保持了 7%—8%的增长速度,成为世界经济的亮点。而在中国经济中,中关村是一个突出亮点。中关村科技园区不仅成为北京经济新的增长点，其实现的高新技术产业增加值占全市80%以上，在全国高新技术产业的发展中也占有突出地位。在全国53个高新技术园区中，中关村的技工贸总收入从1998年底的9%提高到2001年底的16.9%，上缴税金从9.6%提高到13.9%，对全国高新技术产业的发展起到了示范作用。

第二节　围绕高新技术产业的创新过程

1912年著名经济学家熊彼特(Joseph A. Schumpeter)首次从经济学的角度提出创新理论，以“创造性破坏”阐释工业增长的内在动因。之后，围绕“创新”的经济理论研究绵延不绝。20世纪后期以来知识经济的出现和蔓延，为创新理论提供了更有力的佐证。中关村高新技术产业的高速发展突出地体现了知识经济的特征，代表了知识经济的前进方向。中关村区域创新支持体系的逐步构筑和完善，包括制度创新、技术创新、产业创新、金融创新等方面的创新，有力地推进了其高新技术产业的发展和创新网络的形成，支持了其作为全国高新技术产业前沿基地的功能。

一、制度创新

1980年代以来中国经济快速增长的重要动因首推改革开放政策下的制度创新。从计划经济体制转向有计划的商品经济，再转向社会主义市场经济，禁锢中国经济发展的体制樊篱不断被突破，释放出推动经济发展的巨大能量，中关村发展伴随着、得益于并体现出这一时代背景。

(一)微观主体的制度创新

中关村的制度创新首先表现在微观经济主体的制度创新和机制创新。

中关村的发展是由国有体制中的科技人员以创办体制外的经济实体开始的。1980年代是世界信息产业革命的初期,新技术、新产品不断涌入国门,国内市场不断扩大,在此背景下,一批最初以技术贸易为主的贸工技一体化的民营科技企业按照“四自原则”创立起来。以“四自原则”为核心的企业制度创新带来了前所未有的竞争活力,并由此在中关村地区形成了全国的电脑产品市场,即所谓“中关村电子一条街”。

按照“四自原则”创立的民营企业,产权关系明晰,政府与企业间无资产关系,政府管理部门无权干涉企业的微观经营。企业与政府的作用界线分明,政府为企业建立良好的宏观经济运行环境,企业自主经营、自负盈亏,成为拥有服务于市场的独立意志和行为能力的真正的市场主体,并按照优胜劣汰的竞争机制寻求自我发展。

“四自原则”解决了传统体制下企业与政府管理部门之间的角色错位问题,标志着中关村企业制度创新的开始。更深层次的企业制度创新还在于按照公司制的原则,建立现代企业制度,完善公司治理结构,塑造适应市场竞争要求,按照市场规则运行的新型企业,股份制是现代企业制度的典型代表。从有统计记录的1993年以来,中关村高新技术企业中股份制企业所占比例逐年提高,到1999年已由最初的1.9%提高到49%。图6.5显示了1993—1999年中关村股份制高新技术企业家数。2002年第一季度,仅海淀园新建股份制企业353家。

图6.5　1993—1999年中关村股份制企业数

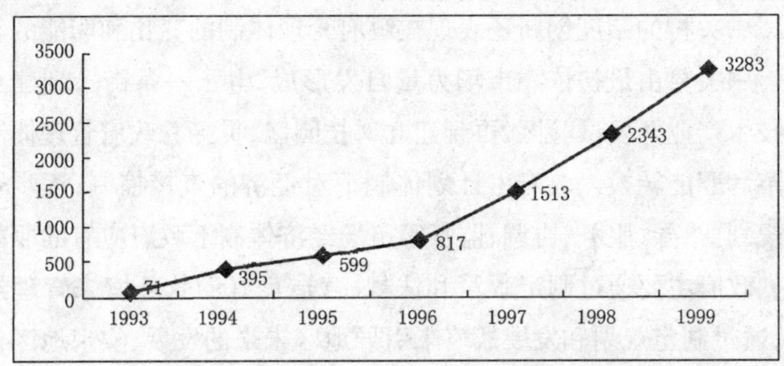

中关村科技企业创立运行之初就打破了计划经济体制下的"铁饭碗"、"大锅饭"等劳动用工和收入分配制度，把企业员工的收入和企业经济效益挂钩，通过市场来评价员工的贡献，从而探索出有效地解决人力资本价值评估和激励问题的办法，改变了"脑体倒挂"的不正常状况。随着探索的推进，计件工资、效益奖励、年薪、股票奖励等多种分配形式均出现于中关村的企业之中。近年来，在国际高技术企业中越来越盛行的股票选择权制度也被引入中关村的一些企业中，进一步增加了激励效应。

随着企业的发展壮大，企业的组织管理形式也在经历着重要转变。许多公司建立起跨地区、跨行业、跨所有制的分公司和子公司等分支机构，形成了企业集团的规模和机构框架。与此相适应，企业内部管理体制也由集中统一的直线型管理向统分结合的矩阵型管理转变，事业部制的组织结构得以建立。企业的集团化发展，既可以获得来自分散决策的快速反应能力，又可以拥有来自集中决策的强大的经济实力,使得企业的规模效应得到充分发挥。

(二)宏观管理的制度创新

中关村的制度创新还表现在政府管理体制的变化和职能的转换。中关村由最初依靠市场力量自发形成"电子一条街",到建立新技术产业开发试验区,再到建立科技园区,贯穿着政府管理体制变革和职能转换。政府由计划体制下对经济的直接控制,逐步转向规划、指导、服务、协调、监督等市场经济体制下政府应有的职能上。政府主要通过制定政策和法规、营造良好的软环境来管理经济,通过制定规划和发展战略来引导地区未来的发展、实现地区长期发展目标,通过提供完善的市政基础设施等公共产品,打造现代化的硬环境来支撑市场经济发展。

早在1980年代中期,中关村的辖区政府——海淀区政府便实施了"放水养鱼"的科技企业政策,采取各种变通措施解决困扰民营科技企业的人才档案、经营场所和资金短缺等问题,并从税收上给予优惠。1988年《北京市新技术产业开发试验区暂行条例》(十八条)的颁布,标志着中关村电子一条街面向市场的运行模式得到了制度上的正式确认。十八条及随后一系列配套优惠政策法规,为入驻中关村的高新技术企业提供了包括人才吸引与激励、财税、土地使用、金融、资本运作、外贸、对外交流等方面的支持。基于特定的时代背景和中国的具体国情,十八条为在中关村地区进行区域创新试验,推动高新技术产业发展奠定了制度基础,具有开创性意义。故此,我们将十八条列于附录一,以备参考。

2001年1月1日《中关村科技园区条例》正式实施,条例对市场主体和竞争秩序、知识产权保护、规划和环境建设、政府行为、管理体制等方面做了符合市场经济和高新技术产业发展规律的规范。为便于参照比较,附录二提供了条例全文。在中国推进建立社会主义市场经济体制的大背景下,促进科技成果转化法、企业法、合同法、知识产权法、劳动法等一系列与科技企业有关的法律法规逐步健全,这些法律法规也为中关村科技园区高新技术及产业的发展提供了一个基本的法律环境,使中关村科技园区沿着规范化的方向逐渐走向成熟。逐步完善的法律体系也为企业的创新特别是制度创新提供了有力的保障。

《中关村科技园区条例》可谓园区的"基本法",仔细解读这一法规,可以发现以下 13 个方面的创新性和突破性规定①。

——"组织和个人在中关村科技园区投资的资产、收益等财产权利以及其他合法权益受法律保护,任何组织或者个人不得非法占有或者实施其他侵害行为"。这是中关村科技园区以立法来保护投资者和创业者权益最直接、最集中的体现。

——"组织和个人在中关村科技园区可以从事法律、法规和规章没有明文禁止的活动,但损害社会公共利益、扰乱社会经济秩序、违反社会公德的行为除外"。这是世界各国法律所普遍遵循的一条基本原则,但在我国的相关法律中还是第一次出现。

——"在中关村科技园区设立企业,办理工商登记时,除法律、法规规定限制经营的项目外,工商行政管理机关对经营范围不做具体核定"。这是在企业登记注册方面的一项重要改革。

——对教师、科研人员兼职创业和在校大学生创业首次从立

---

① 孙海东:《中关村"基本法"将带来什么》,《北京晚报》,2001 年 1 月 6 日。

法上承认了其合法性。

——风险投资机构可以采取有限合伙形式。这是美国风险投资事业成功的一个重要经验。注册资本可以按照约定分期到位,风险投资机构的注册资本可以全额进行投资。

——"引进中关村科技园区发展需要的留学人员、外省市科技和管理人才,可以按照本市有关规定办理《工作寄住证》或者常住户口,不受进京指标限制。本市行政区域内的高等学校、科研机构的应届毕业生受聘于中关村科技园区内的高新技术企业,可以直接办理本市常住户口"。

——对串通定价、划分市场、滥用经济力限制其他市场主体的经营等具有垄断性质的不正当市场竞争行为作出了明确的限制性规定。

——规定企业和员工可以在劳动合同中约定保密条款、竞业条款,知悉商业秘密的员工在离开企业一定期限内不得自营或者为他人经营与原企业有竞争的业务。

——将政府的职能规范为服务而不是管理,从依法行政、信息公开、决策听证、依法检查、规范收费等方面对政府行为作出了限制性规定。在维护企业、创业者、投资者的权利方面有实质性的突破。

——为了帮助中小高新技术企业获得银行贷款,要建立担保机构的风险准备金制度,政府财政要为担保机构的代偿损失提供一定限额的补偿。

——中关村房地产价格高是影响园区发展的重要障碍,为解决这一问题,明确"政府垄断土地一级开发"的原则。

——增设园区企业投诉渠道。

——政府“不作为”要负法律责任。条例明确提出,行政机关实行执法责任制和过错追究制。行政部门在规定期限内没有完成指定工作,企业可以投诉;造成损失的,行政部门要依法承担赔偿责任。

《中关村科技园区条例》的实施给中关村的创业者提供了一个更加市场化的法律环境。为配合其实施,进一步增加可操作性,北京市政府部门先后又在20个方面制定相关的配套文件,为中关村区域创新支持体系的形成和经济社会的有序发展构建了相对完备的法律体系。

中关村科技园区管理委员会是目前园区的直接管理机构。管委会成立后,着眼于效能、服务的原则,建立新的政府机构配置模式,即将工商、税务等职能部门以及财政、审计、三资企业的审批等方面的制度和机构引入园区办公室,集中办公,统一管理。管委会还出台了留学生人员服务方案,将企业设立的审批时间由50天缩短到7.5天。2000年4月10日《关于在中关村科技园区进行企业登记注册前置审批制度改革试点的方案》试行,方案的主要精神也在于减少行政审批项目,简化行政审批程序,提高政府办事效率。

行政管理的创新和手段的现代化也是政府制度创新的内容。中关村管委会开设了“中关村科技园区网站”,提供关于园区的各种政策信息和市场信息,服务于市场参与主体。中关村海淀园率先建设“数字园区”,实施“电子政务”。“数字园区”工程是信息技术带来的对传统管理模式的革命,实现了政府资源、企业资源、社会资源及中介服务资源的整合,为企业提供了全面、便利的信息和服务,也提高了政府的工作效率。

1999年底中关村科技园区空间规划(参见附录三)的制定则为园区环境建设及产业发展确立了行动方案。规划制定三年来,中关村科技园区在道路交通和各种管线建设、环境整治、绿化美化等方面取得突破性进展,总投资超过100亿元[①]。便捷、高效、安全、舒适并有利于环境保护的多层次综合交通系统正在形成,园区的信息化基础设施建设也加快推进,中国科技网、中国教育网、中国金桥网及国家互联网管理中心均设在中关村地区。一个以数字化、综合化、宽带化、个人化为特征的现代化通信网络有望很快在中关村科技园区建成。中关村发展规划还确立了中关村科技商务区、软件园、生命科学园、上地信息产业基地北区、环保示范园、清华科技园、北大科技园建设等16个重点建设项目,它们不仅将使中关村的基础设施更上一层楼,更重要的是还有利于编织起中关村区域创新活动的空间网络,形成既相区别又相联系的多个功能区,促进产业集聚效应和辐射效应的发挥。

二、技术创新

中关村科技园区的发展是以技术创新为基础和主要动力来实现的。

中关村地区是我国智力资源和高素质人才最集中的地区,这里集中了各级、各类高等院校68所,其中国家重点大学39所,几乎包括现代科技的所有专业、所有学科,拥有全国力量最雄厚的师

---

① 参见王军华、贾中山:《中关村特刊》,《北京晚报》2002年9月12日。

资队伍,在校大学生近40万人,每年大学毕业生10万人;有以中国科学研究院为首的国家级科研院所、重点试验基地213家,两院院士人数占全国的36%,每年开发研制数千项具有国际国内先进水平并辐射全国的高科技产品及成果。中关村地区强大的人才和技术储备是国内其他园区所无法比拟的,中关村技术人员的绝对数量(50多万)大大超过了台湾新竹工业园的技术人员数(加上在校生仅为8万人),甚至超过了美国硅谷(不足30万人),这为中关村科技园区的持续技术创新提供了独特的智力资源优势,奠定了中关村作为中国科技创新基地的地位。

国外大企业的R&D机构进驻中关村也充实了中关村的科技资源。截至2002年上半年底,已有微软、松下、朗讯、IBM、三星、诺和诺德等国外高技术大公司在北京投资设立了23个R&D机构,世界500强企业中已有43家在园区设立分支机构[①]。它们不但促进了当地的技术开发,也在一定程度上弥补了中关村科技园区内企业R&D投入的不足。据统计,从1994年到1998年,北京地区跨国公司R&D机构的投入额接近2亿美元。国内的新兴企业更是把中关村作为自己的产品开发基地。目前,我国IT界的大型企业联想、方正、四通、长城、紫光、同方、曙光、华胜等都集聚在这里,通信领域的四大企业华为、巨龙、中兴、大唐,家电业的知名企业海尔、海信、TCL、澳柯玛等,都在这里建立了产品开发中心。

本着"不求所有,但求所用"的原则,园区政府管理部门积极吸引留学生来园区创业。《北京市鼓励留学人员来京创业工作的若

---

① 参见王军华、贾中山:《中关村特刊》,《北京晚报》2002年9月12日。

干规定》、《中关村科技园区留学人员归国创业服务体系方案》等政策法规为从海外引智工作提供了有力的制度保障。近三年来,园区共接待留学生9300多名,开创了留学生以团队形式回国创业的模式,已有800多个留学生团队领到了营业执照,创设了各类留学生企业1223家,在园区从业的留学人员已达3600多人。留学人员等国际人才的大量加入,为中关村园区带来了发达国家的先进科学技术和管理经验,对园区的技术创新实践提供了有力的助推。

园区内的高新技术企业成为区域经济发展和技术创新的主体,不断推进产业升级,推动科技成果产业化进程,形成新的经济增长点。据詹颜平、梁捷(2001)对中关村地区企业技术创新的抽样调查(样本数为300户),94%的被调查企业设有专门的研发机构,比1994年调查高出38个百分点,而且即使在一些规模较小的企业也保留有研发部门,表明了区域整体对R&D的重视和习惯。研发机构中有半数以上具有自主开发产品、技术的能力,有33%的企业选择从事联合开发,这说明企业研发机构具有一定技术实力且研发是开放式的。

从国外比较成功的高科技园区的发展来看,科技园区应当是实现基础研究、科技创新以及科技成果转化这三者有机结合的场所,其核心是把科技知识和创意产业化。调查显示,有近80%的企业集中于应用研究,60%的企业选择了开发研究,有10%的企业涉足基础研究。在研发方式上,有88%的企业选择自主研究开发方式,63%的企业选择了联合方式,还有31%的企业选择了委托方式。在企业R&D和技术创新的技术获取方向上,有66%的调查企业选择以"内部技术"为主,30%的企业选择以"外部技术为主结合自有技术”，约有4%的企业是以外部技术为主的。从创新的经费来源看，来自于委托课题的研究经费是R&D投入的一个重要来源，此外，企业以自有资金支付R&D的数额呈逐年增长，自有资金成为企业最主要的R&D经费来源，占总支出的50%以上，再次是银行贷款，而“市场”与“用户需求”是刺激创新与R&D活动最主要的动因。

从时间序列看，处于试验区发展阶段的中关村技术创新投入在1995年达到高峰。当年完成投入26.2亿元，其中R&D支出16亿元，占创新总投入的61%；R&D投入占总收入的比重为8%，R&D投入占GDP的比重达到25.8%；其中中小企业R&D活动活跃，其R&D投入占到当年全部企业R&D总投入的45%；40家千万元利税大户的R&D投入约占R&D总投入的40%。自1996年起试验区创新投入开始下降，不仅R&D投入占区域GDP和企业总收入的比例下降，R&D投入的绝对数也在下降。1998年试验区创新投入有所回升，其中R&D投入由1997年的13.5亿元上升到14.5亿元，但R&D投入占总收入的比重降为3.2%，R&D投入占GDP的比重也降为10%。

考察中关村技术创新的历史轨迹，我们发现1996—1998年期间所呈现的“低迷”状态具有周期性特征，它是与产业技术发展和市场发育走向成熟相联系的。大致说来，新兴产业在一定区域内刚出现时，企业处于完全自由竞争的初始状态，各企业核心竞争优势尚未形成，产业技术方向也不明确，所以企业偏重以大量的研发投入来提升自己的技术能力，以不断开发出的新产品、新技术为自己在竞争中取得主动，并努力使自己的产品和技术成为市场上的主导产品和主导技术。这就使得这一时期的技术创新活动十分活跃,创新投入(资金、人员)急剧增长,中关村试验区成立最初的七八年间(1988—1994 年)就属于这一阶段。而到 1995 年达到创新高潮之后,由于创新难度的加大、创新周期的缩短和资金的难以为继,越来越多的中小企业不得不放弃创新或退出深层创新,转而实施追随、模仿等更为经济的发展策略,而大企业要继续保持竞争优势,抢占更大市场市场份额就必须继续维持对创新的基本投入。这也是以 20 强为代表的试验区大企业的创新投入始终稳步增长,而众多中小企业创新投入锐减和创新能力衰退的最主要和最直接的原因。尽管如此,与国内现有水平相比,中关村试验区企业仍具有明显的技术创新优势和发展潜力,其 R&D 投入强度和技术创新总体水平在全国仍居领先地位。以试验区 R&D 投入强度最低的年份计算,1998 年试验区 R&D 投入占 GDP 的比重为 10.1%(为 14.5/143.4),大大高于全国 0.67%和 53 个国家级高新区约 3%的投入水平。1997 年海淀试验区的研发经费占到了全国 53 个高新区总量的 23%。有关技术创新的各类指标在 1999—2000 年开始明显回升,企业 R&D 投入在 1999 年达到 25 亿元的历史最高水平。2000 年园区科技活动经费支出达 70.2 亿元,同比增幅超过 60%,其中 R&D 活动经费投入 20.6 亿元,占园区增加值的 6.3%。

中关村的研究开发活动取得明显成果。早期的中关村企业大多是追随国外技术进行二次开发推广,缺少自己的核心技术,后来联想电脑、方正激光照排、紫光扫描仪、四通利方中文平台等信息技术、生物医药、新材料等领域的高科技品牌逐渐涌现。1998 年园区内企业共申请专利 300 项,获专利授权 218 项。2000 年园区共申请专利数556件,其中授权发明专利数167件,发表科技论文66篇,研究课题2147项。以中关村为核心所实施的国家863计划占全国总数的40.8%,实施的攀登计划占全国的61.29%,实施的攻关计划占全国的40.3%,均为全国第一。2001年园区技术交易合同总额达到91亿元,其中向外地辐射43亿元。开发出一批拥有自主知识产权的国内顶尖、世界先进的重大技术创新项目,如025微米32位CPU芯片"方舟一号"和"方舟二号"等。

从以市场为导向,以技术为依托进行技工贸一体化的"一次创业",到以产业化、国际化为核心的"二次创业",中关村的技术创新活动进一步深化。多数企业的技术支撑由二次开发向"源头"创新型开发扩展,表明企业的创新能力上了一个新台阶。此外,近年四通、联想等大企业在产权创新上也取得了突破性进展。知识入股已得到认可和实践,出现了一批以知识为资本的"知本家",进一步增强了企业的技术创新活力。

三、产业创新

(一)概述

中关村的产业创新是在自主研究开发与引进消化吸收相结合进行技术创新的基础上不断推进的。中关村早期发展的新兴科技企业,通过引进国际高新技术产品,推动其在国内的应用,积累了资金,了解了市场,摸清了自主研制开发的方向,随后利用园区人才、智力密集的优势进行二次开发,如计算机的汉字软件系统、硬件接口等,并提供技术服务,使国外的高新技术产品适合于中国市场的需要。随着科技企业研发能力的增强,大量先进技术成果(如机床数控系统、激光照排系统、无线通讯系统等)问世,在改造和替代传统产业、促进传统产业的产品结构调整方面发挥了重要作用。中关村企业经历了由外国公司“代理商”到“外围竞争者”的角色转变,并正在向“核心竞争者”的角色转变。

经过二十年的发展,中关村已经形成了以电子信息业为龙头,包括光机电一体化产业、新材料和新能源及环境科学产业、新药物及生物技术产业在内的四大支柱产业。1998 年这几个产业产值占园区总产值比重分别是 78.1%、8.4%、6.0%和 3.2%,到 2000 年,按技工贸总收入计的产业结构如图 6.6。

图 6.6　2000 年中关村园区按技工贸总收入计的产业结构(%)

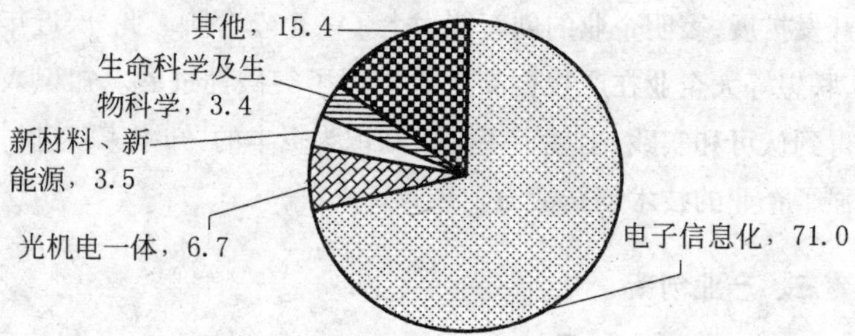

按一区三园的各个园区产业结构来看,海淀园以电子信息为主(75.9%)、昌平园以新药物及生物技术产业为主(41.4%)、丰台园以光机电一体化为主(47.3%)。电子城科技园原是北京的老电子工业基地,经历产业创新后,已发展起现代通信产品制造业、数字视听产品制造业等主导产业,并有望在计算机及其配件制造业、微电子产品制造业、电子配套产品业等方面不断拓展。亦庄科技园是北京经济技术开发区的一个区域,在高科技制造业上已发展成为功能较为成熟的园区。目前,中关村“一区五园”的各个园区形成了基本协调的产业结构,并分别形成了各自的核心产业和相关产品市场,为进一步的产业集聚打下了良好的基础。

2002年中关村园区产业结构示意图(图6.7)显示,在技工贸总收入中,电子信息业的比重有所降低,先进制造业比重有所提高。

图6.7　2002年中关村园区产业结构示意图

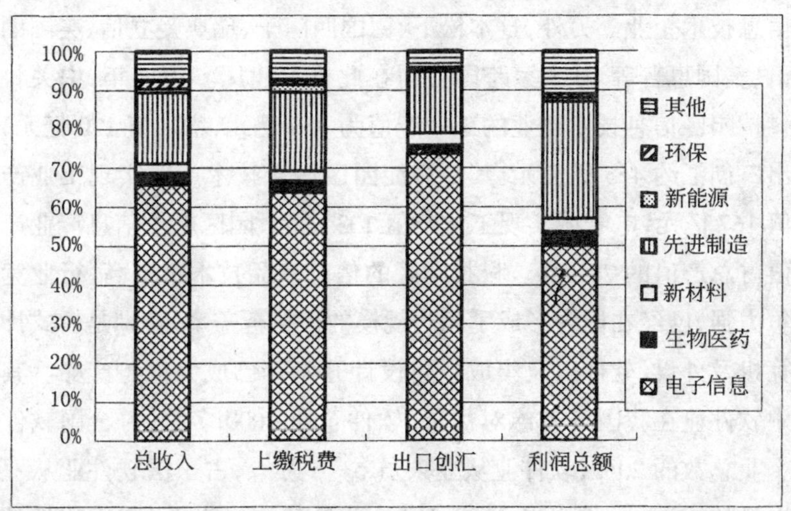

(二)电子信息产业集聚群

随全球信息产业的迅猛发展和日益成熟,以美国硅谷等信息产业发源地为龙头,在发达国家如欧洲的一些地区、发展中国家如印度、中国等国家的班加罗尔地区、台湾新竹、中关村、东莞等区域信息产业也得到快速发展,共同构成了国际信息产业价值链体系的各环节，不同区域信息产业的发展正形成着全球信息产业网络，构成了全球互动性的专业化分工格局。

中关村科技园区信息技术产业群已经初具规模，是我国最大的信息产出地与集散地，也是全国信息产品的交易中心，已基本形成基于北京面向全国的信息产品交易网络，目前园区内共有信息技术企业约2500家。2001年，全国电子信息百强企业中有14家落户中关村，其中包括联想、方正、紫光、四通、同方等国内著名的信息技术企业。另外，日本松下、德国西门子、瑞典爱立信、美国朗讯、美国惠普等10余家跨国公司在此投资建厂。1998年，中关村科技园区信息技术产业的工业产值为350亿元，增加值120亿元，出口创汇约4.5亿美元，其中海淀园区信息技术产业实现工业产值167亿元，电子城实现工业产值133亿元，园区电子信息产业产值占总产值的78.1%。科技园区的信息产品技术水平高、行业竞争力强，已经在国内形成了相当规模的市场覆盖率，特别是台式计算机及外设、软件以及集成电路设计开发等已成为优势产品。其中软件业在我国具有绝对优势，软件企业1000多家，占全国软件企业总数的20%，软件业从业人员5—6万人，占全国软件业从业人员的30%，软件出口占全国出口总量的一半以上，应用软件的国内市场占有率达40%。台式计算机产业以联想和方正微机为主导占据优势地位，软件与信息服务业的销售收入分别占国内市场的40%和46.9%，计算机市场销售额占全国市场的14%，国产品牌PC机、自动柜员机(ATM)、数字发射机、电子彩色排版系统、工作站等产品均占全国第一。

（三）生物技术和新医药产业集聚群

中关村地区分布有许多从事生物工程和新医药研究开发的单位，其中有45家国家重点实验室、部门开放实验室及北京市高科技实验室，如北大未名生物工程集团、生化工程国家实验室等；一批国家和国际生命科学领域的协调管理机构，如中国生物工程开发中心、欧盟生物技术中心（CEBC）等，在医药和生物技术开发方面具有一定实力。国家、北京市一系列扶持高新技术产业发展的政策相继出台，国家医疗卫生、社会保障、药品监管体系日趋完善，为中关村地区生物医药产业群的形成和发展提供了良好的政策环境。北大生物城、北医大生物技术及新药高技术孵化器的建立，园区良好的产业发展整体环境，都有利于促进医药和生物技术成果的商品化及产业化发展。

中关村科技园区生物技术和新医药产业主要由化学制药、中药、生物制药及生物制品四大部分组成，产品技术多半直接来自于大学和科研院所的高技术成果，一些已经达到了同期国际先进水平。园区内企业已经开发研制了一批拥有自主知识产权和较高技术含量的优势产品，如四环制药厂的华素片、诺华制药公司的扶他林乳胶剂等。1998年底工业总产值已达30亿元。目前新医药及生命科学产业的技工贸收入占中关村科技园区技工贸总收入的比重还不足5%，但其发展速度却很快，年均增长超过20%。

四、金融创新

通过金融创新为经济发展提供资本，是推动产业技术创新进而促进经济增长的重要保障，也是形成功能完善的创新支持体系的要求。

金融创新的关键环节在于风险投资机制和风险管理机制。风险投资一般指由专业人士管理、以股本投资形式向尚未上市的企业,特别是高新技术企业融通风险资金,并提供多种服务最后以出售上市企业的股权来回收资金的投资方式。它的实质是一种科学技术和金融相结合,将资金投入风险极大的高新技术开发生产中,使科技成果迅速转化为商品的新型投资机制。

风险资本投资及其运作机制对于促进技术创新在较高水平上实现均衡居功至伟。风险资本投资机制对于调节技术创新的供给和需求,促进其在较高水平上达到均衡,从而使人才优势、科技优势和资本优势在市场竞争中实现有效结合,推动创新浪潮一浪高过一浪,发挥了重要作用。而"企业孵化器"这种技术创新的直接转化机制,可以使创新主体直接参与创新活动,减少了间接转化方式下对创新活动可能造成的障碍,使创新活动更有效,成功率更高,使技术创新商业化的转化率即科技成果的商业化率大大提高。全世界首屈一指的高新创新技术密集区——硅谷就是从创建一个半导体公司开始迅速成长为现代高新技术催生地和创新的发动机、高新技术企业的孵化器、将梦想变为现实的市场殿堂,而风险资本正是这部发动机的燃料。正是源源不断地发挥风险资本投资和"企业孵化器"功能,使硅谷实现了可持续的创新活动,也正是分布在美国众多的科学园区一轮又一轮的创新活动使美国成为世界科技创新的中心,并推动了美国整体经济的发展①。

---

① 汪向东等:《中国:面对互联网时代的"新经济"》,第336页,生活·读书·新知三联书店2003年版。

硅谷发展风险投资的经验成为中关村学习的榜样。经过最初十年的发展,中关村的高科技企业已逐步结束了“科研补充”、“经费创收”的模式,“技术+资本”的运作模式已初具规模。中关村一批在创业之初或多或少有着风险投资特征的企业,如联想、四通、方正等的成长,印证了风险投资这个“孵化器”对中关村发展的意义。

在规划中关村的未来发展中,政府认识到在中关村科技园区建立创业孵化体系的必要性和重要性。创业孵化体系是以科技企业孵化器为核心,由中介咨询服务机构、投融资机构、研发机构等共同组成。同时,必须将创业孵化器定位于从事业单位向标准的市场企业组织过渡,通过建立市场导向的高新技术企业家培训中心、政府政策与市场信息网络中心、高技术企业改制中心、创业资金筹集和风险投资中心、以及国际交流中心,为高新技术创新提供必需的基础服务。

在政策方面,国务院办公厅转发了科技部等部门《关于建立风险投资机制若干意见》,突破了投资公司只能以净资产的50%进行股权投资的限制。北京市人大批准颁布的《中关村科技园区条例》,是全国第一部把“有限合伙”确定为风险投资机构存在形式的地方性法规。这些都是旨在促进风险投资发展的制度创新尝试,重点支持创业投资机构创新组织形式和扩大经营自由。

在资金方面,北京市政府增大了科技投入,并协同原试验区政府和中关村管委会进行了多方筹资,建立了多项扶植周转基金,如高科技创业基金、科技成果推广基金以及专利实施基金;政府设立留学生创业专项扶持资金鼓励留学生创业。在建立风险投资体系过程中,政府倡导通过民办官助的形式建立风险投资基金,鼓励私人企业联合进行风险投资,积极吸收外来风险资本,以形成多元投资主体。北京科技风险投资公司和北京高新技术投资公司等由政府出资引导、社会广泛参与的风险投资公司先后成立,壮大了园区风险投资机构的群体,增加了资金供给总量。为解决中小高科技企业贷款难、担保难的问题,北京市政府先后设立了高新技术产业发展融资担保资金、北京市中小企业担保资金、北京高新技术企业担保风险金等,建立并完善融资担保体系。

在政府支持引导和市场推动下,中关村风险投资体系正在发展且呈现以下趋势:

首先,风险投资规模不断壮大。据不完全统计,目前北京地区活跃着上百家国内创业投资机构,在全球范围内管理着 250 亿美元的创业资本,其中外资风险投资机构 39 家,管理着超过 240 亿美元的创业资本,48 家本土风险投资公司管理着超过 11 亿美元的资本。截至 2002 年 5 月底,北京地区共有 134 家创业企业获得风险投资,投资额达 9 亿美元。在中关村目前已建成孵化器 30 家,约占全国的 20%,总孵化面积近 28 万平方米,在孵企业达 1064 家。政府还设立"中关村创业投资引导资金",采取委托跟进投资方式支持风险投资机构向园区中小企业投资。

其次,投资主体和孵化器呈现多样性发展趋势。目前风险投资主体已包括国外专业风险投资机构、跨国公司、国内投资公司、国内上市公司和非银行金融机构等,民间资本也开始以风险投资的方式投资于中关村的企业。目前公共品性孵化器和投资品性孵化器共同发展,综合孵化器及各类专业孵化器构成了专业门类基本齐全的孵化器体系(见表6.1)。孵化器对服务对象的细分程度增加,既有具有准公共品特点的大学和研究机构投资建设的创业孵化器(科技园),也有以盈利为目的的投资性孵化器。园区一些大企业通过提供研究与开发设施、种子基金、各种创业服务等,营造局部科技创业环境,推进科技成果商品化。

表6.1　　中关村科技园区部分孵化器

孵化器名称	在孵企业及项目(个)
留学人员海淀创业园	88
北京生物医药高科技孵化器	15
北京国际企业孵化中心	170
北京北航天汇科技孵化器有限公司	10
清华软件孵化器	4
北京理工高科技孵化器	6
清华创业园	24
科大方兴孵化器	4
京海孵化器	在建
亦庄	在建
大华	在建
青云	在建

资料来源:《北京科技企业孵化器年度报告—2000》等,转引自《中关村科技园区发展报告(2000年)》。

再次,先进的投资模式开始在园区出现,风险投资服务手段不断创新。随着国外投资公司相继进入中关村,国际上先进的风险投资管理和运作模式被引入园区,中关村的风险投资已由最初的

"技术+资金"模式进入"资金+管理"的时代。专业性的创业孵化器的功能也从单纯的提供场地和物业管理扩展为提供全方位的技术服务、商务服务和信息咨询服务。以网络为介质将企业管理、法律咨询、财务和投资中介等智力资源集成起来,对创新企业进行孵化的"网络孵化"形式在园区兴起。

积极利用国内外资本市场进行资本运作,也是中关村企业融通资金和扩张发展的手段,是金融创新的重要方面。截至2001年底,中关村园区已有20多家企业在国内主板市场上市(见表6.2),在首都板块中形成所谓中关村概念股。北大方正、四通集团等企业集团还通过收购股份成为上市公司控股者或相对控股者。

表6.2　　　中关村A股上市企业一览表

企业名称	股票名称(代码)	上市时间	筹措资金(万元)
北京燕化高新技术股份有限公司	燕化高新(000609)	1996.10.10	9000
比特科技控股股份有限公司	比特科技(000621)	1996.11.05	9520
中技贸易股份有限公司	中技贸易(600056)	1997.05.15	21600
北京万东医疗装备股份有限公司	万东医疗(600035)	1997.05.19	53004
北京双鹤药业股份有限公司	双鹤药业(600062)	1997.05.22	12810
北新集团建材股份有限公司	北新建材(000786)	1997.06.06	26685
清华同方股份有限公司	清华同方(600100)	1997.06.27	34776

（续表）

中信国安信息产业股份有限公司	中信国安(000839)	1997.10.31	35450
中青旅控股股份有限公司	青旅控股(600138)	1997.12.03	39420
北京天坛生物制品股份有限公司	天坛生物(600161)	1998.06.16	12210
中商股份有限公司	中商股份(000882)	1998.06.16	14400
大唐电信科技股份有限公司	大唐电信(600198)	1998.10.21	59800
中牧实业股份有限公司	中牧股份(600195)	1999.01.07	50240
中国服装股份有限公司	中国服装(000902)	1999.04.08	30503
中国化建股份有限公司	中国化建(600176)	1999.04.22	20007
北京隆源实业股份有限公司	隆源实业(000835)	1999.06.25	6925
北京中关村科技发展(控股)股份有限公司	中关村(000931)	1999.07.12	106382
清华紫光股份有限公司	清华紫光(000938)	1999.11.04	45740
北京中科三环高技术股份有限公司	中科三环(000970)	2000.4.20	25215
安泰科技股份有限公司	安泰科技(000969)	2000.05.29	29801
中成进出口股份有限公司	中成股份(000151)	2000.09.06	54460
北京用友软件股份有限公司	用友软件(600588)	2001.05.18	91700

资料来源：中关村科技园区管委会：1999、2000 年《中关村园区发展报告》，http://www.sohu.com/财经频道。

为进一步完善园区创业发展环境,中关村还规划了"金融走廊"。"金融走廊"是指在服务对象集聚的区域,以各商业银行分支机构为主,以提供货币性金融支持为主的功能区。金融走廊由银行、证券、保险、担保等金融机构,以及律师事务所、会计师事务所、信用评级机构、科技项目评估机构、市场调查公司、投融资咨询公司、行业协会等中介机构组成。经过两年的建设,金融走廊已有金融机构32家,其中保险机构2家、证券机构5家、银行24家①。

第三节　存在的问题与对策

一、存在的问题

与硅谷、台湾新竹等世界先进园区相比,中关村科技园区还有一些差距和不足:

(一)创新资源绝对量丰富,创新效率相对较低

中关村地区的技术人员有50多万人,比美国的硅谷和中国台湾的新竹都要多。中关村科技园区在高校和研究机构的知识资源上并不比硅谷及新竹科学园区逊色,尤其在基础研究和自主开发能力方面,中关村科技园区具有明显优势。尽管如此,与硅谷、新竹相比,中关村的创新能力还存在不小差距,由此导致园区的拳头产品数量少,特别是缺少拥有自主知识产权的国际名牌产品,国际市场占有率不高;技术层次不高,自主技术偏少,在芯片、网络等一

① 参见严成:《金融走廊直通中关村》,《北京晚报》2002年9月16日。

些关键性技术上仍然依靠国外;申请专利数尤其是在国际上申请的专利数少。

与此相对照,硅谷的 Intel、AMD 和 Criyx 垄断了全球的 CPU 产品,而 PC 的操作系统 80%以上被微软控制,同时硅谷作为创业公司的栖息地也在一定程度上保证了其在全球信息产业中的领先地位。新竹是世界上最大的 PC 生产基地,有 PC 机 95%的生产配套能力,扫描仪等 9 种计算机资讯产品市场占有率高居世界第一,集聚着台湾近 300 家信息产业公司,近 26 家半导体厂商。新竹 1998 年申请专利核准数为 997 件,其中国际专利数为 376 件,而中关村仅为 300 件。

(二)制约创新的某些制度性掣肘仍然存在,创新服务体系还不完善

中关村的体制改革虽然已取得较大进展,但仍存在一些突出的限制:

1.政出多门。一家企业有多个管理部门,不但浪费企业的资金,而且消耗了企业管理者的时间和精力,造成大量不必要的成本耗费,烦琐的行政审批制度也不利于新企业的产生。

2.办事效率不高。公务员服务大众和企业的意识不强,"一站式"服务大厅虽然建立起来,但未能形成高效率的服务。

3.灵活性差。出现新情况新问题时不能及时作出反应,难以因时因地制宜地制定更为有效的政策和法规。

4.产学研之间的联系程度不高,创新网络尚需编织。园区内企业利用附近科技资源优势的意识不强,各企业、机构之间的合作较少,知识流动不畅,影响了创新过程的效率。

5.人事管理以及户籍制度不尽合理、社会保障体系不健全等,还不适应高新技术企业对人才流动的需要,影响人才、资金、技术等资源的集聚和优化配置。

6.国有企业产权制度改革力度不大,不利于企业制度创新。中关村的综合配套服务体系也需完善。

(三)投融资体制不完善,尤其是支撑高科技产业发展的风险投资体系尚存在较大欠缺

中关村科技园虽然已经成立了一定数量的风险投资公司,但真正的风险投资行为却较少,风险投资运作也不太活跃。相较而言,硅谷的风险投资体系非常成熟,它有 300 多家的风险投资公司,每年投入近 100 亿美元的风险投资。1996 年 IPO(Initial Public Offering)公司数目高达 73 家,1998 年为 32 家[①]。

中关村风险投资体系的主要问题在于:首先,风险投资的发展需要一个健全的法制来规范、扶持,而我国尚缺乏完善的《风险投资管理条例》,规范风险投资公司的创立、管理权限、风险转移等方面的行为,规范风险投资运作,确保资金筹集、项目选择、资金投放运用、基金积累增值等环节的顺畅运行。其次,世界上一些国家和地区通过制定优惠政策鼓励风险投资,收到了良好的效果,但我国目前还缺乏与风险投资相关的特殊优惠政策。再者,风险投资公司不仅仅是提供风险资金,而且要对高技术公司提供各种经济技术咨询服务,这就对风险投资者提出了较高的要求,而中关村目前非常缺乏这方面的人才。第四,风险投资的根本目标是最终实现

---

① 转引自吴西燕:《中关村:呼唤风险投资》,《中国科技产业》2000 年第 2 期。

高额投资收益,而最终实现的唯一途径就是选择最佳时机与方式从所投资企业中撤资。在我国现行的资本市场体系和相关制度中,风险企业即使运作比较成功,但最后资本的撤出仍有极大的困难,主要表现为上市制度控制太死,中小科技企业很难获得上市资格,以及现行公司法对于中小型科技企业来说过于严格。风险投资退出通道的不顺畅直接制约了风险投资的发展。

(四)中关村科技园区的整体经济规模还远不及硅谷和新竹

首先,中关村科技园区的经济规模远小于硅谷和新竹。2001年园区技工贸收入为2014亿元人民币,约合250亿美元,而1999年硅谷的销售收入超过了3000亿美元,新竹园区企业销售额也达到新台币6509亿元,约合192亿美元或1591亿元人民币。其次,中关村科技园区缺乏像硅谷的惠普、英特尔、思科以及台湾的宏基那样的实力雄厚的大公司。第三,中关村科技园区还没有真正形成园区资源优势基础上的产业集聚,产业集聚的价值链没有形成。这主要由于:一是园区企业管理水平低,企业家、高级管理人才、工程师匮乏。在这种情况下,政府的风险基金投资风险比较大,而且风险基金又相对投入不足。二是个人或企业积累基金比较少。这样就形成了急功近利,向政府寻租的观念,其表现就是收入和积累侧重于贸易的发展。

二、解决问题的对策

(一)加强园区企业的集群化,发挥集聚效应

基本思路是:

1.确定园区产业集聚方向,确定支柱产业集聚的核心技术并

加大扶持力度。要制定积极有效的政策,促进产业集聚的有效机制的尽快形成。

2.鼓励科技园区企业内科技人才的流动,放宽用人审批制度,形成园区内生产要素的流动机制。

3.促进园区内中间产品市场和生产要素市场的形成。

目前和今后信息产业是中关村园区的集聚产业。基于国际信息产业发展经验和中关村自身的比较优势,中关村要重点培育开发软件及系统集成业、信息产品与设备制造业、信息服务业等产业,使中关村成为国际信息大企业分支机构在亚洲的栖息地,增强中关村在国内及周边地区的信息产业资源配置能力,将中关村建成亚洲信息业技术中心、技术和产品交易中心、信息中心。其他支柱性集聚的核心技术包括光机电一体化、生物技术与新医药、新材料和环保。政府可集中对这些产业及其骨干企业进行支持,尽快形成集聚优势。

加强园区企业的集群化,很重要但往往被忽视的一点是产业的升级。以软件业为例,我国软件业虽然已经取得了长足的发展,但在软件业的产业层次上仍然不能与印度及其他发达国家相比。这种产业层次主要是从产业的组织来考虑的,印度的软件业已经基本上模块化,编码工作已经成为一种熟练工人的工种,他们往往从用户需求出发考虑产品,而这种产品又是来自于不同模块的组合,但我国由于一个软件由不同的人做,其代码差异很大,很难有人去维护实现同一功能的软件。这样的产业组织层次制约了我国软件业的发展,因此即便有很多软件企业在一起,要想获得产业集聚效应也多存在一层阻碍,因此需要形成专业性的、兼容性的开放型产业结构。

(二)加强中关村的创业、创新能力建设,为创业活动开拓空间,鼓励冒险

从硬件上加速创业服务中心、孵化器的质量建设,规范此类机构的市场化运作,鼓励和加强信息产业相关产业群的建设,形成有效的专业技术网络和营销网络。从软件上看,要建立适应市场经济规律的科技成果转化机制,形成相关的创新、创业回报机制政策,营造有利于技术创新的良好环境。包括深化体制改革,鼓励大学的教师与学生及科研院所的研究人员到企业兼职;引导大学、科研机构面向市场进行技术创新,鼓励它们对社会开放技术设备、信息与人才等各种创新资源;健全知识产权管理,保护发明者和创新者的合法利益;营造容忍失败、鼓励冒险的氛围,形成以创新、创业为价值,以工作为生活目标的文化。

此外,要引导企业开放式生产,分散化决策。规范产品标准化建设,鼓励适合个人创新的高度分散的组织形式。建立、发挥商会整合资源的功能,密切企业间联系网络,促进区域创新整体水平的提高。

(三)充分发挥知识存量优势,提高创新过程效率

国际竞争力分析的最新结论有借鉴意义。它认为吸引世界性大公司的研发机构,强化企业之间、企业与大学和研究院所之间的技术合作开发,是高新技术成功发展的最重要途径,尤其指在全球范围内合理配置资源,它已经胜过吸引外资的作用,是支持后来居上国家发展的根本支撑点。

(四)合理界定政府职能,规范政府管理行为

政府工作重点主要是为区域创新和发展提供良好的硬软环境和优质高效的公共产品,包括充实社会资本,促进形成以信任为基础的社会网络和高价值经营文化。加强市场法规及市场平台建设,完善人才、资本、技术等市场体系。培育创新网络,促进各主体之间各种形式的协作与交流。鼓励以满足市场需求为目的市场创新,多形式开拓国内、国际市场。扶植关键企业扩大规模及开发技术,建立机构对企业进行技术支持。整合园区科研力量,对企业提供技术服务和人才培训,以股权等形式促进产学研结合。支持关键技术、基础工作的研发,吸引企业参与。加强知识产权保护,加大对侵害知识产权行为的惩戒,等等。

(五)理顺中关村的投融资渠道,建立完善的支撑服务体系

针对制约风险投资发展的掣肘,应加快法制建设,规范风险投资行为;制定相关配套政策,如采取资金注入、税收减免、风险补偿等财政贴息税收优惠政策,有效引导与形成风险投资的政府调控机制。探索各种有效的风险投资退出方式,如帮助企业上市融资,完善收购兼并法规,为风险投资撤出形成通道,并促进资产担保向以订单为基础的债务融资方向转变;或者通过放宽高科技企业发行债券的要求,完善区域性地方柜台交易市场等。

为促进创新的形成和高技术企业的成功,有必要建立产权交易和技术市场、投资咨询公司、市场信息与竞争力分析公司、会计师事务所以及律师事务所等中介组织,还需加强企业孵化器在推动高新技术企业尤其是中小型技术企业成长中的支持服务功能。

第四节 评价与结论

当今社会是信息的社会,当今经济是以知识为基础的经济。因此,21世纪的中国如何发展以中关村科技园区为代表的高新技术产业,如何使中关村经济成为中国知识经济的先导,不仅关系到中关村科技园区和首都经济的发展,而且关系到我国在新的世纪里是否能够成功地迎接经济全球化和知识经济的挑战和冲击,立足于世界强国之巅。

发展高新技术产业需要以创新为本,中关村的发展历程正突出体现了这一特征。

从电子一条街的兴起和北京新技术产业开发试验区的发展来看,"以贸养技"、"以贸养工",技工贸一体化的模式一直是中关村地区高新技术企业的发展特色,这也是在技术落后、资金匮乏的情形下实现追赶、成长壮大的有效途径。通过初始阶段的技术贸易、代理业务,中关村的科技企业跟踪了解世界高科技的发展动态,积累了相关的技术、资金和销售经验,增强了自身的竞争能力。与这一发展过程相伴随的是制度、技术、产业、金融、市场、企业等多方面的创新,中关村要谋求更大的发展还需要进一步地开拓创新。中关村科技园区的建设不能也不会停留在以贸易为主的阶段,满足于电子信息产品集散市场的地位。

中关村科技园区的发展应定位在:建设成为推动科教兴国战略、实现两个根本转变的综合改革实验区;具有国际竞争力的国家科技新示范基地;立足首都、面向全国的科技成果孵化和辐射基地;高素质创新人才的培养基地,与此目标和定位相匹配的战略选择,就是构建一个能充分利用各种资源的完善的创新型系统结构。新时代的创新需要包含技术要素与商业要素、技术人员与管理人员、产学研的全方位的内容。因此新型的创新体系是企业、科研机构、教育培养机构、各级政府以及致力于技术和知识转移的中介机构的有机结合体,它包括知识创新系统、技术创新系统、知识传播系统、知识应用系统以及高新技术传播和应用系统。

要进一步构建更加开放的和更加完善的区域创新支持系统,实现中关村经济的发展目标和战略规划,需要继续进行中关村的智力资源整合和政策调整、制度变革。应出台各种税收政策、外贸出口政策、外汇政策、融资政策、分配政策和其他优惠政策以鼓励创新;需要建立适应高新技术创新的法规体系,保护创新,维护公平的竞争环境和市场秩序;从根本上改变现在产权模糊、政府干预过多的现状,以形成合格的市场主体。同时,政府还应当投入大量资金,以改善中关村的各项硬环境和基础设施,并形成与高新技术创新相适应的文化氛围。

附录一　北京市新技术产业开发试验区暂行条例

（1988 年 5 月 10 日国务院批准，
1988 年 5 月 20 日北京市人民政府发布）

第一条　为促进科学技术和生产直接结合,科学技术和其他生产要素优化组合,推动技术、经济的发展,扶植新技术产业开发试验区创建,制定本条例。

第二条　以中关村地区为中心，在北京市海淀区划出100平方公里左右的区域，建立外向型、开放型的新技术产业开发试验区（以下简称试验区）。

试验区的具体范围，由北京市人民政府规划。

第三条　本条例适用于研究、开发、生产、经营一种或多种新技术及其产品的技术密集、智力密集的经济实体。

新技术及其产品的范围，由北京市人民政府根据国家科学技术委员会制订的目录另行规定。

新技术企业的技术性收入、研究开发经费、新产品产值等比例标准，由北京市人民政府商国家科学技术委员会制定。

第四条　试验区内的新技术企业，经北京市人民政府指定的部门认定后，按照国家有关规定，到工商行政管理部门登记。

第五条　对试验区的新技术企业，实行下列减征或免征税收的优惠：

（一）减按15%税率征收所得税。企业出口产品的产值达到当年总产值40%以上的，经税务部门核定，减按10%税率征收所得税。

（二）新技术企业自开办之日起，三年内免征所得税。经北京市人民政府指定的部门批准，第四至第六年可按前项规定的税率，减半征收所得税。

（三）经北京市人民政府批准，可以免购国家重点建设债券。

（四）以自筹资金新建技术开发的生产、经营性用房，自1988年起，五年内免征建筑税。

试验区内设立的外商投资企业，符合新技术企业标准的，适用以上减征或者免征税收的优惠。

第六条　试验区内新技术企业的生产、经营性基本建设项目,按照统一规划安排建设,不纳入固定资产投资规模,并简化审批手续,优先安排施工。

第七条　试验区内的新技术企业生产出口产品所需的进口原材料和零部件,免领进口许可证,海关凭合同和北京市人民政府指定部门的批准文件验收。经海关批准,在试验区内可以设立保税仓库、保税工厂,海关按照进料加工,对进口的原材料和零部件进行监督;按实际加工出口数量,免征进口关税和进口环节产品税或增值税。出口产品免征出口关税。保税货物转为内销,必须经原审批部门批准和海关许可,并照章纳税。属于国家限制进口或者实行进口许可证管理的产品,需按国家有关规定补办进口批件或进口许可证。

新技术企业用于新技术开发,进口国内不能生产的仪器和设备,凭批审部门的批准文件,经海关审核后,五年内免征进口关税。

海关可在试验区内设置机构或派驻监督小组。

第八条　所有减免的税款,作为"国家扶植基金",由企业专项用于新技术开发和生产的发展,不得用于集体福利和职工分配。

第九条　银行对试验区内的新技术企业予以贷款支持,并每年从收回的技术改造贷款中,划出一定数额用于新技术开发。对外向型的新技术企业,优先提供外汇贷款。

自本条例实施起三年内,银行每年提供一定数额的专项贷款,用于试验区内新技术企业的发展和建设(包括基本建设),专款专用,由银行周转使用。银行每年给试验区安排发行长期债券的一定额度，用于向社会筹集资金，支持新技术开发。

新技术企业所用贷款，经税务部门批准，可以税前还贷。使用贷款进行基本建设的，不受存足半年才能使用等规定的限制。

试验区内的银行可从利息收入中提取一定比例，建立贷款风险基金。试验区内可设立中外合资的风险投资公司。

第十条　试验区设立新技术产品进出口公司。有条件的新技术企业，由北京市人民政府授予外贸经营权，自负盈亏，承担出口计划；经国家有关部门批准，可以在国外设立分支机构。新技术企业出口所创外汇，三年内全额留给企业；从第四年起，地方和创汇企业二八分成。

第十一条　试验区内，对外经济技术交流和产品出口业务较多的新技术企业，其商务、技术人员一年内多次出国的，第一次由北京市人民政府审批，以后由企业自行审批。

第十二条　试验区内的新技术企业，用于新技术和新技术产品开发的仪器、设备，可以实行快速折旧。

第十三条　试验区内新技术企业开发的新产品，可自行制定试销价格。经营国家没有统一定价的新技术产品，可以自行定价。

第十四条　鼓励科研单位、学校和企业中的科技人员在试验区内的新技术企业中兼职、兴办、领办、承包各种形式的新技术企业，或离职到新技术企业任职。有关部门要积极支持并提供方便，保障他们的合法权益。

允许新技术企业招聘大专毕业生、大学毕业生、研究生、留学生和国外专家。

第十五条　试验区内的新技术企业，免缴奖金税。企业从业人员的收入达到个人收入调节税标准的,照章纳税。

第十六条　试验区内新技术企业所缴各项税款,以1987年税款为基数,新增部分五年内全部返还给海淀区,用于试验区的开发建设,由市财政、税务部门监督使用。

第十七条　北京市人民政府可以根据本条例制定实施办法和单行规定。

第十八条　本条例自发布之日起施行。

附录二　中关村科技园区条例

(2000年12月8日北京市第十一届人民代表大会常务委员会第二十三次会议通过)

要　目

第一章　总则

第一条　为了促进和保障中关村科技园区的建设和可持续发展,制定本条例。

第二条　中关村科技园区包括海淀园、丰台园、昌平园、电子城科技园、亦庄科技园以及市人民政府根据国务院批复划定的其他区域。

第三条　本条例适用于中关村科技园区的组织和个人。

中关村科技园区外的组织和个人在中关村科技园区从事与本条例相关的活动,也适用本条例。

第四条　中关村科技园区是推动科教兴国战略、发展市场经济的综合改革试验区;是国家科技创新示范、科技成果孵化和辐射、高新技术产业化以及创新人才培养的基地。

第五条　中关村科技园区的建设和发展应当以海淀园为核心,以科技创新为基础,将中关村地区密集的智力资源转化为以市场为导向的科技成果,通过孵化创业和规模化生产经营,向全市和全国辐射,促进高新技术产业化。

第六条　中关村科技园区重点发展高新技术产业以及其他智力密集型产业。

第七条　中关村科技园区的组织和个人应当遵守法律、法规和规章。

组织和个人在中关村科技园区投资的资产、收益等财产权利以及其他合法权益受法律保护,任何组织或者个人不得非法占有或者实施其他侵害行为。

组织和个人在中关村科技园区可以从事法律、法规和规章没有明文禁止的活动,但损害社会公共利益、扰乱社会经济秩序、违反社会公德的行为除外。

第八条　本市各级人民政府及其所属部门应当按照公开、公正、公平的原则,为组织和个人在中关村科技园区从事创新、创业活动提供服务,建设有利于创新、创业的良好环境。

第二章　市场主体和竞争秩序

第九条　任何组织和个人可以依法在中关村科技园区投资、兴办企业或者设立机构。

在中关村科技园区设立企业,凡具备设立条件的,工商行政管理机关应当直接核准登记;需要依法办理前置审批的事项,由市人民政府公布。

在中关村科技园区设立企业,办理工商登记时,除法律、法规规定限制经营的项目外,工商行政管理机关对经营范围不作具体核定。

第十条　鼓励组织和个人在中关村科技园区兴办符合园区重点发展领域的高新技术企业和研究开发机构。

经依法认定的中关村科技园区的高新技术企业,可以享受国家和本市规定的各项优惠政策。

第十一条　以高新技术成果作价出资占企业注册资本的比例,可以由出资各方协商约定,但以国有资产出资的,应当按照国家有关国有资产管理的规定办理。

第十二条　中关村科技园区的企业和其他市场主体,可以实行股份期权、利润分享、年薪制和技术、管理以及其他智力要素参与收益分配的制度。经批准的上市公司,可以实行股票期权。

第十三条　鼓励企业、高等学校、科研机构联合创办从事技术创新的企业和机构,或者联合从事技术创新项目的研究开发活动。政府对产学研相结合的技术创新活动,可以给予资金支持。

鼓励高等学校、科研机构的教师、科研人员和学生的科研选题与企业技术创新相结合。鼓励相关企业为在校生提供科研、实习条件。鼓励高等学校、科研机构为企业培训技术和管理人员。

第十四条　中关村科技园区的高等学校、科研机构持有的科技成果,完成后超过一年未实施转化的,在不变更职务科技成果权属的前提下,科技成果的完成人和参加人可以自行实施转化,并根据与本单位的协议,享有约定的权益;职务科技成果的完成人自行创办企业转化该项成果的,本单位可以依法约定在该企业中享有的股权或者出资比例,也可以依法以技术转让方式取得技术转让收入。

第十五条　高等学校、科研机构的教师和科研人员可以离岗或者兼职在中关村科技园区创新、创业。凡离岗创业的,经所在单位与本人以合同约定,在约定期限内可以保留其在原单位的人事关系,并可以回原单位重新竞争上岗。

高等学校、科研机构的学生可以在中关村科技园区创办高新技术企业,或者在企业从事技术开发和科技成果转化工作。需要保留学籍的,经所在单位同意,可以保留一定期限的学籍;保留学籍的期限,由所在学校或者科研机构与学生以合同约定。

第十六条 中关村科技园区应当建立和完善社会中介服务体系,为企业和其他市场主体的创新、创业活动提供中介服务。

境内外具有执业资格的中介服务机构和执业人员,可以依法在中关村科技园区开展业务。

符合执业资格条件的境内外组织和个人,可以在中关村科技园区依法设立各类中介服务机构。

第十七条 中介服务机构和执业人员应当遵循独立、客观、公正和诚实信用原则,依照法律、法规以及行业规范开展中介服务活动。

中介服务机构和执业人员通过行业组织实行自律,并接受行政主管机关的监督管理。

第十八条 鼓励企业、高等学校、科研机构以及其他社会组织和个人,在中关村科技园区兴办大学科技园、创业园、创业服务中心以及其他形式的综合孵化器或者各类专业孵化器,为在孵企业提供创业服务。经认定的孵化器,可以享受本市规定的优惠政策。

本条例所称孵化器,是指为培育初创阶段小企业的成长、减少创业者风险而提供场地、仪器设备、资金、信息等服务的专门机构。

第十九条 鼓励中关村科技园区的企业和其他市场主体依法设立同业协会和商会。同业协会和商会是自律性、非营利性的社团法人。

同业协会和商会应当依照章程维护会员的权益,对会员进行服务、指导和管理，促进会员与政府的沟通。同业协会和商会的行为不得排斥、限制正当的商业竞争。

第二十条　中关村科技园区的市场主体不得以串通定价、划分市场、限制产量以及其他方式，排斥或者限制正当的商业竞争。

第二十一条　中关村科技园区的市场主体不得利用自己的优势地位，将自己设定的商业条件强加于其他市场主体。

中关村科技园区的市场主体不得利用自己的市场垄断地位或者设施，排斥或者限制其他市场主体的经营和正当的商业竞争。

第二十二条　中关村科技园区的市场主体未经依法约定，不得限制交易对方的再交易行为。

第二十三条　政府及其所属部门应当采取措施制止垄断行为，维护市场公平竞争秩序，不得滥用行政权力限制正当的商业竞争。

第三章　促进和保障

第一节　风险投资

第二十四条　境内外各种投资主体可以在中关村科技园区开展风险投资业务。

鼓励境内外民间资本在中关村科技园区设立风险投资机构。

第二十五条　风险投资机构可以采取有限合伙形式。

有限合伙的合伙人由有限合伙人和普通合伙人组成。投资人为有限合伙人，以其出资额为限承担有限责任；资金管理者为普通合伙人，承担无限责任。

有限合伙的合伙人应当签订书面合同。合伙人的出资比例、分配关系、经营管理权限以及其他权利义务关系，由合伙人在合同中约定。

有限合伙的所得税由合伙人分别缴纳。属于自然人的合伙人,其投资所得缴纳个人所得税;属于法人的合伙人,其投资所得缴纳企业所得税。

第二十六条 风险投资机构的注册资本可以按照出资人的约定分期到位。

风险投资机构可以以其全额资本进行投资。

第二十七条 风险投资机构可以通过企业购并、股权回购、证券市场上市以及其他方式,回收其风险投资。

第二节 资金支持

第二十八条 鼓励设立中小企业创业资金,采用配套资金拨款、股权投资等方式,支持中关村科技园区中小企业从事技术创新的创业活动。

第二十九条 市人民政府设立中关村科技园区高新技术产业发展资金,通过国有资产经营公司或者采用贷款贴息方式,支持中关村科技园区规模化生产的高新技术产业项目发展。

第三十条 鼓励企业和其他市场主体在中关村科技园区依法设立信用担保机构,为中小企业提供以融资担保为主的信用担保。

中关村科技园区建立信用担保机构风险准备金制度和财政有限补偿担保代偿损失制度。

第三节 人才引进

第三十一条 鼓励境内外专家在中关村科技园区长期或者短期从事技术创新、讲学、学术交流活动以及各类合作活动。相关单位应当为其提供工作、生活的便利条件。

第三十二条　引进中关村科技园区发展需要的留学人员、外省市科技和管理人才，可以按照本市有关规定办理《工作寄住证》或者常住户口，不受进京指标限制。

本市行政区域内的高等学校、科研机构的应届毕业生受聘于中关村科技园区内的高新技术企业，可以直接办理本市常住户口。

第三十三条　本市行政区域内的高等学校、科研机构的应届毕业生受聘于中关村科技园区的高新技术企业，其原所在学校、科研机构不得收取培养费以及其他费用，但双方另有约定的除外。

第三十四条　根据本条例第三十二条第一款的规定引进的人才，其子女接受义务教育，由居住地的教育行政部门就近安排入学，任何部门或者学校不得收取国家或者本市规定以外的费用；接受其他教育的，按照本市有关规定办理。

鼓励中关村科技园区的学校开展双语教学。

第三十五条　在中关村科技园区工作的留学人员已加入外国籍的，可以向公安机关申办两年有效的外国人居留证和一年多次出入境签证；短期来华不能按期离境的，可以申请签证延期。确因时间紧急或者其他原因未在国外办妥入境签证的，可以依据有关规定申办口岸签证。

第三十六条　在境外取得永久居留权的留学人员，在中关村科技园区高新技术企业工作期间取得的合法收入依法纳税后，可以全部购买外汇，并按照规定携带出境或者汇出境外。

第二十七条　在中关村科技园区工作的留学人员，可以按照本市规定参加社会保险，其连续工龄视同社会保险的缴费年限。留学人员出国前、在国外期间和回国后的工龄，按照国家规定可以连续计算的,应当连续计算。

到中关村科技园区企业工作的原事业单位人员,应当按照本市规定参加社会保险,其在事业单位的连续工龄视同社会保险的缴费年限。

第三十八条　留学人员受聘在中关村科技园区担任专业技术职务的,不受聘用单位指标的限制。

留学人员在国外取得专业执业资格,其所在国与中华人民共和国有互认协议的,可以在本市办理相应的执业资格证书。

第四节　知识产权保护

第三十九条　中关村科技园区的组织和个人的知识产权受法律保护,任何组织和个人不得侵犯。

鼓励中关村科技园区的企业、高等学校、科研机构及其相关人员进行专利申请、商标注册、软件著作权登记,取得自主知识产权,并对自主知识产权采取保护措施。

第四十条　中关村科技园区保护网络信息的知识产权。网络信息经营者对网络信息的知识产权应当采取保护措施。

未经权利人许可,任何组织和个人不得有下列行为:

(一)利用网络传播他人享有著作权的作品营利;

(二)利用网络公开发布或者改编他人享有著作权的作品;

(三)利用网络侵犯知识产权的其他行为。

第四十一条　禁止在中关村科技园区生产、复制、销售盗版的软件和电子出版物。禁止国家机关、企业和其他市场主体使用盗版的软件和电子出版物。

第四十二条　中关村科技园区的企业和其他市场主体的商业

秘密受法律保护，任何组织和个人不得以任何方式侵犯他人的商业秘密。

企业和员工可以在劳动合同中约定保密条款或者单独签订保密合同。

企业员工在职期间或者离职后，对与本企业或者原所在企业有关的商业秘密，依照法律规定或者合同约定承担保密义务。

第四十三条　企业与员工可以在劳动合同或者保密合同中约定竞业限制条款，也可以订立专门的竞业限制合同。竞业限制条款或者竞业限制合同应当明确竞业限制的范围和期限。竞业限制的期限除法律、法规另有规定外，最长不得超过三年。商业秘密进入公知领域后，竞业限制条款或者竞业限制合同自行失效。

第四十四条　知悉或者可能知悉商业秘密的员工应当履行竞业限制合同的约定，在离开企业一定期限内不得自营或者为他人经营与原企业有竞争的业务。

企业应当依照竞业限制合同的约定，向负有竞业限制义务的原员工按年度支付一定的补偿费，补偿数额不得少于该员工在企业最后一年年收入的二分之一。

第四十五条　中关村科技园区的高等学校、科研机构适用本条例第四十二条、第四十三条、第四十四条的规定；中关村科技园区的企业、高等学校、科研机构中的兼职人员或者离退休人员适用本条例第四十三条、第四十四条的规定。

第五节　规划和环境建设

第四十六条　市人民政府应当按照北京城市总体规划，根据中关村科技园区的发展需要和各园的实际情况，统一规划中关村科技园区的建设和发展。

第四十七条　市、区人民政府应当采取措施,对中关村科技园区的道路交通、市容环境、社会治安和垃圾、污水、噪声以及其他危害环境的因素进行治理。

中关村科技园区的开发建设应当在规划和建设阶段实施环境影响评价。

禁止在中关村科技园区设立污染环境以及其他有碍可持续发展的企业和机构。

第四十八条　中关村科技园区的土地一级开发,应当服从中关村科技园区建设的统一规划。政府对其垄断的土地资源向社会出让土地使用权的,应当依法采取招投标或者拍卖的方式实施。

第四十九条　鼓励在中关村科技园区投资建设市政基础设施、信息基础设施和其他公共设施。

中关村科技园区的基础设施和公共设施建设应当按照中关村科技园区总体规划,依法采取招投标的方式实施。

第五十条　中关村科技园区的信息化建设应当符合本市信息化建设的总体规划,适应科技创新和网络经济发展的需要,合理开发、利用信息资源,实现有线电视网、电信网、计算机网的融合,建设高速、宽带多媒体信息传输网络。

中关村科技园区的商务区和新建居住区应当设置宽带接入系统;新建商用、办公建筑应当满足高速数据传输和信息服务便捷、安全的要求。

中关村科技园区的信息化建设应当建立和推行信息化标准和信息化指标体系,维护信息安全。

第六节　其他规定

第五十一条　鼓励在中关村科技园区设立人才、技术以及其他生产要素市场,促进人才、技术、资本以及其他生产要素有序流动。

中关村科技园区的技术交易所和企业产权交易所可以实行会员制。实行会员制的技术交易所和企业产权交易所实行自律管理,依照法律、法规和各自的章程履行职责。

第五十二条　中关村科技园区建立信用服务体系,为企业和其他市场主体从事经济活动提供信用服务。

第五十三条　统计行政主管部门有关中关村科技园区的统计指标体系和方法,应当适合中关村科技园区特点,符合国际惯例。

第五十四条　中关村科技园区的高等学校、科研机构的实验室具备开放条件的,应当向社会开放。开放实验室的单位可以合理收取费用。

第四章　国际经济技术合作

第五十五条　鼓励中关村科技园区的企业和科研机构在境外投资、融资,开展跨国经营和研究开发活动,进行国际经济、技术、人才的交流与合作。

鼓励境外组织和个人在中关村科技园区投资兴办高新技术企业、研究开发机构或者地区总部。所办企业、研究开发机构、地区总部在审批、登记、贷款、办理海关手续、人员出入境、场地使用、公用设施、设立保税工厂、仓库以及税收方面,可以享受国家和本市规定的优惠待遇。

第五十六条　境外经济组织或者个人可以与境内组织或者个

人在中关村科技园区兴办合资、合作的高新技术企业。

在中关村科技园区兴办合资、合作企业的境外经济组织或者个人在企业名称预先核准登记后,经外汇管理机关核准,可以在外汇指定银行开立外汇账户。

境外公司可以在中关村科技园区设立分支机构。

第五十七条 中关村科技园区具备进出口经营条件的高新技术企业及其他生产企业和科研机构,依法向外贸行政主管部门登记备案后,可以从事自营进出口活动。

第五十八条 中关村科技园区的高新技术企业人员因公出国或者邀请外国经贸科技人员来华的,可以由经授权的中关村科技园区管理机构审批。因公临时出国的,实行一年内一次审批可以多次出入境制度。

第五十九条 境外经济、科技、教育、文化机构可以依照中华人民共和国法律、法规,在中关村科技园区兴建、租用和购买房屋或者租用场地。

第五章 政府行为规范

第六十条 行政机关及其工作人员应当依法行政,行政行为应当符合法定职权和法定程序,维护中关村科技园区市场主体的合法权益。

行政机关实行执法责任制和过错追究制。

第六十一条 市、区人民政府及其有关部门应当公开有关中关村科技园区的政务信息和服务信息。

本市制定的有关中关村科技园区事项的规章和其他行政规范性文件,制定机关应当在生效前公布或者发布,并及时在公报、政报、新闻媒体、政府网站上予以刊载。

第六十二条　本市实行中关村科技园区重大决策听证制度。有关中关村科技园区改革、建设和发展的重大决策事项，涉及中关村科技园区市场主体利益的，决策机关应当举行听证。

本市制定的规章和其他规范性文件，涉及有关中关村科技园区市场主体的行政审批、发证、收费、行政处罚、强制措施等事项的，制定机关应当举行听证。

第六十三条　实施行政审批的政府部门，应当减少审批环节，简化审批手续，公开各项行政审批的条件、标准、程序和时限。

市人民政府对不利于中关村科技园区发展的行政审批事项，应当依法予以撤销，并向社会公布。

第六十四条　政府有关部门对中关村科技园区的企业和其他市场主体实施行政执法检查时，执法人员应当出具由本机关负责人签署的检查通知书。检查通知书的内容应当包括检查依据、检查时间、检查事项、实施检查的人员及其负责人。行政执法检查不得干扰被检查者正常的生产经营秩序。

政府有关部门对中关村科技园区的企业和其他市场主体，可以实行信誉免检。

第六十五条　中关村科技园区行政性事业性收费的项目、范围、标准和手续，应当符合法律、法规规定，并予以公开。对违反法律、法规规定的行政性事业性收费，被收费单位和人员有权拒绝缴纳。

第六十六条　市、区人民政府因社会公共利益需要，对中关村科技园区的企业和其他市场主体所使用的场所进行拆迁的，应当提前告知,并给予相应补偿。

第六十七条 中关村科技园区的企业和其他市场主体认为其合法权益受到行政行为侵害时,可以向中关村科技园区管理机构投诉。

中关村科技园区管理机构对属于职权范围内的投诉事项,应当自接到投诉之日起10个工作日内进行处理。属于其他部门处理的,应当及时移送有关部门处理,并书面告知投诉人。有关部门应当自接到移送投诉之日起10个工作日内进行处理,并书面告知投诉人和移送机关。

第六章 管理体制

第六十八条 中关村科技园区应当按照体制创新和精干、高效、减少层次的原则,建立符合先进生产力发展要求,适应市场经济需要,有利于服务高新技术企业和其他市场主体,有利于发挥中关村科技园区核心区智力密集优势的管理体制。

中关村科技园区的管理体制由市人民政府确定和调整。

第六十九条 市、区人民政府及其有关部门应当依照各自职责,做好中关村科技园区的管理和服务工作。

市、区人民政府及其有关部门应当根据权力下放的原则,将有关中关村科技园区高新技术企业以及其他市场主体的行政审批事项和其他经济管理事项,交由园区管理机构办理。具体办法由市人民政府制定。

第七章 法律责任

第七十条 违反本条例的行为,法律、法规已有规定的,依照其规定追究责任。法律、法规没有规定的,依照本章以下各条相应规定追究责任。

第七十一条　行政机关及其工作人员违反本条例第二十三条、第六十条第一款、第六十三条第一款、第六十四条第一款、第六十五条规定的，其行政行为无效，并由上级机关责令改正；情节严重的，由监察机关或者上级机关追究直接责任人和主要负责人的行政责任。

第七十二条　行政机关及其工作人员不履行法定职责，有下列情形之一的，由上级机关责令改正；情节严重的，由监察机关或者上级机关追究直接责任人和主要负责人的行政责任；构成犯罪的，依法追究责任人的刑事责任：

(一)企业和其他市场主体依照本条例的规定应当受到保护的合法权益，因行政机关及其工作人员不作为而受到侵害的；

(二)企业和其他市场主体依照本条例的规定应当享有的权利和利益，因行政机关及其工作人员的不作为而未能享有的。

第七十三条　行政机关及其工作人员不履行本条例第六十一条、第六十二条、第六十六条、第六十七条第二款规定的法定职责，由上级机关责令改正；情节严重的，由监察机关或者上级机关追究直接责任人和主要负责人的行政责任。

第七十四条　市场主体以及其他组织和个人违反本条例第十七条第一款、第二十条、第二十一条、第二十二条、第三十三条、第三十四条第一款、第四十一条、第四十二条第一款、第四十七条第三款的规定，危害公共利益或者经济秩序的，由有关行政机关按照职责分工，给予警告、罚款、没收违法所得、责令停业整顿的行政处罚。

行政机关不履行法定职责，对前款规定的违法行为不作行政处罚的,由上级机关责令改正;情节严重的,由监察机关或者上级机关追究直接责任人和主要负责人的行政责任。

第七十五条　市场主体以及其他组织和个人有下列情形之一的,应当承担民事责任:

(一)违反本条例第十七条第一款的规定,向他人提供虚假情况或者隐瞒重要事实,损害他人或者第三方合法权益的;

(二)违反本条例第二十条、第二十一条、第二十二条的规定,限制正当的商业竞争,给他人造成损害的;

(三)违反本条例第四十条、第四十一条、第四十二条第一款的规定,侵犯他人知识产权或者商业秘密的;

(四)违反本条例第四十二条第三款、第四十四条第一款的规定,不履行保守商业秘密和竞业限制义务的;

(五)违反本条例第四十四条第二款的规定,不按时或者不足额支付竞业限制补偿费的;

(六)侵害他人其他合法权益的。

第七十六条　企业和其他市场主体认为自己的合法权益受到行政机关及其工作人员侵害的,可以依法向上一级行政机关申请行政复议,或者依法向人民法院提起行政诉讼。

第七十七条　行政机关及其工作人员违法行使行政职权侵害企业和其他市场主体合法权益,给企业和其他市场主体造成经济损失的,依法承担国家赔偿责任。

第七十八条　市场主体之间的经济纠纷,当事人依合同约定或者事后协议可以向北京仲裁委员会或者其他仲裁机构申请仲裁;合同没有约定仲裁条款或者事后没有达成仲裁协议的,当事人可以向人民法院提起民事诉讼。

第八章　附则

第七十九条　实施本条例需要制定规章或者其他具体办法的,市人民政府或者有关主管部门应当及时制定。

第八十条　本条例自2001年1月1日起施行。

附录三　中关村科技园区的空间布局和产业发展纲要

中关村科技园区的整体空间布局分为:中心区、发展区和辐射区。

1.中心区大体范围是南起西外大街,北至规划公路一环,西起京密引水渠,东至八达岭高速公路,总占地面积约75平方公里。中心区包括一个核心区和两条主要轴线。核心区包括中国科学院、北京大学、清华大学和中关村西区(科技商务中心、市场销售中心、商业文化服务中心),用地约10平方公里。白颐路是中心区的主要轴线,连接北大、清华、中科院、中关村西区和农科院、人民大学等高校与科研机构,以及国家图书馆、首都体育馆、紫竹院公园等文体设施。这条轴线有三个主要节点:北部科技商务中心、中部商业服务中心、南部文体中心。学院路为中心区的另一条轴线。

2.发展区大体范围是规划公路一环以北,海淀区山后地区、清河地区以及昌平县的西三旗地区、回龙观地区,地域范围约280平方公里。

发展区规划建设的主要特征是以上地信息产业基地为起点,沿八达岭高速公路向北呈组团式生长。以上地信息产业基地和北大生物城为第一组团,作为信息产业和生物工程的研究、开发、生产基地;以西三旗新材料基地为第二组团,作为新材料的研究开发、生产基地;以回龙观地区为第三组团,作为高校教师、科研人员的新居住区,适当安排高科技研究、开发用地;以永丰科技园和航天城为第四组团,作为多种高科技产业的研究、开发、生产基地。四个组团的规划建设用地总计约26.5平方公里。

3.辐射区。主要是"一环两线"。"一环"是指环市区的高科技工业园区,包括电子城科技园、亦庄科技园、丰台科技园区、昌平科技园区等;"两线"即沿八达岭高速公路向沙河、昌平、南口方向辐射和沿京密路向顺义、怀柔、密云方向辐射。

上述三区涵盖16项重大建设项目:中关村国家级软件园、回龙观产学研基地建设项目、民营科技园建设项目、亦庄科技园、电子城科技园、昌平科技园产业基地二期、丰台科技园产业基地二期、北京生物医药创新带、清华科技园、北大科技园、中关村科学城(中科院)、西二旗创业者家园、中关村高新技术产品出口工业园、上地信息产业基地北区、中关村生命科学园和中关村高科技商务中心(中关村西区)。

中关村园区产业发展规划如下:积极推进以软件产业、信息服务和信息制造业为代表的特色产业发展;大力促进电子信息、光机电一体化、生物工程与新医药、新材料和环保等支柱产业发展;带动中介服务业、文化体育产业、教育培训产业以及商业、房地产业等相关产业的发展。力争到2010年,中关村科技园区GDP达到1300亿元,年均增长20%。同时,通过深化机制、体制改革,不断形成适应市场经济发展需要的人才激励机制、要素流动机制、市场竞争机制和政产学研互动机制。

规划还包括生态环境、交通、信息网络和市政设施等基础设施规划，规划期限为1999年至2010年。其中，信息网络规划为：2002年底之前将把中关村科技园区通信网建设成以数字化、综合化、宽带化、个人化为特征的满足未来信息社会发展需要的现代化信息网络，使其在全国居于领先地位，可为用户提供基本电话服务、ISDN、帧中继、DDN、INTERNET、会议电视、多媒体视频点播、远程医疗等业务，远期要达到国际先进的信息网络水平。

1.加快局房建设，增加电话交换机容量，并积极提供增值业务。规划建设中国农业大学、中关村西区、大运村、永丰、万柳等电信局。至2002年，使该地区电话交换机总容量达到120万门。

2.完善通信管道及中继光缆网络，建设大容量、高速率的传输系统。

3.逐步提高用户数字化程度，使光纤接入网和数字化用户的比例超过30%。

4.有计划有步骤地建设宽带（ATM）网，以满足用户对视频点播、远程医疗等业务及局域网互联的要求。建设国内四大因特网交换中心，实现国内互联互通。

第七章　企业组织创新与经济发展：台湾中小企业的经验

中小企业发展对区域经济发展具有重要作用。台湾拥有全球比例最高的中小企业,并有"中小企业王国"之称,战后台湾的中小企业尤其高新技术中小企业对台湾经济发展具有举足轻重的意义,是台湾经济的重要支柱,其成功的发展经验已为世人所瞩目。

本章将台湾的中小企业作为有利于经济发展和适应于台湾区情的组织创新,论述其在台湾经济发展中的作用。

第一节　中小企业的特点及其对经济发展的作用

中小企业是指生产经营规模较小的企业,在全世界不同的国家和地区,企业规模划分的标准不同。美国最常用的"中小企业"指标为就业人数在500人以下,而资料中经常使用就业人数少于500人或少于100人来对中小企业进行分类统计。1991年,台湾官方对中小企业给出准确的定义,凡依法办理公司登记或商业登记,符合下列标准之一的企业均属于中小企业:制造业、加工业及手工业,实收资本额在新台币400万元以下,其资产总值不超过新台币 12000 万元者;矿业及土石采取业实收资本额在新台币 4000 万元以下者;商业、运输、仓储、通信及其他服务业年营业额在新台币 4000 万元以下者;中小企业经辅导扩充后,其规模超过以上标准者,自合并之日起三年内视同中小企业。

中小企业一般具有以下特点:

创办容易,转向灵活,具有很强的适应性;

分布广,可以利用大型企业无法利用的分散、零星的资源;

规模小,经济活动过程简单,管理和技术的难度不大,易于大力发展;

产品具有较强的适应性和互补性,能够较好地与大型企业进行合作,取长补短;

有利于生产专业化的发展,通过中小企业提供组件进行加工,能使大企业集中力量从事主要组件的生产,研制新产品和发展尖端技术。

中小企业在经济发展中的作用主要体现在如下几个方面:

1. 中小企业是经济增长的重要推动力

当代经济增长的实践证明,许多以中小企业为主的行业正在成为国民经济增长最快的行业。历史上曾由大企业占优势的行业如制造业等,其就业比例正在不断下降;而以中小企业为主的行业如服务业等,其就业数额则不断上升。例如在美国,1993—1994 年以中小企业为主的行业的就业率大幅增长,创造了 200 多万个新的就业岗位。

在经济萧条时期,中小企业的发展还有助于抑制经济衰退。如在 1980 年代初韩国经济萧条时期,国民经济出现负增长,制造也出现了负增长,而此时中小企业增长超过2%,从而降低了总体经济增长下降的幅度,显示出中小企业在促进经济增长方面的作用。

2.中小企业是增加就业的主要渠道

中小企业投资少,经营方式灵活,对劳动力的技术要求低,是失业人员重新就业和新增劳动力就业的主要渠道。据统计,雇员少于250名的中小企业占欧盟企业总数的99.8%,其中就业人数占总就业人数的66.52%。1988—1995年间,欧盟大型企业创造的就业机会仅略多于失业的就业机会,每年平均25.9万个新增就业机会几乎都是由雇员100人以下的企业创造的。在1976—1990年期间,中小企业为美国提供了全部就业机会的53%,其中新增就业机会的65%是由中小企业提供的。近几年,通讯技术的飞速发展为大批高新技术中小企业的诞生和发展提供了机遇,这些企业又创造了更多新的就业机会。

3.中小企业是推动技术进步的重要力量

中小企业的技术创新不仅在数量上占有相当的数额,而且其创新的水平和影响也不亚于大企业,中小企业还被认为是现代最重要的工业创新和发展的支持力量。近些年,大量中小企业进入高新技术产业,并在许多行业显示出明显的优势。高新技术中小企业依靠其灵活的运行机制、对新兴市场的敏锐把握和大胆的冒险精神,创造了许多神话般的业绩,像微软公司、苹果公司等。中小企业的存在和发展,不但为科技革命的开展提供了大量的课题,而且能为科研成果提供广阔的应用、推广的市场,由于中小企业的技术改造比较容易,便于实现专业化生产和服务,提高产品服务的质量,从而促进国民经济的发展。

4. 中小企业是扩大出口的主力军

在日本1950—1960年代经济起飞时期,中小企业产品出口占日本工业产品出口总额的比重一度高达40%—60%,对日本成为世界贸易大国起到了重要作用。美国从1989年以来,出口占到其经济的70%,而出口企业中约96%是中小企业,中小企业在出口中的份额占23%左右。

中小企业在国际贸易中的地位越来越受到中小企业自身的关注,其数额也有所增长。近些年来,参与高新技术的中小企业也越来越多,在高新技术贸易中所占数额也越来越大,例如1996年,在美国出口的高新技术产品中,一半是直接由中小企业提供的,另一半的1/3与中小企业的合作配套有关。

中小企业在出口中的作用,还表现在为大的出口企业提供各种零组件和组装件上,特别是在制造业中,许多中小企业具有为大型出口企业提供配套零组件和组装件的能力。美国已计划将中小企业的出口份额从1998年的23%提高到2005年的43%。

5. 中小企业是大企业和企业家的摇篮

近些年来涌现出来的大批高新技术中小企业的创业和发展历程证明,它们可以在比以往企业成长期短得多的时间内,迅速发展壮大为大企业。例如1994年由克拉克和安得森创立的Netscape公司,仅用一年的时间,营业额就达870万美元,成为历史上成长最快的企业。而苹果、惠普、微软等企业也都是在短短一二十年内,迅速成长为世界级的大企业,而以往发展成这样规模的企业,往往需要几十年甚至上百年的时间。从这层意义上而言,今天的中小企业不仅仅是中小企业,也可能是未来的大企业。中小企业不仅孕育了未来的大企业,也培育了未来的经营管理大企业的人才,更重要的是培养了企业家精神,其精神内容也从他们的实践中得到不断的成长。

6.中小企业是市场经济最活跃的主体

中小企业具有数量大、种类多、地域广、行业全的特性,这使得中小企业成为市场经济理论和实践得以存在和发展的基石。近些年来,在全世界多数国家中,中小企业的数量、创造的就业人数及在国民经济中所占份额都在不断增加。美国中小企业数由 1970 年代的约 1300 万家增长到 1995 年的 2300 万家。近年来在中小企业增长过程中,中小高新技术企业增长迅速,已越来越引起各方面的普遍关注。在美国,中小企业占其国民生产总值的份额约为 40%—50%,在批发业、零售业、服务业、建筑业等以中小企业为主的行业中,中小企业所占营业额的比重高达 57%—60%。

第二节　台湾中小企业的发展历程及特征

台湾有"中小企业王国"之称。从 1960 年代起,台湾中小企业进入出口导向时期,并从 1980 年代中期起,初步完成了中小企业发展的自由化、国际化和制度化。

台湾为了促进中小企业的稳健发展,早在 1967 年就制定并逐步完善了有关中小企业的相关法律。以此为准则,台湾从建立中小企业行政指导机构着手,健全了财务融通、互助合作、经营管理以及技术研发等十大辅导体系。同时,台湾还积极发挥社会和民间组织的作用,建立了若干中小企业创新孵化中心、风险投资基金和中小企业银行。

根据2000年9月份的资料,台湾的经济主要以中小企业为主体,中小企业的比重占97%,并创造了79%的就业机会,出口份额高达49%,创汇能力和贡献在大企业之上。历经三四十年的努力,台湾经济和社会不断蓬勃发展,在1997年的亚洲金融风暴中,中小企业更是发挥了重要的作用,使台湾经济经受了考验,受到举世关注。

台湾中小企业的成长是台湾经济发展的一个缩影,其发展大体经历了三个时期:

一、初步发展时期(1945—1960)

1945年,台湾从日本的殖民统治之下光复,被压抑达50年(1895—1945年)之久的民族工业获得新生。台湾当局接管了日本在台的企业,并先后将一些零星企业售与私人经营,民营中小企业由此萌生。1949年国民党政府自大陆迁台后,岛内人口激增,消费资料需求旺盛,大批生产经营日常生活用品的中小企业应运突起。1953年以后,随着台湾当局实施进口替代的工业发展战略,中小企业因此获得初步发展。总体而言,1945—1960年,由于台湾资金严重短缺,整个金融体系又极不健全,实力弱小的中小企业因告贷无门,基本上是处于惨淡经营的初创阶段。

促进这一时期中小企业萌芽并初步发展的因素主要有:一是政府售让政策的扶持与进口替代发展战略的推动;二是大陆私人资本的流入为其生成与发展提供了物质基础;三是1949—1953年

间的"四七减租"、"公地放领"与"耕者有其田"等土地改革政策的实施,在促进农业发展的同时,也使土地价格下降,促使土地资本转向工商业,从而促进了民营企业特别是中小企业的发展。

二、蓬勃发展时期(1961—1984)

台湾中小企业的迅猛崛起乃至蓬勃发展肇始于1960年代。1961—1973年间,随着台湾当局推行的经济发展战略从进口替代转向出口扩张,在政府对中小企业辅导政策的扶持下,各种出口导向的中小企业相继崛起,并借助廉价劳动力的比较成本竞争优势,迅速进占国际市场。中小企业生产经营的劳动密集型产品取代传统农产品而成为台湾出口产品的最主要部分,中小企业成为台湾产品进军国际市场的主力军。1974—1984年间,国际经济因全球性的石油危机而渐趋萧条,台湾的出口导向经济也深受重创。台湾当局应对世界经济格局的变迁及时调整了产业结构,推行"稳定中求发展"的发展策略,实施第二次进口替代政策,重点发展以重化工、机械、电子等为代表的资本、技术密集型产业。中小企业也顺应产业调整的趋势稳定成长,有的发展成为重化工产业中心工厂的卫星工厂,有的发展成为高科技跨国厂商的代理工厂。但就大多数中小企业而言,仍然维持各自的行业特色,致力于产品品质的提升与产品种类的更新,积极拓展海外市场。

三、升级转型发展时期(1985年至今)

自1980年代中期特别是1990年代以来,由于世界科学技术加快发展、高科技新产品不断涌现、生态环境保护呼声日益高涨、以及劳工成本低廉的周边国家和地区的竞争渐趋激烈等岛外因素的影响,随着台湾当局经济自由化与国际化发展战略的实施,台湾中小企业进入了升级转型的发展时期,众多的中小企业正致力于实现技术升级与产业转型以提高其国际竞争力。在技术层次上,致力于提高企业技术的档次与企业生产自动化作业的程度,由劳动密集型产业向技术密集型产业转型,提高产品的科技含量与附加值;在组织结构上,由分散经营走向联合发展,实行网络化分工协作;在投资方向上,纷纷将资本、设备移师邻近的东南亚国家或地区以及祖国大陆,掀起了一股股“西进”、“南向”的投资热潮。

综观台湾中小企业战后50多年的发展历程,其运营模式呈现以下四个显著特征:

第一,企业资本投向以劳动密集型产业为主。在台湾工业化发展的历程中,台湾当局推行的官(营)民(营)企事业“垂直分工”的产业政策,使台湾经济型态呈现出明显的二元产业结构特征,其中官营企事业掌握着岛内经济的“上游部门”,而民营企事业则局限于“中游产业部门和下游产业部门”。有学者称:“台湾经济中的产业组织与企业结构的最大特征是官营企业与民营企业并存的二重结构”。在台湾整个民营企业中,中小企业居主导地位,其资本的投向大多以劳动密集型的中下游产业部门为主,技术层次普遍较低。

第二,企业资本来源以依赖民间借贷为主。台湾中小企业大多为家族式企业,其创业资本大多筹自业主的积蓄和亲友的支助。由于自有资本短缺,加之企业内部积累又偏低,故其运作资金大多依赖于负债。有关研究资料显示,1972—1989年间台湾中小企业的平均负债率高达70.19%,比大企业(59.35%)高出近11个百分点。1990年代以来,这种高负债状况有增无减,愈演愈烈。就其负债结构而言,80%以上的负债集中于短期的周转性流动负债。由于中小企业普遍规模较小,盈利能力弱,缺乏抵押品,财务制度不健全,信息不公开,官办的金融机构一般不愿办理中小企业贷款,使得中小企业向利率较低的金融机构融资极端艰难,再加之中小企业以商业本票或短期票券方式融资极少,以及无法以发行公司股票的方式从公开市场上募集资金,因此,其负债大多来自于地下金融市场,且主要依赖于高利率的民间借贷。据有关资料统计,目前中小企业的资金大约有60%来自民间借贷。中小企业过度依赖于短期的民间借贷,使得企业的加权平均资金成本偏高,束缚了其应付市场竞争的能力。缺乏法律保障的民间借贷也增加了企业运营的风险。

第三,企业经营管理成本普遍较低。台湾中小企业的经营规模普遍偏小,大部分企业的固定资产设备投资所占比重都较低,特别是大型专用机械设备投资更少,大多采用通用机械设备,具有高度的自给能力与应变能力,可随时根据市场和社会需求的变化相应调整产销业务,使得企业生产成本较低,竞争力优势明显,短期效率高。

台湾中小企业的经营方式极其灵活,其中尤以"中卫体系"与"策略联盟"为代表。以汽车、家电产业为代表的众多中小企业往往以大企业为中心进行水平或垂直整合,结成以大企业为中心工厂(或核心工厂)、以中小企业为卫星工厂的产业合作网络体系,或由卫星工厂向中心工厂提供零部件,由中心工厂组装成最终产品;

或由中心工厂提供原料,由卫星工厂加工制成各种产品;或由中心工厂长期受专业贸易商或整厂输出公司委托代加工制造各种外销产品。这种产、供、销分工协作的网络化经营模式,不仅大大降低了整体生产的经营成本,而且还有力地提升了中小企业的市场竞争力。此外,以电子、信息、医药等技术密集型产业为代表的部分中小企业,也往往在科研机构或同业公会的主导下,互相联合结成技术联盟,发挥各自独特的技术资源优势,共同合作从事新产品开发与技术创新,借以减少产品开发的成本与风险,维持并强化自身的技术竞争优势。

台湾中小企业多为家庭式企业,家庭成员从业人员占到企业的40%,且多担任各部门的主管。这种以家庭网络关系为根基的企业文化一方面增强了企业的稳定性,使从业人员多富有忠诚、奉献的精神理念,另一方面也降低了企业监督管理的成本。

第四,企业产品行销推广以出口导向为主。台湾中小企业以高度的出口导向而著称。台湾资源匮乏,地狭人少,市场容量有限,客观上要求依赖海外市场来刺激岛内的生产。台湾公营企业和民营大企业在政府的庇护下几乎独占和垄断了岛内内销市场,迫使众多中小企业从国际市场上寻求生机,加之台湾当局对外销企业多给予免税、减税及出口退税等优惠政策扶持,因而形成了“中小企业主外、大企业主内”的格局。

台湾的中小企业是在台湾三次重要的产业转轨过程中发展起来的,其产业资本主要来自两个方面:一是家族资本。它具有自由分散的特点,但其中不乏一些资本所有者有先见之明,将自己的资本或独资或合股,组成投资公司。这些资本在中小企业发展过程中起到导向和启动市场的作用;二是政府资本。台湾当局在私人资本向科技型中小企业转移并得到发展的启示之下,对中小企业尤其高科技中小企业发展采取鼓励性措施,组建了行政院开发基金、交通银行"投资基金"、中华开发基金等,用于政府推动的投资方向。在两大资本的支持和推动下,台湾的一批中小企业脱颖而出并逐步发展壮大。

第三节　中小企业对台湾经济发展的贡献

台湾的中小企业王国在台湾经济中具有举足轻重的地位,台湾的中小企业在台湾企业总数中所占的比重极高。以 1997 年为例,台湾中小企业数为 1020435 家,比重为 97.81%;就业人数为 719 万人,比重为 78.44%;总销售额为新台币 68640 亿元(约 2060 亿美元),比重为 32.11%,出口所占比重为 48.77%,中小企业所征收的营业税占税收的 44.11%。由此可知,台湾的中小企业除数目众多外,在产值、附加价值、就业贡献、出口贡献、缩小贫富差距和平衡城乡发展等方面,也都有杰出的表现,是台湾名副其实的经济支柱。

自 1960 年代以来,台湾经济持续高速增长(见表 7.1),且居亚洲新兴工业化国家或地区的前列,主要得益于其中小企业的卓越表现。台湾经济发展的奇迹是以中小企业为基础建立起来的,中小企业已发展成为当今台湾经济赖以生存发展的基石,在 1997 年下半年的亚洲金融风暴中更是显示了举世瞩目的强大"安定力量"。台湾当局公开声称,台湾能安然度过亚洲金融危机,就是靠台湾雄厚的中小企业的实力。

表 7.1　东亚国家(地区)GDP 每 10 年的年均实际增长率及国际比较(%)

年份	世界	韩国	台湾省	香港地区	新加坡	泰国	印尼
1961—1969	5.2①	8.3	9.5	11.7④	8.8	8.1	3.9
1970—1979	3.9	9.3	10.2	9.2	9.4	7.3	7.8
1980—1989	3.1	8.0	7.7	7.2	7.2	7.2	5.8
1990—1994	2.5②	7.5	6.5	5.2	8.3	8.8	6.8
1961—1994	3.7③	8.4	8.7	8.3⑤	8.1	7.7	6.0

注:①1964—1969 年均增长率;②1990—1992 年均增长率;③1964—1992 年均增长率;④1962—1969 年均增长率;⑤1962—1994 年均增长率。

资料来源:《国际金融统计年鉴》1991、1994 年。

具体而言,台湾中小企业对台湾经济发展的重要贡献主要体现在以下几个方面。

一、中小企业是台湾拓展对外贸易的先锋,是台湾出口创汇与财政收入的主要来源

中小企业对台湾经济发展最显著的贡献莫过于对台湾出口贸易的推动。台湾因受资源缺乏的制约,其经济发展基本上是一种以出口为导向的工业化经济,而高度出口导向的中小企业正是这一经济的主要推动者。在台湾战后 50 多年的经济发展中,中小企业形成了以精密器械、纺织、塑料制品、皮革、电力及电子机械器材为主的五大主要出口产业。85%左右的中小企业产品都是以海外市场为依托而行销世界各地,长期是台湾外销市场的先锋与主力。1950 年代中期至 1960 年代,中小企业平均出口额占台湾出口总额

的75%左右。1970—1980年代,中小企业平均外销比例为全岛外销总额的64%左右。1990年代以来,虽然受国际贸易保护主义势力冲击等不利因素的影响,中小企业外销比例有所下降,但仍有50%至60%左右的比重,对出口贸易仍具有重要贡献。蓬勃兴旺的中小企业长期为台湾的外汇收入和财政收入提供了坚实保证,对台湾的外贸顺差和雄厚的外汇储备起到了决定性的作用。

1950年代中期到1960年代初期,台湾税收总额的80%左右来自中小企业,直到1980年代中期,中小企业仍是税赋的主要承担者。近年来,中小企业的税收比重有所下降,但税收和相对贡献要大于大企业。

二、中小企业是台湾经济的主体,是促进各产业蓬勃发展的生力军

中小企业对台湾经济成长的贡献,一方面表现为中小企业在台湾各产业部门的企业总数中长期占据绝对多数,另一方面表现为中小企业是台湾工业生存发展的重要基础。

尽管台湾中小企业的认定标准经历了六次变更,但它在岛内企业总数中所占的比重长期保持在90%以上。据台湾当局历年的统计资料显示,中小企业在台湾企业总数中所占的比重,1970年代已达95%以上;1980年代初期更高达99%;1990年代以来虽有波动变化,但仍占96%以上。如1990、1992、1994和1995年的比重分别为97.2%、96.8%、96.3%和97.97%。目前,台湾共有中小企业100万家左右,占岛内企业总数的98%。

台湾中小企业在激烈的国际市场竞争中,不仅具有对国际市

场需求变化的应变能力,而且还具备极强的技术复制与消化能力,能占领不同于大企业的市场空间,从而同样取得可与大企业相媲美的、较高的经济效益,构成了台湾现代工业的重要基础。台湾中小企业产值在本地国民生产总值中占有相当大的比例,约达50%左右。就行业而言,中小企业在全部商业产值中占约80%,在制造业总产值中约占50%。特别是在制造业中,中小企业是台湾出口贸易商品的最大供应来源。

三、中小企业是吸纳台湾劳动力自由就业的主渠道,是促使财富平均分配、社会共同富裕的助推器

台湾中小企业资本有机构成一般较低,劳动密集程度高,这一性质不仅决定了中小企业吸收的劳动力相对较多,而且还决定了其就业需求的条件较为宽泛,既可吸收技术熟练工人,也可容纳非熟练工人(包括女性劳动力),大大扩展了社会就业面。另外,中小企业数量多,分布广,也为各个层面的就业者提供了广泛的自由择业机会,就业弹性较大,摩擦性失业较少。据台湾工商普查资料显示,1950—1960年代台湾中小企业吸纳的就业人数占总就业人数的85%左右;1970—1980年代,维持在总就业人口的60%—70%之间;1990年代以来大多在70%—80%左右波动。

中小企业对就业的重大贡献还在于直接推动了台湾居民收入趋于平均化。一方面,中小企业的兴盛,吸纳了众多的劳动人口,控制了失业率的增大,大大减少了依靠社会救济生存的人口数量;另一方面,中小企业的成长,也使得众多劳工的工资不断增加,相继步入中产阶级行列。中小企业在台湾的广泛发展,使中小企业

群体在台湾社会经济生活中占主要地位,有利于调整社会贫富差距,促进财富在社会成员之间的均衡分配,实现资本大众化,避免社会资本过度集中,同时中小企业比大企业更适合在相对落后的农村地区发展,也有利于缩小城乡发展差距。

四、重视科技含量,在不断实现产业升级的同时,增强了抵御金融危机的能力

台湾中小企业分散,以出口为导向,但更重要的是重视科技含量的提高,这就使企业的竞争力有了基础,不至于受到外部冲击而出现经济危机。1997 年,东南亚发生金融风暴,但台湾经济依然十分稳定,其中中小企业的高科技含量起到了重要作用。

第四节　台湾中小企业的发展经验

台湾中小企业的发展,既有其正面的成功经验,也有其负面的失败教训,但正面的经验是其主流。尽管海峡两岸政治及经济环境迥然有异,但台湾中小企业的发展经验仍可为大陆中小企业的发展所借鉴。

一、政府为中小企业提供多方面的服务,建立中小企业服务体系

台湾中小企业能够得到迅速发展的重要原因之一是,政府对企业发展起到了重要的支持作用,台湾当局对中小企业的扶持体制和政策是促使其发展的重要条件。台湾中小企业在 1960 年代

至 1980 年代初期之所以能迅速崛起与蓬勃发展,除了其自身的自主性、灵活性和旺盛的创业精神外,主要得益于台湾政府在财务融通、经营管理、生产技术、研究发展、资讯管理、人才培训、工业安全、污染防治及市场行销等多方面的专业化服务。台湾政府在发挥其中小企业服务体系作用方面的经验是比较成功的,值得我们吸取和效仿。

在台湾设立的有助于中小企业发展的官方机构有"经济部"设立的中小企业专责辅导机构——"经济部中小企业处"。针对中小企业面临的主要困难,政府要承担为其提供社会化服务的主要责任。民间机构有"台湾中小企业协会",其宗旨是针对中小企业在经济社会中所具有的深厚潜力,研究策划、调整合作,以促进中小企业的健康发展。除此之外,台湾还有很多机构以帮助中小企业提高竞争力为工作内容,如中小企业开发股份有限公司等。此外,台湾中小企业的快速发展,既得益于当局各类辅导体系的扶持,也离不开民间力量的协助,而这些机构则又是在政府的允许和推动下发展的。这些民间力量主要有中小企业创新孵化中心、产业投资基金以及中小企业银行等。

二、充分认识和重视中小企业在经济发展中的地位和作用

台湾当局十分注重吸取与借鉴西方发达国家中小企业发展的经验,对岛内中小企业的发展给予相当的重视,不仅表现在政府对中小企业认定标准的颁布与修订,而且还表现在政府对中小企业发展的有效管理与政策扶持。中小企业的发展也有力推动了台湾经济的腾飞,并演变成台湾经济赖以生存和发展的重要支柱。借

鉴台湾的经验,我们应更加充分认识和重视中小企业在经济发展过程中对繁荣市场、解决就业、增加财税收入以及推动社会走向共同富裕等多方面的重要作用;应适应现实经济条件下多重生产力结构的现状,既要注重大企业的改革与发展,通过资产重组,实现强强联合和强弱联合,组建企业集团,也要进一步放活和搞好多种所有制结构中的中小企业,充分发挥中小企业在工业化进程和城乡一体化进程中的推动作用,壮大国民经济总量,构建具有较强竞争力的、合理化的产业组织体系。

三、健全和完善中小企业立法,将中小企业的发展纳入法制化的轨道

台湾当局十分重视中小企业立法,曾先后颁行了一系列保障中小企业健康发展的法规条例,如《中小企业辅导准则》、《中小企业发展条例》等。我们的中小企业立法还不完善,主要问题是:单纯按所有制的不同分别立法,缺乏统一的中小企业基本法。因此,我们可以借鉴台湾的经验,进一步加快中小企业立法步伐,将中小企业的发展纳入法制化的轨道。

四、鼓励中小企业与大企业实行立体合作,建立企业共存共荣的产销分工协作体系

要实现专业协作基础上的合理集中与合理分散,把中小企业特别是小企业与社会化大生产紧密联系起来,我们有必要借鉴台湾"中卫体系"的运作经验,积极促进中小企业与大型企业开展立体合作,建立起大、中、小企业共存共荣的产销分工协作体系。通

过这种产业合作网络体系,中小企业可获得大企业的先进技术、生产设备和管理经验,专门为大企业生产零部件,从而减少产品行销方面的投入与风险,而大企业则可以有效地配置各类资源致力于最终产品的生产和销售。

第五节　台湾中小企业发展的典型案例分析

本节我们通过对台湾联华电子的分析来了解台湾中小企业发展壮大的经验。

台湾第一家半导体制造公司——联华电子,于 1982 年 4 月在新竹科学园区设厂,主要生产集成电路。1982 年开工后,正逢美国市场开放的热潮,联华抓住此机会生产电话机的 IC 卡,在当年底就达到盈亏平衡点,营业额达到 1.9 亿元(新台币,下同),员工 380 人,1983 年营业额达到 10 亿元,在短短两年内投资收回达到 70%。联华电子虽然经营状况良好,但也加强了研发工作,并于 1985 年应证管会的要求,在股票市场上市。到 1995 年,营业额达到 200 亿元,而其股权结构也彻底民营化(官方股份仅占9.58%,其中经济部占 4.78%,交通银行占 4.8%)。1997 年,虽然经济不景气,但联华电子全年营业收入仍达到新台币 250 多亿元,利润为 97 亿元,而整个联电集团的营业收入净额和税前利润达到 356 亿元和 129 亿元,分别比上年增长了 47%和 68%以上。

联华电子成立初期接收了电子工业研究所的 7.6 微米金属闸 CMOS 制程技术,并实现了产业化。其后,则以合作开发或独立开发方式完成了 5 微米、3 微米、2 微米、0.8 微米和 0.6 微米各种制程技术。1994年，联华电子独立开发了0.5微米的制程技术，1998年更进一步开发出世界先进的0.25微米制程技术，目前已达到0.18微米，更向0.15微米、0.13微米的技术前进。

联华电子的成功，不仅是台湾半导体产业发展的里程碑，更代表了台湾中小企业发展壮大的模式和特点及对台湾经济的贡献。相当一批逐步发展壮大起来的台湾中小企业，基本上都是由官方科研机构引进外国先进技术，经过试验工厂消化加以改革创新，并以扶植“衍生公司”的形式，向民营企业转移和扩散技术的。

联华电子的创立，有别于传统的“白手起家”模式，是从研究机构中分离出来，由研究机构对其进行支持的，缩短了产业化的过程。1974年，台湾电子工业研究所吸收了RCA的技术，经过不断努力，于1976年终于试产成功电子表IC卡。由于当时台湾集成电路工业尚未形成气候，这一技术没有得到应用。为了使科研成果尽快实现商品化，“工研院”电子研究所被一分为二，于是“联华”成立。联华初始注册资本仅为5亿新台币，1982年工厂建成投产。在向联华转移生产工艺技术的同时，在1979年9月电子工业研究所成立了技术转移项目团队，与联华初创人员合作。其主要工作是帮助进行项目计划，并向联华提供最新的设备信息，使联华能够购买到合适的设备。由于当时集成电路方面的主要技术人员都在电子工业研究所，为了有效地进行技术转移，主要技术人员转移到联华公司，从事生产制造监督、质量管理、电路设计管理和技术测试等。同时对联华公司人员进行一定的培训，包括技术培训，如工艺工程、设备工程、产品工程、测试等，管理培训如质量保证、工业工程、生产控制和材料控制等。

当年联华电子的创业投资为3.6亿元,主要由"工研院"、"交通银行"、"光华投资公司"、"中华开发信托投资公司"、"声宝"、"东元"等投资入股,他们都是台湾举足轻重的财团和企业集团。因此,联华电子实际上是由一家官方机构出面筹划,民间企业联合投资,拥有台湾一流技术、设备和人才的现代企业。这不仅为联华电子奠定了很好的资金基础和有效率的企业治理结构,也为企业提供了进一步发展的空间。

联华电子的发展壮大也得益于所采取的"渐进"战略。所谓"渐进"战略就是在企业的生存和发展关系上,他们主张以生存求发展;在生存问题上,他们强调以创新来抵御风险的威胁。其策略的实质就是创新经营,步步为营,具体有以下两个战略组成:一是产品战略,以开发新的"旧产品"为重点目标。例如,圣诞卡是老生常谈的商品,创业初期,联华电子视其为"摇钱树"。他们设计了一种极为简单的音乐集成电路,而且把它应用到圣诞卡的生产上,这一小小的创新,使音乐圣诞卡成为消费市场的抢手货。二是技术政策,加强技术引进,注重吸收消化能力的提高。联华董事长曹兴诚说过,台湾的技术发展,实质是围绕"你丢我接"而开展的一场无终点的"接棒"运动,引进美国和日本的二、三流技术,使公司的产品结构由单一向多元、由专门生产消费性产品向生产工业用产品发展。

另外,由于技术发展日新月异,有许多情况无法预知,而整个1980年代台湾的经营环境起伏多变,联华电子又是台湾集成电路生产的先驱企业,而"拓荒者"本身就具有很大的风险和不确定性,为此,联华电子提出了"随机"管理的理念,即在管理上因地制宜、因时制宜,没有固定的模式,表现为强烈的"主动"色彩。

以上联华电子发展壮大的经验对祖国大陆根据社会、经济、技术发展的变化,采取相应的政策措施来促进中小企业的成长具有一定的借鉴意义。

第三部分　国外案例研究

本部分将对三个案例地区的产业发展问题进行论述，即美国洛杉矶地区高级电子产业、英国科学园的高技术产业和澳大利亚的结构转换和西部地区开发。在这三个案例中，洛杉矶和英国科学园案例具有明显的空间分析特征，前者重在通过洛杉矶地区高级电子企业的集聚与非集聚分布，分析集聚因素对企业创新活动的影响，证明在一定条件下，非集聚性企业对创新活动具有积极作用；而后者从科学园的创新环境特别是某些固定（财产）设施条件对吸引企业布局的作用。澳大利亚案例则从比较宏观的角度，叙述在知识经济潮流下，新经济部门对于国家经济结构转换的带动作用，以及在推动相对落后地区发展上区域环境的意义。

对于这儿个案例地区，我们关注的核心仍集中在区域创新环境、区域内各主体的互动关系、空间集聚等问题，分析这些对区域产业发展的影响，并结合国外有关研究的成果，尽可能丰富案例研究的内容和结论。

第八章　企业集聚与非集聚：洛杉矶盆地高级电子产业发展分析

本章的核心是探讨在多中心的大都市区内企业多中心分布的情况，分析在这种多中心分布下的企业集聚与非集聚状况，特别是研究非集聚企业对创新活动的影响，为更全面地理解集聚问题提供启示。

本章首先回顾洛杉矶盆地高级电子产业发展的历史，再考察其 R&D、经营策略和多中心城市内区位的关系、洛杉矶盆地电子生产的特征，进而分析集聚企业和非集聚企业的 R&D 和生产的关系，论述外部采购和 JIT（即时生产，just in time）生产方式与 R&D、企业规模、成本和收入之间的关系，并与硅谷高级电子企业进行比较，最后得出对集聚和非集聚企业的差异及其与 R&D 和生产的关联的认识。

本章的基本研究结论是，洛杉矶盆地电子产业的多中心集聚与传统意义上的单一集聚区有很大不同，它是大分散小集中的格局，即在洛杉矶盆地内形成若干小规模的集群，组团分布，企业在集群内紧密联系，而集群外的企业仍能借助便利的基础设施条件建立企业间联系，进行创新活动。洛杉矶的案例表明，这种多中心的企业分布有利于支持高强度的 R&D

活动,能促进创新活动和区域经济发展。

多中心城市(multiple center)的发展是20世纪最显著的城市现象之一。随着传统中央商务区和产业区的衰落,以及先进的交通通讯方式的发展,为城市进一步的空间拓展和用地结构的调整提供了可能,世界上许多城市都朝多中心方向变化。

多中心的城市形态对产业区产生了实质性影响,引起了城市产业空前的重新分布,随着城市的空间拓展,高技术生产和研究活动已在郊区和先前未开发的区域集中,它们已在一定程度上改变了研究和生产环境,相邻公司间的外部采购、协作和竞争已非常普遍。

企业的多中心空间集聚是与多中心的城市形态一致的,这种多中心的空间集聚能以更大的动态集聚效益有力地支持R&D。动态集聚效益包括易于得到R&D知识、人员和更多的专业机会,使公司提高R&D的强度和竞争力等。

R&D是进行持续创新所必需的活动,是企业建立和保持市场地位的必要举措。R&D在决定公司的长期绩效方面也日益重要,在许多公司的生存和竞争中发挥重要作用。对于那些面临快速技术变化和退化的产业如电子产业,研究功能尤其重要。在大多技术复杂的电子部门,如超级计算机和通信设备制造业,也面临着生产周期日益缩短的问题。同时,由于生产和营销的复杂性,导致非核心活动向其他公司进行外部采购(outsource)以及采用即时生产(just in time,JIT)方式。外部采购和JIT生产方式对公司的R&D能力有重要影响,其节约的资源可以更有效地投资于研究或产品开发。

洛杉矶大都市区(洛杉矶盆地)是世界多中心城市的代表之一,洛杉矶盆地是世界上电子制造企业最集中的地区,它拥有丰富的电子及许多其他产业的研究和开发资源,就业人数超过 12.5 万人,在过去 20 年中洛杉矶盆地成为美国最大的出口中心。

1997 年,L. Suarez-Villa 和 W. Walrod 对洛杉矶盆地进行了理论与实证分析,为我们更好地理解集聚、非集聚和创新的关系提供了参考,本章将主要在他们的分析框架基础上,结合其他学者的相关研究,探讨集聚和非集聚型企业创新活动的特征,以及对区域创新的影响。

第一节　洛杉矶盆地高级电子产业多中心集聚的形成①

一、洛杉矶盆地的早期发展

洛杉矶电子产业始于 1930 年代一些半导体和通信设备公司

① 本节有关数据来源于:California Manufactures Association(1955), *California Manufacturers Annual Register*. Los Angeles: Times-Mirror Press. California Manufactures Association(1989), *California Manufacturers Register*. Newport Beach, CA: Database Publishing Company. Los Angeles: Chamber of Commerce(1950), *Directory of Manufacturing*, *Los Angeles County*. Los Angeles: Chamber of Commerce. Los Angeles: Chamber of Commerce(1955), *Report on the Electronics Industry*, *Los Angeles Metropolitan Area*. Los Angeles: Chamber of Commerce. US Bureau of the Census(1940, 1960, 1990), *Census of Population*. Washington, DC: US Government Printing Office. US Bureau of the Census(1962, 1991, 1995), *County Business Patterns*. Washington, DC: US Government Printing Office. US Bureau of the Census(1968, 1978, 1982, 1988, 1992), *Census of Manufacturing*. Washington, DC: US Government Printing Office. 转引自 Suarez-Villa, L. & Walrod, W.(1997)。

的建立①，最早的制造公司如开发出较早的雷达系统的 Gilfillan、Bendix 和 Lear 公司，主要生产飞机用的产品。其他如 Hoffman 无线电公司和 Collins 无线电公司目标定位于多个不同的市场，也对飞机供应商供应产品。这些公司最初的位置在 El Segundo 和 Burbank，主要是洛杉矶海岸和 San Fernando 山脉的未开发地区。

到 1939 年，洛杉矶的通信设备制造业就业人数不到 1000 人，而电子机械制造等相关部门总就业人数不超过 2500 人，洛杉矶电业和电子业的就业份额在美国城市中是最低的。二次大战使洛杉矶的电子制造业获得了成长。战时当地飞机业，如道格拉斯（Douglas）、休斯（Hughes）、洛克希德（Lockheed）和诺斯洛普（Northrop）的增长对当地电子生产者产生了充分的需求，促使其转向大规模制造经营。

1940 年代后期，Hughes 航空公司进行多样化发展，开始涉足电子产品生产，主要是通信设备和国防电子部门，大量投资于研究，进行了许多创新。到 1948 年，Hughes 收到了充足的政府国防合同，开发航空电了和雷达控制的电子应用软件。Hughes 作为电子制造商的快速增长伴随着当时强度最大的 R&D。到 1950 年代早期，Hughes 在洛杉矶盆地的雇员已超过 1.5 万人，成为美国所有公司中高级科学家的最大集中地。1960 年代早期，Hughes 已约占加州电子业产出的 1/4，其通信设备和电子部件部门仅在洛杉矶地区的雇员就有 9 万人。

---

① Starr, K. (1990), *Material Dreams: Southern California through the 1920s*. New York: Oxford University Press.

跟随 Hughes 的策略,Northrop 航空公司于 1951 年也开始进行多样化生产,在当时仍未开发的周边地区奥兰治(Orange)县开设电子生产企业。其他跟随 Hughes 实施多样化发展的主要航空厂商是北美航空公司(North American Aviation),后来成为北美洛克韦尔公司(North American Rockwell),1955 年它在洛杉矶地区发展了新的公司即 Autonetics 公司。Lockheed 公司于 1960 年在 Burbank 建立了洛克希德电子公司(Lockheed Electronics)。这些公司的一些产品也定位于商业应用,主要在航空和通信领域,但其最初的发展依赖于政府国防合同。1950 和 1960 年代洛杉矶电子生产的快速增长也为许多服务于商业市场或军事合同或两者兼而有之的新公司的创立提供了有利条件,这些公司包括 Ramo Wooldridge、Litton Industries、Teledyne、Robertshaw-Fulton、Interstate Electronics、Hallamore 和 Potter Electric Company。

从 1960 年代中期到 1980 年代晚期,洛杉矶盆地的电子生产企业数量较之就业人数增长更显著。工厂几乎增至三倍,而平均规模显著下降,电子制造业的中小企业获得充分增长。1970 年代中后期,尽管全国和州的经济发生了持续 5 年的危机并进行了重构,但洛杉矶盆地的电子业基地仍然充满活力,其表现大大好于其他制造业部门。洛杉矶盆地的经济持续扩张伴随着人口的快速增长。洛杉矶、奥兰治和文图拉(Ventura)县这些高技术中心的人口由 1940 年的近 300 万增至 1960 年的 690 万,1990 年超过 1200 万,大量州际和国际移民是促使其人口在战后增长3倍的最主要原因[①]。

从1950年代到1980年代,电子业的不断增长促进了其向都市周边地区扩张,如南部的奥兰治县海岸区和北部的文图拉县。1950年代,洛杉矶盆地的电子生产主要位于洛杉矶的中西部海岸地区(Santa Monica,El Segundo)、San Fernando山脉的中部地区(Burbank,Glendale)。到1970年代中期,其他地区电子工厂明显集中,如奥兰治县的Irvine、San Fernando山脉的西部、Northridge,同时San Fernando山脉东部的一些工厂也转移到以山脉西部为主的地区。

二、洛杉矶盆地的多中心集聚的形成

到1970年代后期,洛杉矶盆地出现了多个电子生产中心,奥兰治和洛杉矶县的许多地区原有企业扩张并出现许多新企业。这种多中心类型在很多方面与多中心的城市结构相一致。由129个自治市和至少19个主要的商业区构成的都市可对区域大型电子制造部门提供许多不同的和竞争性的区位。

洛杉矶已成为日益重要的一个世界性城市。就GDP而言,洛杉矶的经济总量在世界城市中已居第11位,它同时也是世界上最多样化的高技术制造中心。先进的电子业包括其最重要的高技术

① 以下文献也提供了相关论述:Clark,D.L.(1981),*Los Angeles:A City Apart*.Woodland Hills,CA:Windsor;Davis,M.(1990),*City of Quartz*.London:Verso;Garreau,J.(1991),*Edge City*.New York:Doubleday;Ikle,D.(1960),*Southern California's Economy in the Sixties*.Report P-2077,RAND Corporation,Santa Monica,California;Rand,C.(1967),*Los Angeles:The Ultimate City*.New York:Oxford University Press;Nadeau,R.(1960),*Los Angeles:From Mission to Modern City*.New York:Longman;Rolle,A.F.(1981),*Los Angeles:From Pueblo to City of the Future*.San Francisco:Boyd and Fraser.

活动,大规模的和多样性的产品制造,如超级计算机、通信卫星、微处理器、航空宇宙控制系统、电子医疗设备、工业自动化系统、半导体和纤维—光学传输设备以及其他许多部门。洛杉矶盆地最重要的电子制造活动组成三个 R&D 密集的产品生产群,包括通信、高级计算机和电子医疗设备部门。这些 R&D 密集的产品生产群大多建立在洛杉矶、奥兰治和文图拉县,即洛杉矶盆地,分布在沿太平洋海岸线 95 英里和 35 英里的内陆。其他两个县即圣·伯拉迪诺(San Bernardino)和里沃萨德(Riverside)也被认为是都市区的一部分,但在 R&D 密集的产品群上还没有获得显著的生产能力。圣·伯拉迪诺和里沃萨德县的产业基地是老的传统的钢铁、金属和机械制造业,它们在最近二十年已经衰落[①]。

洛杉矶盆地大量电子生产企业和非集聚企业显现了集聚和非集聚的区别。R&D 密集的集群由 1126 个制造企业组成,其中 44%(500 个企业)比较集中,其余的分布于三个县内[②],洛杉矶中部的老工业区附近没有形成集聚区。这里的集聚指两个企业间相距不超过 0.4 公里。

尽管接近交通线特别是主要的高速公路促使了企业的集聚,但企业内部组织策略对集聚的作用也许更大。L. Suarez-Villa & W. Walrod (1997)的研究表明,60%的被调查企业主要依靠公路运输,32%的企业为航空运输,而后者在很多情况下也需要公路运

---

① Ikle(1960);Rand(1967);Scott, A. J.(1993), *Technopolis*. Berkeley: University of California Press 也提供了相关证据。

② Dun and Bradstreet Information Services (1994), *Dun's Market Identifiers*. Parsippany, NJ: Dun and Bradstreet Corporation.

输。另外,由于集聚和非集聚区的土地成本基本一致,因此生产组织的内部策略,特别是外部采购、支持R&D和使用JIT生产方式等可能成为决定集聚区的最主要因素。大量集聚企业(69%)与其他公司签订了生产任务合同,多数企业(53%)也运用JIT生产方式,许多企业集中在主要签约者或供货商的集聚地,以便减少运输时间和成本。

三、进一步的数据与比较

美国学者曼纽尔·卡斯特在其《信息化城市》一书中分析了新产业空间模式变化的特征与原因,透过其引用的有关学者的研究证据,可以看出洛杉矶盆地地区高科技产业发展的基础和在美国的地位。

Glasmeier将高科技产业定义为半导体、计算飞机制造、通讯设备、航天以及与国防相关的工业①。1977年,位于洛杉矶盆地地区的洛杉矶—长滩(Long Beach)和阿纳海姆(Anahaim)及周围地区的高科技产业工厂数在所列的美国前15个地区中分别位于第1位(3732家)和第7位(1118家),高科技产业职位数分列于第1位(279293个)和第6位(92726个)。1972—1977年期间,新工厂的变化数后者位于第1位(增加464家),前者位于第2位(增加367家);增加的职位数后者也位居前列(第2位,30612个)②。尽管

① A. Glasmeier(1986), *The Structure, Location, and Role of High Technology Industries in U.S. Regional Development*, unpublished Ph.D dissertation(Berkeley, University of California).

② (美)曼纽尔·卡斯泰尔:《信息化城市》,崔保国等译,第40—41页,江苏科学技术出版社,2001年版。

Glasmeier 的以上数据没有考虑在同一高科技产业内创新部门与工厂装配线之间的区别,但对于理解新产业的空间分布,加深对洛杉矶盆地地区包括电子产业在内的高科技产业基础和发展的认识,具有参考意义。以下四个系列变量很好地解释了大都市工业部门在空间分布上的变化:

(1)环境优越(宜人的气候、良好的教育机会、合适的房价);

(2)交通便利(靠近机场和高速公路);

(3)经济发达(商业服务机构、世界 500 强总部大都分布于此);

(4)社会政治因素(保护性消费等)。

爱得华·J.麦莱基(Edward J. Malecki)的研究提供了其他方面的证据[①]。1977 年,研发机构中科学家和工程师分布的前 20 个大都市区中,洛杉矶—长滩—阿纳海姆以 32085 人占据绝对量的第一名。在国防事业研究总投入方面,1977 年国防部和宇航局在洛杉矶—长滩—阿纳海姆地区的总投入达到 29.163 亿美元,居公立研发投入量的第一位,而私立实验室的总投入也以 4.46 亿美元位居第二。根据科技创新环境的潜能计算出的 42 个大都市区排名中,洛杉矶以其强大的企业基础、政府基金(国防和航天航空部门)、大规模的主要大学和大量技术工人储备的组合而排名第一。1977 年以后这种趋势更为明显,在 20 世纪 80 年代中期,大洛杉矶

---

① Edward J. Malecki(1980), *Dimension of R&D Location in the United States*, *Research Policy*, No.9.

地区(包括奥兰治县)汇集了美国产业的绝大多数研发力量[①]。

第二节　集聚和内部组织策略的作用比较

集聚理论是区域经济学的重要理论之一，对于区域经济的成长与壮大具有很强的解释力。随着研究的深入，集聚经济也被区分为静态集聚经济(集聚的静态外部性)和动态集聚经济(集聚的动态外部性)。通常存在于城市的静态外部性具有接近基础设施、公共设施、住宅、劳动力市场的优势条件，这些条件同城市规模有关，并被视为城市集聚经济的组成部分。

一、集聚的外部性

通过集聚获得的动态外部性在于：与产品或 R&D 有关的内部职能专门由外部采购获得、通过更频繁的人员接触和网络获得信息、加入供货商或生产任务签约商网络得到专门产品。容易得到高级熟练人员也是一个优势，他们的技能可增加内部的灵活性，并使设计和产品结合得更紧密，从而有利于持续不断的创新。其他有利条件还有：提供培育同签约商和供货商之间的合作关系的环境、竞争性的交易报价等。这也意味着空间集聚与创新紧密相连，企业的空间集聚能够发挥以创新活动为基础、以互动学习为源泉的竞争优势。

① (美)曼纽尔·卡斯泰尔：《信息化城市》，崔保国等译，第 100—105 页，江苏科学技术出版社，2001 年版。

有关研究文献对动态外部性如何影响创新和 R&D 还存在不同观点。一种观点认为通过促进专业化的中小企业之间的合作,空间集聚对创新发挥了最佳作用,如 Piore 和 Sabel(1984)、Goodman 等(1989)、Becattini(1990)、Brusco(1990)[①]的研究等,认为集聚能促进信息交换、技术转让、公司间相互雇佣或高技术人员交换等。企业规模对协作关系也很重要,重视小企业的观点强调公司间交往的价值以及许多小公司的垂直一体化。

另一种观点强调集聚区企业间的竞争关系(Porter,1990)[②]。为保持竞争力,生产者会促使其供货商或签约商进行创新,他们自己也会通过竞争产生创新。这个观点的中心假设是竞争性市场行为高度依赖于部门和空间集聚,以产生更大的生产率和更多的创新机会。由此,部门和公司规模的多样性是引致创新和集聚稳定的必要条件。

第三种观点认为,具有规模收益递增的大企业导致其他专业化的创新型公司出现,这些对促进创新和提高竞争力十分关键。在集聚区中,各类企业的创新可通过劳动力流动、信息和知识与技能的传播或通过模仿产生。这一观点同经济学中对知识溢出

---

① Piore, M. J. & Sable, C. F. (1984), *The Second Industrial Divide*. New York: Basic Books; Goodman, E., Bamford, J. & Saynor, P. (Eds) (1989), *Small Firms and Industrial Districts in Italy*. London: Routledge; Becattini, G. (1990), *The Marshallian industrial district as a socio-economic notion*, in F. Pyre, G. Becattini & W. Sengenberger (Eds), *Industrial Districts and Inter-firm Co-operation in Italy*, pp. 37—51; Brusco, S. (1990), *The idea of the industrial district: its genesis*, in F. Pyre, G. Becattini & W. Sengenberger (Eds), *Industrial Districts and Inter-firm Co-operation in Italy*, pp. 10—19, Geneva: International Institute of Labor Studies.

② Porter, M. E. (1990), *The Competitive Advantage of Nations*. New York: Free Press.

(knowledge spillovers)的研究一致,在地理上集中的产业间较少或没有竞争,可能导致更多的创新,促进更快的增长,如 Arrow (1962)、Arthur (1992)、Krugman (1991) 等①。也有观点认为,在 R&D、生产、营销、劳动力培训或其他活动等方面,一些企业可能会采取战略联盟。在某种程度上,此观点同创新网络的观点相一致,技术协作可能会存在于很不对称的不同企业之间。

二、集聚和内部组织策略的作用比较

在多中心都市区域内,空间集聚或内部组织策略在增强创新和 R&D 方面哪一个更重要?

洛杉矶盆地空间集聚优势不那么重要的原因之一是存在可替代的区位,这样集聚区外的企业可能具有更灵活的战略,特别是当公司的业务分包和供应关系变化很大或很难达到时。如果不考虑空间集聚在发展企业间的信任和互惠关系方面的作用,集聚就会被许多公司仅仅视为是一种区位。

(一)对产业区效应的检验

有很多学者研究了产业区现象及其对区域经济发展的重要性,但是他们在很大程度上忽略了城市内部结构,认为城市中的企业是生产商的单一集中,而 Suarez-Villa 和 Walrod 则用多种定量和

---

① Arrow, K. J. (1962), *The economic implications of learning by doing*, *Review of Economic Studies*, 29, pp. 155—173; Arthur, W. B. (1990), *Silicon Valley locational clusters: when do increasing returns imply monopoly?*, *Mathematical Social Sciences*, 19, pp. 235—251; Krugman, P. (1993), *First nature, second nature, and metropolitan location*, *Journal of Regional Science*, 33, pp. 129—144.

定性指标对洛杉矶盆地的多中心集聚区的研究,说明了问题的另一面。

首先,对垂直一体化(由产品销售带来的价值增加及其单位化)的考察。垂直一体化指标已广泛用于研究产业组织。集权化的组织体制和垂直一体化的生产结构已为许多学者所批评。唐更华等(2002)概括指出:集权和垂直一体化必然导致组织规模庞大、组织成本越来越高、决策效率低下,并易于导致滥用职权和职权腐败,从而阻碍创新、降低员工士气。因此,垂直非一体化(vertical disintegration)变得更为流行。

由于更大程度的生产专业化,集聚企业具有较低水平的垂直一体化,因为更容易获得位于同一集聚区企业提供的外部采购的机会,但是,由企业调查得到的证据与此假设相矛盾,集聚企业的垂直一体化水平(0.37)同非集聚企业的(0.38)相同。

企业规模差异是引起垂直非一体化的另一因素,如果企业集聚具有显著的产业区效应(industrial district effects),企业的规模就会较小,因为垂直一体化水平比非集聚企业要低。然而,洛杉矶的情况却表明,集聚企业比非集聚企业规模更大,前者平均有 176 个雇员,后者为 133 个。集聚区内大规模(超过 500 名雇员)企业更多,比例为 11.1%,而非集聚区的比例为 5.1%。集聚区内中大规模(雇员在 100—499 人之间)的比例为 13.9%,非集聚区为 10.3%。

第二,对生产率差异的分析。生产率差异也是产业区效应的一个指标。产业区理论认为,产业区效应会使集聚性企业的生产率更高。洛杉矶的情况则相反,以总收入除以总就业人数反映的生产率在集聚区明显较低(258900美元比282600美元)[①],利润率也更低(48100美元比77900美元)。集聚的企业每个雇员创造的和每单位收入的经营利润均较低,因此集聚企业平均而言比非集聚企业生产率更低,利润更少。

第三,对企业间外部采购关系的分析。企业间外部采购关系是产业区的一个重要指标,产业区的一个重要性质是相关的合同关系,这与分层的或不对称的外部采购安排的竞争性报价特性相反,产业区效应使竞争性投标比非集聚区企业更少,以信任和互惠为基础的合同则更多。但是,研究表明,洛杉矶在集聚企业之间通过竞争性投标签约实际上更多,超过61%的企业宣称其为最典型的外部采购模式,而非集聚企业仅有39%。集聚企业和非集聚企业主要通过与其他企业的相关业务安排签约的比例相同(50%)。而且,经由其他企业签订R&D业务的企业比例,非集聚区企业比集聚区企业比例更高(53.8%比46.2%)。

集聚企业与所在城市企业签订外包生产任务的比例比非集聚企业的更高(66.7%比45.0%),表明其区域根植性(local embeddedness)更高,集聚企业承接所在城市生产任务的比例也比非集聚企业更高(35.7%比14.35%),但集聚企业与所在城市内其他企业签订R&D业务的比例很低,而非集聚企业则较高(9.15%比30.0%)。

第四,对共同道德规范的分析。产业区理论认为,产业区的明显特征之一是相关企业间具有共同的道德规范,而洛杉矶的情况

① 括号中数值依次指集聚区与非集聚区的该指标值。

表明,集聚企业的首席执行官或总经理之间的业务目标和作用非常不一致,公司经理对其他企业的态度受短期性的竞争考虑的影响,如增加市场份额、扩大生产规模或提高利润,即使与有合作性关系的外部采购企业间也是如此。这样,如果集聚企业有共同的道德规范或价值观,则可能反映了它们在具体市场环境下的竞争需要,在这方面非集聚企业与集聚企业没有明显差异。

市场压力与集聚企业的价值取向和态度密切相关。与非集聚企业相比,集聚企业出口的产品更少(15.1%比21.7%),从国外直接进货的集聚企业比例也较低(7.2%比21.0%)。这些特点对集聚企业具有更大的成本压力,因为通常进口产品单位成本较低,出口获得的收益较高,这可能对那些更强调出口的非集聚企业有利。

以上现象表明,集聚性企业间不存在产业区效应。

在动态外部性观点中,协作观点与洛杉矶盆地的高级电子集聚最有关,它也与产业区概念相关。在某些情况下,具有明显规模收益递增的大企业对形成高级电子业集聚有显著的影响。这出现在1970年代和1980年代的Anaheim Canyon集聚区,该处休斯电子、诺斯洛普、洛克韦尔国际等高级电子企业通过其外部采购需求,促使一些小型专业化的、创新性的公司的产生。在没有大公司的集聚区,中小企业之间的竞争有利于其自身及其合作企业的创新,比如洛杉矶盆地南端和北端规模较大的欧文和诺斯里奇集聚区即如此。

非集聚企业具有更高的生产率、利润率和竞争力,而对于洛杉矶盆地的创新和发展,部门联系比空间集聚更重要。

第三节　经营策略和多中心集聚的效应

一、分析的前提

企业区位与经营策略对R&D和企业绩效影响明显不同。统计分析表明,非集聚显著增强了洛杉矶盆地高级电子产业R&D和经营绩效之间的联系,R&D和经营绩效之间的联系又进一步增强了企业将外部采购或JIT生产方式作为经营策略。

如果认为经营策略比空间集聚更重要,则区位选择自然会促进经营策略的实现,因此相对于支持增强公司创新能力的经营策略,企业集聚未必是一个有效方式,而推动竞争力的创新则非常关键。

通过检验集聚和非集聚企业的R&D与企业在规模、成本和收益上的关系,可以评价都市内区位对企业R&D与企业特征间关系的影响,通过比较这种影响也可以评价集聚和非集聚企业外部采购和JIT生产这两类经营策略。

许多公司进行产品外部采购以减小规模或进行专业化生产。通过外部采购进行专业化有助于创新,节约的资源可重新配置以支持R&D。这样的专业化减小了公司经营范围,有助于提高产品质量和内部管理。但是,通过外部采购形成专业化也可能最终降低生产或创新的内部灵活性,使公司难以应对不断变化的市场。因此,一些公司会避免减小规模以保持内部更大的灵活性,因而采取有利于降低企业成本并维持规模的JIT生产方式。因此,外部采购及JIT生产方式在一定程度上可以互相替代,特别是在企业面临保持专业化和具有多样化功能的选择时。此外,在一些大中型企业中JIT生产和大量外部采购可以共存,这主要取决于所从事的任务和生产的时间,洛杉矶盆地计算机及其组件制造等产业中有一些这样的企业。

洛杉矶盆地的小型高级电子公司更具创新性。在过去10年中,金融市场的建立和巩固对美国小型高技术公司的出现起到了相当重要的作用,洛杉矶盆地的许多小型、高级电子公司能得到资金以支持R&D项目和扩大生产。在R&D密集的电子部门大多数公司是单一工厂、内部人控股和小型组织。样本中57.5%的公司进行外部采购,53.5%的公司使用JIT生产方式。

二、多中心集聚对R&D和生产的影响分析

研究表明,空间集聚并没有提供R&D和经营变量之间较强的统计关系。在对6组R&D和独立的经营变量(总就业、生产成本)之间关系的检验中,有两组非集聚企业比集聚企业更强,另外两组(R&D和运输成本与总收入)集聚和非集聚企业的统计关系强度显著不同,只有R&D和劳动及原材料成本两个变量之间集聚企业有更强的关系。

运用普通最小二乘法(OLS)回归分析可以看出R&D、企业规模(就业)及集聚和非集聚型企业区位的关系,结果表明,非集聚企业的平均规模小于集聚企业(小24.4%),但它们的R&D人员却多2.5倍。如果R&D从业人员代表创新能力,则非集聚企业的创新能力更强。非集聚企业的R&D人数和总雇员人数间有较强的相

关关系($R^2=0.825$)。一般而言，非集聚企业 R&D 的强度更高、从业人员的 R&D 活动更多。

非集聚企业的 R&D 支出平均比集聚企业多 3.6 倍，而总生产成本却低 13.6%。非集聚企业 R&D 支出和生产成本之间有较强的关系($R^2=0.625$)，因而可能说明节省的一些成本被追加到 R&D 中。再者，当规模经济受到短生产周期的限制时，规模较小和经营范围有限的企业也可能对 R&D 追加投入。

洛杉矶盆地非集聚企业倾向于更有效地重新配置节省的成本以支持创新，因而非集聚区能通过这种方式更好地支持创新。非集聚企业外部采购水平明显更低(45.9%，而集聚企业为 69.4%)，平均规模也更小，只有少量非集聚企业与其他企业有订货任务(11.1%，集聚企业为 28.6%)。

非集聚企业的相关生产成本更低，不仅表明其有更高的生产成本效率，也表明集聚企业的外部采购和互惠的收益更有限，集聚企业大规模的、频繁的外部采购和互惠的订货可能会导致不经济，减小创新能力，特别是在外部采购使企业大量从事其非主营业务或者低效率使用人力和设备时。此外，部门集聚能比空间集聚能更有力地支持创新。

三、经营策略对 R&D 和生产的影响分析

经营策略、R&D 和生产的统计分析包括两部分：一部分检验集聚和非集聚企业订货生产的效应，另一部分评价采用 JIT 的效应。统计表明，非集聚企业采取的经营策略更能促进 R&D 和生产变量(规模、成本、收入)之间的关联，使用 JIT 比订货生产更加强

了这种关系。

如果 R&D 和经营变量之间的关联能反映 R&D 的强度,则采用外部采购或 JIT 方式的非集聚企业更能支持 R&D,非集聚企业 R&D 的平均支出超过集聚企业 2.6 倍、从业人员超过 2.5 倍,不过小规模的集聚企业可能与 R&D 的关联度较高。

非集聚企业的经营范围和规模有限,因而外部采购使其 R&D 支出、就业和原材料成本之间关联度更高。由于非集聚企业很少从其他公司取得生产任务,因此更高的专业化使非集聚企业能强化其生产优势,更多地支持 R&D。

非集聚企业的 R&D 和劳动力成本之间的关联较弱,这是由于职能外部化和垂直非一体化的存在,减少了劳动力成本的重要性。

外部采购显著地降低了成本,对非集聚企业更是这样。这是缩小经营范围和垂直非一体化的自然结果,它可能明显节约设备、资本和劳动力的使用,也会减少引起管理不当、误解或劳动力关系不好的内部组织信息。进行外部采购的工厂的生产成本几乎都低于不这样做的工厂,特别是当其年销售收入达到或超过 100 万美元时。在许多企业中,较低的生产成本毫无疑问会导致资源节约,并使其重新配置以支持 R&D。显然,非集聚企业进行外部采购不仅没有减少好处,而且实际上提高了经营效率。

采用 JIT 方式的非集聚企业在规模、生产成本、劳动力成本、原材料成本等经营变量和 R&D 之间有更强的关系,表明非集聚企业采取 JIT 生产方式对 R&D 更有支持作用。

非集聚企业劳动力成本和 R&D 支出之间的关联也较强,这是企业平均规模较小、R&D 从业人员较多的结果,较多的 R&D 从业人员也使企业内部具有更大的灵活性,使人员可以方便地在 R&D 和生产之间转换。

在生产成本方面,集聚企业使用 JIT 生产方式减弱了成本与 R&D 支出之间的关联,可能表明 R&D 人员较少而生产成本较高。收入方面的情况相反,非集聚企业的关联强度稍微减弱。非集聚企业较高的 R&D 强度表明其经营效率水平也较高。

使用 JIT 方式的企业具有更高的生产率,从而可支持其 R&D 活动。附加的 R&D 资源来自于拥有较多熟练人员,以及加强那些更有效支持 R&D 的内部职能,因此保持一些职能有利于增强 R&D 能力。采用 JIT 方式可以通过使其放弃某些功能,帮助企业避免过分专业化。尽管 JIT 方式最初主要适合于大公司的长周期生产,但近年在中小企业中用得更普遍。

比起通过外部采购安排形成的专业化,JIT 方式的主要优势在于内部灵活性(柔性生产),它不需要额外的资本投资或提高间接经营成本而扩大生产范围。JIT 方式带来的程序上的灵活性也会降低生产成本。长生产周期和小批量生产中使用 JIT 方式造成的成本差异已经大大降低,表明中小生产商已知道按 JIT 的要求调整其经营。这样,在许多情况下,使用 JIT 方式的中小型企业已经接近大企业的低成本极限水平。

使用 JIT 方式的企业每单位销售收入的生产成本明显较低。应注意的是,低收入企业的成本也较低,如年销售收入不足 100 万美元的企业。因此,高级电子部门的小型企业可能得益于使用 JIT 生产方式。

空间集聚和附加的内部灵活性或使用 JIT 方式对 R&D 的支持

之间没有必然的关系。非集聚企业较高的 R&D 强度表明部门集聚、静态外部性和更广泛的都市内部的联系更重要。有许多生产商和高静态外部性的多中心都市区域因而可能已将动态外部性的益处延伸到更大的都市区域,对非集聚企业产生有利影响。

四、与硅谷企业的比较

L.Suarez-Villa 和 W.Walrod 还比较了硅谷与洛杉矶盆地的异同。硅谷是世界上最大的高级电子业单一集聚区,许多对硅谷的分析认为,企业间的密切关系和大量合作空间集聚带来了创新产业文化,区域内相互信任和互惠互利代表了硅谷的价值。硅谷的产业布局首先象征了顶级产品如何在一个紧密结合的、竞争性的产业文化中被生产出来。Haines 和 Anna (1996)在评介萨克森宁关于硅谷和麻省 128 公路地区的比较优势研究中指出:硅谷的大学与企业紧密结合的文化和历史深刻地影响了企业的结构和行为,从而导致其对于 128 公路地区的比较优势。中国学者对硅谷的成功经验也进行了大量研究。如唐更华等(2002)指出,硅谷的企业之间、企业与社区以及学校的大量合作实践为相互之间的学习和调整提供了良好的环境。

L.Suarez-Villa 和 W.Walrod 从硅谷集聚区选出 25 家在就业、区位、产业类型等方面具有代表性的样本企业。小企业在硅谷更具代表性,但不足 50 名雇员的样本公司在硅谷和洛杉矶的比重很近似,分别是 80% 和 79.5%,硅谷没有超过 500 名雇员的样本企业,这反映了硅谷 R&D 密集的高级电子生产的重要特征,即由于频繁的减小规模和分拆,企业实际雇员较少。

硅谷与洛杉矶盆地样本企业在经营策略、产权和公司身份等特征上相当接近,特别是内部人控制的(即独立的)、单个工厂和多工厂的公司的总比例很接近。洛杉矶盆地企业的 R&D 投入更大,而硅谷公司人均 R&D 投入(16900 美元比 10200 美元)[①] 及单位收入 R&D 投入(0.10 比 0.07)更高,洛杉矶盆地企业总雇员中从事 R&D 工作的人数更多(0.20 比 0.18)。1989—1994 年,硅谷获得发明专利的企业比例与洛杉矶盆地很相似,分别为 30.4%和31.1%。

洛杉矶盆地企业的 R&D 和规模的关系强于硅谷企业,前者较后者 R&D 人员数更多,成本也更高,尤是采用 JIT 生产方式的企业。洛杉矶盆地企业的收入与 R&D 之间的关系也更强,表明 R&D 发挥了更重要的作用。

检验结果表明,非集聚的洛杉矶盆地企业比硅谷公司在经营上更支持 R&D,由于它们采用外部采购或使用 JIT 生产方式,因而 R&D 强度更大,同时 R&D 强度大的企业也是由于与其他企业的隔离而获得的。

五、对产业分散化的进一步解释

正如曼纽尔·卡斯特所指出的,信息技术产业的特征是在功能和空间上生产运作日益呈现出分散化的趋势[②]。综合相关学者的研究结论,可以对生产的分散化趋势产生的原因用以下四大要素来说明:

---

① 括号中前者为硅谷公司数值,后者为洛杉矶盆地公司数值。

② (美)曼纽尔·卡斯泰尔:《信息化城市》,崔保国等译,江苏科学技术出版社,2001 年版,第 112 页。

1.就生产过程的各个组成部分来说,对劳动力的要求是特定的且互不相同的,而在同一功能空间单元很难找到或者复制这些不同类型的劳动力。

2.产品的特性决定了地区分布的不同:考虑到高价值/低数量的比率,它对运输成本不敏感。不同的生产部门可以分布在不同的地区,他们的中间产品可以通过运输来回传送。

3.作为信息加工设备的生产者,该产业本身也是自己产品早期的主要使用者。先进的设备可以处理和传播信息,使得功能可以在空间分散。这些分散的功能通过在线信息系统和可编程的生产工具又整合进相同的生产和管理过程。

4.信息产品的加工性在产业与它的产品用户之间建立了一个非常紧密的联系,因此信息加工设备便成为最终产品和生产活动的最主要部分,这一要素将信息产业中的标准化生产和个性化生产明显区分开来。标准化生产的产品有普遍的市场,其生产相对集中,而供货则非常分散。另一方面,产业的总趋向是强调个性化产品,使得产业的定位模式与市场密切相连。这导致两种情况发生:其一,对于通用的信息加工设备,其市场到处存在,除了高级研发部门还集中在创新环境优越的地区,生产则会根据市场渗透原理而分散化;其二,如果市场是非常明确具体的,则需要在企业与其市场之间建立紧密的联系,在市场周围形成集聚,使整个生产过程重新进行空间整合,从而逆转分散化过程。

洛杉矶盆地的电子产业呈多中心集聚区的发展,代表了一种特定的创新环境的形成和演化,虽然还称不上大范围空间内的分散,但也可在上述四大要素中找出形成原因。

第四节　评价与结论

经济发展理论家、贸易专家和产业政策制定者认为,空间集聚是促进技术内生发展的先决条件,这一观点的基础是认为空间集聚能产生更多的创新机会、相邻企业间的交往有利于共享新知识和新思想。

但是,对洛杉矶盆地多中心集聚情况研究的结果表明,高技术产业活动的空间集聚并不像很多理论家和政策制定者想像的那样有效,高级电子产业的空间集聚在支持 R&D 上并不更有利。非集聚的企业不仅 R&D 强度更大,在实践上也更能支持 R&D 活动。在洛杉矶盆地的多中心都市结构中,集聚区的典型假设——动态外部性在都市结构中的分散区域也广泛存在,也许这正好是高度产业化的多中心都市区域的典型特征。因此,在洛杉矶盆地的多中心都市结构中,非集聚区域对许多公司很有吸引力,特别是对保密性要求很高的 R&D 更是如此,这同硅谷的成功得益于有利于交流和沟通的空间集聚情况不一致,这也许是与洛杉矶盆地中可选择的区位较多有关。

与人们预想的情形相反,建立在非集聚区的高级电子企业比集聚区的企业规模更小而 R&D 强度更大。因此,许多独立的、R&D 密集的公司远离位于集聚区的较大型生产商以维护其身份和创造性。

经营策略、外部采购和 JIT 生产方式也很重要,这些有助于非集聚区的企业支持更强的 R&D 活动。采用 JIT 生产方式的非集聚区企业的 R&D 和经营变量之间具有更强的联系,这些企业可以更有效地重新配置资源储备以支持 R&D。非集聚区企业远离集聚区及签订生产任务合同的机会较少,也有利于其不从其他公司获得业务而更多从事 R&D 活动。

洛杉矶盆地高级电子产业的发展实践是否与集聚理论完全相悖?洛杉矶案例表明,在洛杉矶盆地高级电子产业的分布是多中心的,并非简单的分散分布,而是大分散小集中的格局。

此外,还有其他一些关于该地区的有益研究,如 Scott 在研究南加州高技术产业和区域发展时,就强调了公司治理结构在成功的柔性生产集聚中的重要性,认为公司治理结构要胜过市场关系(Henry,N.,1995)。加利福尼亚州创建智能社区的实践,也从一个侧面反映了政府政策和行为在推动区域产业创新,发展电子信息产业中的重要作用。

洛杉矶盆地的大公司、政府和民间这三方面的力量,促成了创新网络的构建。对洛杉矶盆地区域创新类型的研究,有助于全面理解区域创新的演化机制和影响因素,对于制定促进区域创新的政策也有启发,尽管这类地区目前还并不具有普遍意义,其相同的创新潜力不易被取代甚至复制。世界上其他地区要想建立新的高层次创新环境,需要政府在大范围内努力支持并且制定明确的目标。

附录　加利福尼亚州建立“智能社区”的实践

网络时代的来临催生了新经济,借助于信息技术使商业模式、政府行为和个人生活得以重塑,而且十分必要。新经济或者说以知识为基础的经济伴随着新的网络化的现实,对全世界范围内的社区建设提出挑战,信息的生产和传播成为社区成功应对挑战的至关重要的因素。信息技术和通讯能力对于社区获取和保持高质量的生活,提高社区活力,将做出关键性的贡献。正如道路等市政设施,学校、图书馆、公园和博物馆等公用设施为社区生活提供了极大便利,信息技术对建设更美好的生活无疑更重要。对于政府而言,信息技术可用于改变政府履行职能的方式,改变政府与居民之间的关系,为减小居民与政府及其他重要机构之间现存的信息鸿沟提供可能的手段。在这方面,加利福尼亚州推进"智能社区"(Smart Communities)项目的实践具有启示意义。Roger W. Caves 和 Marco G. Walshok(1999)对其进行了考察,也为我们理解洛杉矶盆地地区包括电子产业在内的信息产业的发展提供了参考。

加利福尼亚州以其雄厚的经济实力在当今世界经济体中名列第 7 位,许多产业在 21 世纪初期的全球经济增长中扮演了领导者角色,其中,电讯部门是增长最快的和最重要的部门之一。在全州经济中,电讯和信息技术产业正在占据关键性的地位。这与州政府大量使用先进的信息技术,以及推进信息技术在全州经济、社会和民众中的应用分不开。州立法机构于 1995 年制定了促进信息技术产业发展的有关法律。根据该法律,成立了独立的信息技术部(Department of Information Technology, DOIT),承担制定推进信息技术在全州政府部门中有效应用的发展计划和政策的主要责任。加利福尼亚运输部(California Department of Transportation, Caltrans)

在鼓励应用新型通讯工具方面处于领先地位。对社区通讯的关注转而导致支持在全州创立智能社区的发展框架。加利福尼亚智能社区研究所(California Institute for Smart Communities)在地处洛杉矶以南的圣迭哥(San Diego)市成立,以推动向智能社区的转变。

按照《1977 年智能社区指南》,智能社区可被定义为:在规模上为从邻居到多个县的地理区域,居民、组织和管理机构利用信息技术显著改变了区域概念。政府、产业、教育者和全体居民之间的合作而非单个组织孤立行动成为优先选择。创建智能社区项目的主要目的在于积极推进智能社区概念在全州范围内的普及和成为现实。寻找最合适和最有效的技术应用方式是问题的关键。有的社区从利用互联网为居民提供更多信息和服务的计划着手;有的社区希望通过互联网节约成本,以最终实现在全球经济竞争中占据更有利的位置;有的社区希望将学校、图书馆与互联网相连接,以使学生为成为未来的劳动力进行更好的准备。最终,各地区可借助于通讯和信息技术推动就业扩大、经济发展,提高生活质量。

表 8.1 和表 8.2 分别列示了 1997 年加利福尼亚 4.5 万人口以上规模城市分布最多的几个县建立网站的情况,以及拥有网站的城市占同类城市的比重。数据从一个侧面反映了加利福尼亚建立智能社区的成果。表 8.1 所列各县建立网站的市数均超过了 50%,其中,里沃萨德、洛杉矶、圣伯拉迪诺和奥兰治四县均属于本文重点研究的洛杉矶盆地地区。表 8.2 中数据显示,人口规模较大的城市拥有网站的比例也更高。

表 8.1　加利福尼亚 4.5 万人口以上规模城市分布最多的县建立网站的情况

县	人口超过 45000 的市数	建立网站的市数	建立网站的市所占比例(%)
圣克拉拉(Santa Clara)	7	6	86
阿拉梅达(Alameda)	9	7	78
圣迭哥(San Diego)	13	9	69
里沃萨德(Riverside)	8	5	62.5
洛杉矶(Los Angeles)	40	23	58
圣伯拉迪诺(San Bernardino)	13	7	54
奥兰治(Orange)	21	11	52

资料来源:Roger W. Caves and Marco G. Walshok (1999), *Adopting innovations in information technology— The California municipal experience*, *Cities*, Vol.16, No.1。

表 8.2　加利福尼亚按人口规模统计的城市拥有网站的分布情况

人口规模	市数	建立网站的市数	建立网站的市所占比例(%)
0-60,000	56	28	50
60,000-90,000	41	24	59
90,000-120,000	28	19	68
>120,000	36	24	67

资料来源:同表 8.1。

1990 年代的十年见证了信息和通讯技术对全球经济的迅速增长的重要性。加利福尼亚州的许多社区成功地适应了全球经济的变化,能更有效地参与全球经济竞争。创建智能社区本身就是区域创新行为,同时又促进区域其他方面的创新。

智能社区的创建也为世界上其他地区的发展提供了激动人心的挑战和机会。加利福尼亚州创建智能社区的经验可用“SMART”来概括:

S(studying and strategizing)是研究并制定通讯和信息技术如何应用于本地区的战略;

M(monitoring)是监测和跟踪通讯和信息技术、经济发展和居民需求的变化和趋势;

A(arriving)是对通讯和信息技术将如何帮助本地区达成一致认识;

R(reaching out)是扩展到本区以外的人群和发展区域合作;

T(time)是现在就行动——延误行动意味着让邻近地区在新经济中取得竞争优势。

第九章 产业发展的环境依托：英国科学园的经验

本章根据有关学者的研究，论述英国科学园的发展及其对区域创新的意义，重点探讨其以财产设施为内容之一的创新环境对科学园内企业的影响。研究表明，英国科学园通过为新技术型公司提供场地和财产设施（如办公室、厂房等）条件，为企业和智力机构之间的交流和合作提供了便利，有利于区域创新网络的形成和发展。科学园的发展历程表明，区域创新环境的建设需要政府、大学、科研机构、金融机构、中介组织等多方面的协调配合、共同努力，科学园的快速发展是多种因素综合作用的结果。

本章首先简述英国科学园运动的发展状况，然后论述科学园供给方和政府部门在发展科学园过程中的做法，接着从需求方的角度进行分析，先是阐述科学园区使技术型公司受益的基本原理，继而探讨影响单个技术型公司在科学园内外布局的原因，再根据有关学者提供的问卷调查结果，分析英国科学园区对单个新技术型公司的益处。本章还探讨了园区内外公司与园区财产设施的关系，并总结出有关政策含义。

科学园的起源是和“硅谷”的名字联系在一起的,最早见诸《微电子新闻》周刊对斯坦福大学创办的微电子工业区的报道。科学园也被称为孵化器或创业者中心,它是为创业者减轻早期投资风险、培育能经受激烈的高科技竞争的成熟企业的一种组织形式,一般由厂房、办公室等建筑和通信等设施,以及一些行政管理者、经营行家和秘书人员构成,其主要功能是为进入孵化器的新建企业提供设施服务,疏通融资渠道,培养企业家,扶植有市场竞争力、能形成规模经济、具有发展前景的高技术成果或产品,为创业者开办企业提供方便(唐更华等,2002)。

学者们在通过对技术型企业行为的研究中,认识到区域环境对于企业创新活动的重要性,注意到提供财产设施对吸引技术型企业和促进区域发展的作用。Henneberry(1992)、Jones(1996)和Martin(1997)等认为,为企业提供财产设施(property)有利于城市更新,并能成为区域发展的催化剂①。1988 年,Begg 和 Cameron 指出,那些具有新的基础设施、整洁的环境、灵活的企业经营机制、富有活力的劳动力、完善的土地和产权中介机构的地区,吸引了半数以上的技术型公司②。Storey 和 Tether(1996)及 Rothwell(1994)的研

① J. M. Henneberry, *Science Parks: a property-based initiative for urban regeneration*, *Local Economy*, 6, 1992, pp. 326 – 355;

Jones, C., *The theory of property-led local economic development policies*, *Regional Studies*, 30, 1996, pp. 797 – 801;

Martin, F., *Business incubators and enterprise development: neither tried nor tested?*, *Small Business and Enterprise Development*, 4, 1997, pp. 3 – 11.

② Begg, I. C. & Cameron, F. C., *High Technology Location and the Urban Areas of Great Britain*. *Urban Studies*, 25, 1988, pp. 361 – 379.

究表明,为提高落后地区的竞争力和自立能力,扩大市场基础,缩小与技术先进地区在技术效率和生产率上的差距,欧洲委员会(the European Commission)鼓励技术扩散,支持大学与产业间加深联系。欧共体各国政府也已开始创造对新的技术型公司形成(new technology-based firm formation, NTBF)和中小企业(small and medium sized enterprise, SME)成长更有利的环境[①]。为实现科学园对全国及区域经济发展的推动作用、加强中小企业的创新活动、鼓励创造财富和赢得商业利润、促进就业等,一些政府鼓励建立以提供财产设施为基础的科学园,力图通过提供财产设施提高科学园的吸引力。Carter(1989)认为,科学园有可能是以后几十年内增长最显著的部门[②]。

1998年,Westhead、Paul、Batstone、Stephen以英国科学园为例,描述了科学园运动的发展演变,对布局于科学园内外的技术型企业进行了广泛的调查和分析比较,并进一步从需求方的角度,揭示了作为区域创新依托的科学园存在和发展的理由。

---

① Storey, D. J. & Tether, B., *A Review of the Empirical Knowledge and an Assessment of Statistical Data on the Economic Importance of New Technology based Firms (NTBFs) in Europe*. Coventry: Centre for Small and Medium Sized Enterprises, University of Warwick, 1996;

Rothwell, R., *The changing nature of the innovation process: implications for SMEs, in R. OAKEY (Ed.) New Technology-based Firms in the 1990s*, pp. 11—21. London: Paul Chapman Publishing Ltd. 1994.

② Carter, N., *Science Parks Development and Management*. London: The Estates Gazette Limited. 1989.

第一节　英国科学园运动的发展

美国斯坦福大学和麻省理工学院周围技术型公司的增加,为英国科学园的发展提供了启发和模板。为发展技术型公司,英国政府鼓励建设以提供财产设施为基础的科学园,并通过建立科学园来推动整个区域经济的发展。

一、英国科学园运动的成长

英国最早的两个科学园剑桥和赫洛特—瓦特(Herlot-Watt)建于 1972 年,第三个科学园出现于 1982 年。自 1983 年起,英国科学园的数量迅速增长,到 1989 年已由 7 个增加到 38 个。据英国科学园协会(UK Science Park Association,简称 UKSPA,1996)提供的数据,1992 年,由高等教育机构(high education institute,简称 HEI)协同公共机构和私人部门参与开发的科学园达 42 个[①]。这些科学园分布在英国北部和西部经济萧条和条件不利的地区,以及英格兰南部一些经济繁荣的地区,科学园既建于农村,也建于城市,其中北部地区的科学园数量更多,甚至超过了其产业重建的需要,而南部地区的科学园则更发达一些。

科学园的建设获得了私人部门和公共部门的共同投资。英国政府虽然赞成科学园的发展,但没有制定正式的促进性政

---

① UKSPA, *UKSPA 96: The UK Science Park Association Annual Report 1996*. Birmingham: The UK Science Park Association, 1996.

策[①]。B.Ashcroft、S.Dunlop 和 J.H.Love1995 年对苏格兰制造业企业的调查显示，1990 年代初期英国政府支持创新的政策存在很大瑕疵，与促进创新作为提高产业竞争力的中心环节不协调。David Keeble、Clive Lawson、Barry Moore、Wilkinson 和 Frank(1999) 引述 Christian Longhi (1999)的观点认为，法国政府直接资助了其南部的科学园 Sophia-Antipolis，大型国际公司和研究机构在科学园创设分支机构，形成了一种集体学习的环境，促进了大型公司高技术能力的内生化增长，而英国则是通过私人部门与公共部门的共同投资，到 1992 年科学园投资达 5.43 亿英镑，形成了几乎 50 万平方米的财产设施(UKSPA，1996)。科学园直接就业人数也由 1985 年的 3800 人增加到 1992 年的 16587 人。科学园的绝大多数公司是小公司，在过去 10 年中，园区 80%以上的公司雇员不足 15 人。园区公司从事大量技术活动，特别是工业技术、计算机/通信、生物技术、商务服务、技术咨询、环境、能源和材料技术等(UKSPA，1996)。

据新近的研究[②]，到 20 世纪 90 年代末，英国科学园区已发展到 53 个，科学园区内共有大约 1500 个公司，主要从事计算机、通讯和生物技术等领域的开发研究，其中，36%的公司从事计算机、通讯产业，15%的公司为生物技术产业。园区内公司的规模普遍

---

① Hilpert, U. & Ruffieux, B., *Innovation, politics and regional development: technology parks and regional participation in high technology in France and West Germany*, in U. Hvilpert, (Ed.) *Regional Innovation and Decentralization: High Technology Industry and Government Policy*, pp.59 - 88. London: Routledge, 1991.

② 余晓：《英国大学科学园区发展现状、趋势及相关政策》，《全球科技经济瞭望》，2000 年第 7 期。

较小,平均每个公司不足 20 人,大约 50%的公司员工不足 5 人,50 人以上的公司只占 7%。直接从业人数大约 3 万人,绝大部分是科技人员。40%以上的人员直接从事开发研究和新产品设计,只有 10%的人从事产品生产和安装,从事销售、咨询、培训和服务等其他职业的人员约占一半。在科学园建设总投资额中,大约一半是来自公共资源,其中欧盟各项发展计划起着十分重要的作用。另外有 30%由外部开发投资资源投入,11%来源于各园区所在的大学,11%来源于地方政府。

二、科学园的定义

为满足技术型公司的需要,许多以提供财产设施为基础的初创活动在英国展开,其重要形式即建立科学园。各科学园区一般是由地方政府、大学、研究机构以及私人投资者等联合创办,理事会是最高决策机构并挑选总经理负责具体管理与经营。各科学园区的管理机构本身也是以企业形式在运行,盈利是生存的必要条件。成立于 1984 年的英国科学园协会(UKSPA) 是英国科学园运动的权威机构之一,它根据 Monck 等(1988) 和 Massey 等(1992)及 Westhead 和 Storey(1994)对科学园公司的调查,将科学园定义为①:

运作上同大学或其他更高级教育机构或研究中心有正式的联

---

① C.S.P. Monck, R. B. Porter & P. Quintas, *et. al.*, *Science Parks and the Growth of High Technology Firms*. London: Croom Helm, 1988;

Massey, D., Quintas, P. & Wield, D., *High Tech Fantasies: Science Park in Society, Science and Space*. London: Routledge, 1992;

Westhead, P. & Storey, D. J., *An Assessment of Firms Located On and Off Science Parks in the UK*. London: HMSO, 1994.

系;

能鼓励知识型商业和其他常驻组织的形成和成长;

有积极从事将技术和商业技巧传递给当地组织的管理机构。

UKSPA 的定义也通用于符合上述标准的其他空间形式,如研究园、创新中心、技术园等。

三、设立科学园的目的

Massey 等(1992) 概括了规划和建设科学园的 25 个不同目的,如:促进 HEI 与产业之间的联系及 HEI 的技术向科学园转移;促进新的技术型公司的形成;促进学术性机构发起建立公司;促进现存技术型公司的成长;吸引位于技术前沿的公司进入;创造公司间的协作;提高区域经济绩效;改善区域特别是工业衰退地区的形象;直接和间接创造新的就业;增强区域内新公司以及老公司的竞争力。

参与建立科学园的人都以技术型产业是增长的产业为前提,大学和 HEI 有多种理由支持科学园的发展。为使其研究更具产业应用价值并使私人部门获得投资,HEI 致力于发展与现有商业活动的联系。而且,为使研究成果商业化,HEI 鼓励在科学园与其邻近的地方建立公司。这些商业活动可以提高 HEI 的声誉、租金收入、咨询费及提供临时或长期的就业机会。开发商认为科学园承租者都想发展业务并关心其商业形象,且他们对愿意为高档和灵活的条件及优美的环境支付"租金溢价"(即支付比其他地方更高的租金)。

Carter(1989)概括了英国鼓励科学园发展的三类管理战略。

第一类是大学领导和投资战略,由大学或 HEI 建立自己的科学园并负责其开发和(或)管理,例如 Cambridge、Herlot-Watt 和 Surrey 科学园。第二类是合资公司战略,科学园由单个合法实体经营。合资公司提供控制、管理以及未来的开发等方面的必要手段。这一机制确保了 HEI 和合资公司的其他投资者继续发挥积极作用,例如 Aston(Birmingham 技术有限公司)、Birmingham (Birmingham 研究园有限公司)、Southampton (Chilworth Centre 有限公司)、Warwick (Warwick 大学科学园有限公司)等。第三类是合作投资战略,这是最普遍的战略。参与者在灵活和非正式的框架内进行合作,地方政府或开发机构通常根据主要资金投入方的要求引导开发。这是 HEI 投入最少,学术机构参与非常有限的一种战略,例如 Antrim、Durham 和 Stirling 科学园。

四、对科学园园区的管理

各科学园的管理一般都实行董事会领导下的总经理负责制,进行自主经营。成功的科学园管理应该超越选择承租人、出租、收取租金和租赁谈判这些事务。为确保租金收入增长和公司倒闭的经营者最少,科学园管理者一般要提供支持性的环境及共同帮助公司降低其固定管理费成本。最重要的是,科学园应对承租者对于财产设施的要求作出反应,签订灵活的租赁协议并可按不同单位规格提供场地设施。当地 HEI 和承租者公司之间的技术转移和联系可通过 HEI 产业联络官的非正式接触和访问来加以促进。HEI 的资源和技能可以通过其开展的研讨会和主办的杂志扩散到公司。此外,共同使用社交和娱乐设施也可以促进 HEI 和科学园公司的雇员的非正式接触。科学园可能向园内公司提供与财务和营销有关的业务建议和服务。科学园管理者自己也可能提供业务建议和培训,或利用外部培训者提供的培训技巧。科学园管理部门也可指导和鼓励承租者使用当地 HEI 的图书馆以获取最新的技术和商务信息。

科学园除了向园区内公司提供全方位的服务和培训外,最重要的一项工作就是提供全面的业务咨询。内容包括各发展阶段的资金获取、市场调查、知识产权、信息交流和对外宣传等各个方面。这些方面往往是科技人员不熟悉或没有精力涉及的领域,但又是公司从创办到发展所必须面对的问题。业务咨询正是科学园区的魅力所在,它一般由科学园区聘请咨询顾问或有经验的园区管理者来完成。

Grayson(1993)指出,小型技术型公司的业主一般会认为缺少资金可能会限制其公司的发展。为克服这类业务发展障碍,科学园管理部门可能行使经纪人的职能,对科学园公司如何从私人和公共部门得到资金提出建议。而且,科学园管理部门可能对其承租者提供"管理上的支持"以确保租金收入增长,如一些公司认为来自于科学园管理者的业务建议很有价值。对科学园公司的服务通过不同的管理协议来提供,这些协议主要有非正式团队、单一的现场(on-site)管理者和现场管理公司三类[①]。

---

① Grayson, *Science Parks: An Experiment in High Technology Transfer* (London: The British Library, 1993)对此有详细的论述。

五、科学园的宏观管理机构

英国的科学园区主要是由地方政府和大学自发形成并逐步发展起来,然后得到了政府和议会的认同与支持。所以,英国迄今还没有一个专门政府机构来全盘管理全英国科学园事务,但贸工部内的"小企业与电子商务署"和"科技政策办公室"等与科学园活动还是有密切的联系,英国文化委员会与其也有关联,在支持科学园国际合作的同时,也开展与科学园区有关的咨询。目前负责全英科学园区管理与联系工作的是英国科学园协会(UKSPA)。该协会是一个民间管理机构,它在科学园的发展过程中发挥着重要的作用,是全英科学园信息交流中心,是内外联系的窗口。根据该协会2003年发布的年报,其职能在于①:

作为其会员、政府、外国使馆、产业和金融家的信息中心;

邀请会员中的知名专家进行广泛的合作咨询和开展培训工作;

为会员通过会议进行思想和经验交流组织论坛,一年三次;

进行统计调查以反映英国科学园运动的进步;

出版科学园名录,为科学园开发者和运营者提供最好的实践指南。

① UKSPA, *UKSPA Annual Report*, *2003*, http://www.ukspa.org.uk.

第二节　英国科学园的发展经验

英国科学园的发展积累了一些有益的经验,对世界上其他国家根据实际情况建立和发展自己的科学园区,实施区域创新,推动高新技术产业发展,具有重要的借鉴意义。

一、依托智力密集优势,营造良好发展环境

如前所述,英国科学园大都建在大学等高等教育机构附近,大学智力资源密集的特点为科学园的成长和发展提供了必要的条件。由于很多科学园和创业中心本身就是大学投资或部分投资建立的,所以大学与科学园区有密切的联系。科学园区不仅能充分利用大学的信息资源、图书资料和先进的实验室等条件,而且还能得到具有开发潜力的最新科研成果和源源不断的人才补充。大学为鼓励教师和研究人员在科学园创办自己的公司,一般都制定了宽松、灵活的政策和条件。如提供一定启动资金、保护个人的知识产权、校内职务和工作都不受影响,等等,使得有开发研究成果的教师和研究人员愿意到科学园区去创办自己的公司。有的大学还要求部分专业的学生必须在科学园内有一段时间的实习,去亲身感受科学园区的创业精神和企业文化,培养对知识转化为产品的兴趣,同时为将来自己创办公司积累经验。另一方面,科学园区根据公司的发展动向,也不断向大学反馈人才需求信息,使大学及时调整有关专业方向,培养市场急需人才。科学园有了源源不断具有开发前景的科研成果和不断补充的人力资源,就保证了科学园

充满生机的源头。

为充分利用大学的优良条件,政府出台了一系列鼓励大学与企业结合的计划,有利于科学园区公司的发展,如联系计划、院校公司计划、大学挑战基金和小企业研究与技术奖励计划等多种计划,1998 年政府还特别帮助成立了英国企业孵化机构,专门负责促进高新技术小公司的孵化。1999 年英国政府还拨款 1 亿英镑在贸工部专门成立了小企业服务机构(Small Business Service),目的在于使政府能更多地听到小企业的呼声,制定相适应的政策,促进小企业的快速发展。

二、不断拓宽融资渠道,努力增加金融支持

在英国科学园的创立阶段和科学园区公司的各发展阶段,有多种资金筹集渠道。近几年来,融资渠道仍在不断拓宽。如在欧盟就有 1996 年开始的欧洲投资基金、1997 年开始的欧洲投资银行的欧洲技术促进基金(ETF)和 1998 年开始的欧盟资助的技术促进基金启动资金等好几种早期种子基金可申请。政府则有一系列的计划、项目和基金可供科学园申请与利用。同时各地方政府、大学和各科学园区内也有部分启动资金可供小公司利用。尽管如此,技术型小公司有时仍面临获取资金的困难,所以商业银行也都在为科技型小公司拓宽新的渠道,许多商业银行设有专门为小公司提供资金服务的窗口。而科学园管理部门则行使了经纪人的职能,尽力沟通资金供求双方的联系渠道。

如美国硅谷一样,风险投资公司在科学园活动中也起着重要的作用。1999 年投入到高技术公司的风险资金超过 10 亿英镑,在

高技术公司早期发展阶段,其风险投资金额从 1995 年的 8500 万英镑增加到 1999 年的 3.5 亿英镑[①]。但总体而言,由于英国的风险投资公司提供风险资金的最低起点很高(一般都在 10 万英镑以上),所以在科学园公司早期阶段得到风险投资的门槛较高。对于刚刚启动的小公司来说,往往仅需要 10 万英镑以下的资金,而创业者个人或家庭筹资又有限。为了填补风险投资公司和个人资金间的空缺,1990 年代后期,英国自发形成了一个被称为"企业天使"的非正规的风险投资群体,往往以股份形式专门投资科技型小公司的创业与发展。所谓企业天使就是指个体投资者,投资额从几万英镑到几十万英镑,甚至上百万英镑。据估计,企业天使在英国大约有 1.8 万多个,每年的投资总额在 5 亿英镑左右。这部分投资在科技型小公司的早期发展阶段起到了很大的作用。股票市场为需要大量资金、具有良好业绩和发展前景的公司提供了另一条重要的筹资渠道。从 1999 年下半年开始,伦敦股票交易所分期在不同的科学园区举办科技型公司与股票市场的系列讲座,目的是推动科技型企业公司在股票市场中筹集资金来发展壮大自己,部分科学园区的公司在股票市场中已成功筹集发展所需资金。

三、出台多项政策措施,优化园区发展环境

英国政府为优化科学园区发展环境,推动园区企业发展壮大,出台了多项政策措施,使科学园的发展有了不竭的动力。

---

① 余晓:《英国高技术产业和高技术园区的政策和体制》,《全球科技经济瞭望》,2001 年第 6 期。

第一,不断推出成果转化计划。

为了促进大学、科研院所的科研成果向企业和科学园区内的公司转化,政府先后出台了一系列重要计划,提供基金支持。如预测计划、大学挑战竞争计划、法拉第伙伴、教学公司计划、科学企业挑战、高教援助企业等计划及大学挑战基金、高教援助基金和风险技术大学伙伴基金等。从1993年开始实施的预测计划,是典型的政府将大学和企业联系在一起的大计划。科学企业挑战计划已提供基金在大学里建立8个企业中心,目的是鼓励部分大学要有企业化的特征,更有效地实行成果的产业化。1998年设立的大学挑战基金目的是对研究成果转化为市场产品的最初阶段进行支持。高教援助基金目的是为了加强大学与企业之间的互动,鼓励高教科研人员和学生带着计划和项目到企业去"联姻",促进知识的运用。2000年政府启动了一个5000万英镑的创新产业群基金,用于支持地区发展署在发展产业群战略中发挥作用,包括建立科学园区和孵化器。除了已有的计划外,政府还考虑建立地区创新基金,以一年5000万英镑的额度支持地区发展署着手地区实施产业群计划,促进地方政府结合本地区的实情,建立大学与企业公司的创新联系,大力发展地区产业群。总之,为了促进科技成果的转化,英国政府不断推出新的计划来加速完善这种转化。这些计划的推出和实施,在加强了大学、科研院所科研成果的转化的同时,也为高新技术型小公司的创办和发展提供了源泉。

第二,制定并实施多项优惠政策措施。

英国政府制定并实施了多项投资、税收等方面的优惠政策措施,对科学园中的公司企业的发展壮大提供了重要的助推。这些政策措施包括降低小企业的法人税、鼓励研究与开发的投资、鼓励对雇员的激励及提高法定审计的起点等。

降低小企业的法人税。从 1999 年 4 月 1 日起,小公司的法人税又降低了 1 个百分点,从 21%降到了 20%。从 2000 年 4 月 1 日起,对利润不超过 1 万英镑的小公司,其法人税从 20%降到 10%,利润在 1 万—5 万英镑之间的小公司法人税降为 10%—20%。此项政策的执行,使大约有 27 万多个小公司受益。

鼓励研究与开发的投资。从 2000 年起对中小企业在研究与开发上的投资实行新的税务补贴,将研究开发税务补贴从 100%提高到 150%。此项计划对已盈利的公司可减少研究开发的税后成本 12.5%,对还未盈利的公司可减少 24%。由于科技型小公司在研究开发上的投资比例大,所以比非科技型小企业获得更大的利益。

对雇员的激励政策。英国政府鼓励小企业对公司雇员实行员工持股的激励政策,规定小型的高风险公司可向 10 个主要雇员提供价值达 10 万英镑的股票税前买卖特权,在行使股票选择权交易时,不按照收入税课税,而按照资本收益税纳税。对雇员持有 5 年以上所在公司的股票将免征资本收益和收入税。从 2000 年 4 月起雇员可以接收雇主公司 3000 英镑免征收入税和国家保险金的股票,也称免费股。雇员还可用税前工资购买雇主公司 1500 英镑额外股票,称为伙伴股。此外,公司老板还可以有选择地给雇员购买的每份伙伴股配上两份免费股,称为配股。通过股份形式把高层管理者和雇员的利益与公司的命运前途紧密地结合在一起,充分调动了雇员的积极性。

提高法定审计的起点。英国贸工部 2000 年开始实行的对中小企业将审计起点从规定产值 35 万英镑提高到 100 万英镑,并将逐步提高到 480 万英镑,达到欧盟规定的最高限额,使大约 15 万个中小公司不再需要进行法定审计,为其每年节省 1.8 亿英镑的开支。

需要特别说明的是,以上政策并非专门为科学园或园区里公司制定的特殊优惠政策,是针对全国中小型高技术公司普遍实行的,这样,园区内公司与外界公司是处在公平的市场环境中开展竞争。由于科学园中中小企业数量占据主导地位,因此从以上优惠政策中获益甚大。

第三,加强知识产权开发与管理,鼓励研究人员积极参加知识转移工作。

英国定义一个高技术公司时,认为它全部拥有或部分拥有一定的知识产权(专利、著作权、设计权、技术秘密等)。由于大部分高技术创业公司是从大学或国家研究机构衍生出来,所以在大学和国家研究机构里的知识产权与开发工作管理非常重要。英国政府在 2000 年科技白皮书中强调,知识产权的管理与开发不仅是专家和一般管理者的事,而应成为高层管理者的重要事项。

为了鼓励研究人员从事知识产权开发与知识转移工作,一般采取如下几种激励方法:

一是对知识产权开发达到不同的阶段给予固定的奖金奖励。如专利申请、专利批准等;

二是对知识产权与开发带来的收益,有关人员与研究机构一起按比例共享,收益越大个人所分享比例就越小;

三是对开发知识产权或开发工作取得好成绩的有关人员给予

带薪假期奖励,对小组或部门给予增加研究经费或提高实验设备奖励;

四是允许职员在工作期间对外进行有偿咨询活动,但规定一个最大时间限制,例如,每星期半天或一天,并且要保证所在机构的知识产权不受影响;

五是允许职员在衍生公司里拥有股份。

通过协议,职员可从全时雇员转成部分时间工作雇员,使得他们有时间在衍生公司里工作。但这种协议一般是有时间期限限制,并且这种转换不总是可逆的。

四、多样化模式发展,网络化信息管理,国际化方向提升

从发展模式角度看,多样化是英国科学园最主要的特征之一。从建园的模式(政府、大学、研究机构、金融机构、个人等)到管理结构以及各园区的发展目标、方向、重点等都各有其特点。各科学园主要是结合本地区的实际情况和特点来发展自己,没有一个固定的模式可遵循。

充分利用网络信息技术,进行网络化信息管理是英国科学园的另一个特点。每个科学园以及与科学园有关的机构都有自己的网页。最新动态、发展趋势、经验交流、管理探讨等信息交流非常方便、快捷,甚至园区内的总经理招聘也经常是面向全国在网上进行。整个英国科学园成了一个融合的体系,网络化的发展大大促进了英国科学园运动的发展。

英国科学园的建立一般都是以振兴地方经济为目标,但园区内的公司并不限于本地区。创业者不论来自英国哪个地区,都可

在园区落户,对外来户也都采取一视同仁的政策。科学园区优美的环境以及全方位的服务,吸引了不少从欧洲大陆、美国等其他国家来科学园区投资发展的科技公司。这些外来的公司数量已超过园区公司总数的10%,并还有不断扩大之势,使得园区国际化程度越来越高。

第三节 对企业选址的有关探讨

以上讨论的主要是导致英国科学园发展的供给方的基本理论。为确保其商业生存发展能力,科学园提供了许多为单个技术型公司所称道的便利条件和服务支持。因此,要全面评价科学园带来的好处,需要分析促进英国科学园运动增长的需求方因素。以下对此进行分析,从而回答:使单个技术型公司的业主经理(owner-manager)选址于科学园的因素、科学园内单个技术型公司和科学园外同类公司对场地设施的不同要求、选址于科学园和科学园内外的单个技术型公司对财产设施的不同要求。

一、公司选址的区位理论

(一)新古典区位理论

韦伯(Weber,1929)等区位论学家认为解释公司区位的关键因素包括与市场的距离、运输成本、劳动力成本和聚集经济(agglomeration economies)或外部规模经济(external economies of scale)①,区位确定

① Weber, A., *Alfred Weber's Theory of the Location of Industries*. Chicago: University of Chicago Press, 1929.

模型主要是空间成本差异(如 Cuadrado & Aurioles,1990)和对公司产品或服务的需求的空间差异(如 Losch,1954;Smith,1981)①。目前区位选择模型已扩展到包括场地的成本和可得性、熟练劳动力的成本和可得性、金融支持和补贴的可得性、适当的位置、提供消除某些关键业务技能上的弱点的补充服务和环境质量等②。企业选址也会受租金或不动产成本的影响,许多想要实现成本最小化的企业可能愿意租用场地。此外,企业选址还会考虑到随着业务增长而对场地的更大需求,邻近大学也是公司选址所考虑的因素。

(二)行为区位理论

行为区位论者认为非利润因素影响业主经理选择公司的位置,他们还突出不确定性或缺少充分信息的重要性及其对区位决策的影响,如 Healey 和 Ilbery(1990)③。行为区位方法对新古典区位方法提供了一种有用的矫正,强调满足而非利润最大化可能是公司活动的关键因素。行为区位论者还认为人员环境对企业选址更重要。

作为一种减少不确定性的机制,中间人/看门人(如科学园管理者和大学产业联络官)对于组织之间的技术信息交换具有关键

---

① Cuadrado, J. R. & Aurioles, J., *The entrepreneurial decision in the location of new industries*, *Entrepreneurship and Regional Development*, 2, pp. 139—152;

Losch, A., *The Economics of Location*. Oxford: Oxford University Press, 1990, 1954;

Smith, D. M., *Industrial Location: An Economic Geographical Analysis*, 2nd *ed*. New York: John Wiley, 1981.

③ 参见 Westhead, Paul 和 Batstone, Stephen(1998)的概括。

③ Healey, M. & Ilbery, J., *Location and Change: Perspectives on Economic Geography*. Oxford: Oxford University Press, 1990.

性的作用。单个技术型公司没有建立解决不确定性的机制,它们更愿意选择有明确中间人(即科学园管理者)帮助以进行信息沟通的区位,公司获得信誉的能力也是抵消不确定性的一种重要机制。科学园的有利之处还在于它有将信息传递给其他公司的能力,这会使年轻的小公司获得声誉上的好处。

(三)结构主义理论

结构主义学者认为整个产业系统的结构对经济活动的区位具有关键性影响,因此企业区位是以时间、经济条件的变化、地理环境为转移的,结构主义者倾向于解释区位聚集而非单个企业的选址问题。

结构主义认为,企业区位与形成和维持企业间联系的能力有关。经济活动的聚集依赖于保持灵活性的需要,获得成本上的有利条件和获得从交易质量和学习可能性等行为方面的外部利益(Storper,1993)①。导致区域内协作的关键因素在于非物质资源、地理邻近性、资本的联系和各种形式的合作与学习(Maillat,1995)②。通过有效管理提高了公司间组织效率的潜能反映了创新环境的生成,创新是从公司作为整体的相互联系而非单个公司中产生的,技术活动的盛行有赖于更大范围的商业气候。

卡斯特和霍尔(1994)认为知识聚集的组合以及机构和熟练劳

① Storper, M., *Regional 'worlds' of production: learning and innovation in the technology districts of France, Italy and the USA*, *Regional Studies*, 27, 1993, pp. 433 - 455.

② Maillat, D., *Territorial dynamic, innovative milieus and regional policy*, *Entrepreneurship and Regional Development*, Vol. 7, 1995, pp. 157 - 165.

动力有利于创新[①]。比如,基于提供财产设施的科学园创设,通过减少不确定性和交易成本以及使公司充分利用商业和技术信息,提供了鼓励技术型公司间进行协作的结构性因素。卡斯特(1996)还认为,随着“虚拟科学园”(virtual science parks)的出现,科学园的财产设施作为位置取舍因素的重要性可能会减弱[②]。

Camagni(1991)指出由于创新环境的全球性相互依存的日益增加,有必要建立一种机制使组织之间的协作可在不同的网络中进行[③],他认为局部的动态变化和全球性力量的互动可能决定创新环境的特征。Piore 和 Sabel(1984)强调了大学作为智力团体的组织中心的地位,一些大学鼓励利用智力资源建立依托技术创造效益的公司。

二、解释技术型公司选址的区位理论的有效性

新古典区位经济理论认为企业区位受直接经济成本影响。如接近市场、供应商、劳动力的成本和场地的成本及可得性。行为区位理论建立在这种观点之上,认为看门人(即科学园管理者)对技术型公司有降低不确定性和成本的作用,而且看门人可以提高公司的声誉,并使公司从 HEI 获得技术信息。结构主义方法则对将理论局限于单个公司的意义提出疑问。结构主义认为企业主的社会地位、邻近同类公司和技术中心(即 HEI)而获得潜在联系及学

---

① Castells, M. & Hall, P., *Technopoles of the World: The Making of 21st Century Industrial Complexes*. London: Routledge, 1994.

② Castells, M. *The Rise of the Network Society*. Oxford: Blackwell, 1996.

③ Camagni, R. (Ed.) *Innovation Networks*. London: Belhaven Press, 1991.

习机会、通过正式和非正式联系实现社会化效应的机会等非常重要。

第四节　科学园企业选址的论证

一、Monck等的实证研究

1988年，Monck等报告了其1986年对英国科学园内外技术型公司的调查，结果表明，影响技术型科学园公司区位选择的最重要因素是“区位的声誉和形象”（59%的样本企业认同）、“邻近大学”（33%的企业认同），“原本坐落于该处”（32%的企业认同）。而对非科学园公司，主要影响因素是“公司主要创始人驻地”（62%的样本企业认同）、“场地成本”（49%的企业认同），而认为“场地的声誉和形象”重要的仅占18%。非科学园企业没有提到“邻近大学”和“便于得到大学毕业生就业”这两个因素。

（一）关于场地设施类型

科学园开发者认识到要为NTBF（新技术型公司）提供具有价格优势的场地设施条件，且租赁灵活简单。灵活意味着进入或退出方便，简单意味着收费单一，而非按租金、税率、服务、保险等分项收费。大多科学园公司需要灵活的内部空间以适应快速改变布局的需要。

科学园开发者也意识到增长型科学园的公司关心公司形象，愿意为高质量的场地支付“租金溢价”。因此他们更多选择已经建立的技术型公司而非新公司入驻。Monck等（1988）的调查发现非科学园公司的新公司占样本比例达46%，而科学园公司是新公司的只占39%。比起非科学园公司，很少科学园公司拥有自己的房屋场地（1%比25%）[①]。

科学园管理者给承租者提供从不足500平方英尺到9000平方英尺以上的不同场地。许多资金有限的公司一般愿意要较小的场地，以便使其在启动阶段保持较低的固定成本。调查也发现，科学园公司比非科学园公司占据较小的面积，占地在2000平方英尺以下的企业更多（60%比34%）。

（二）将来对场地设施的要求

为提高其收入流，科学园开发者一般鼓励增长型公司转到更大的场地。关于将来财产设施要求，1986年调查中约一半的公司（51%的科学园公司和52%的非科学园公司）打算在未来两年内移到新的地点或租用更多的场地。多数科学园公司将科学园视为增加空间的主要提供者，而大多数非科学园公司不希望在现在的地点选择增加空间。尽管租金水平较高，科学园公司比非科学园公司更满意于其区位和财产设施。

二、Westhead和Storey等的实证研究

1994年，Westhead和Storey考察了英国1986—1992年间转移到科学园的组织对财产设施的要求，样本包含448个组织中的110个。KPMG Peat Marwick公司还建立了包含可用以参与比较的非

① 两个数值依次为符合该项条件的科学园和非科学园公司分别占各自样本公司的比例，以后如无特别说明意义与此相同。

科学园公司"新样本"①,对71家科学园组织和可比较的非科学园组织进行了访问。

(一)影响位置选择的三个最重要的区位因素

公司主要创始人驻地、原本坐落于该处、良好的交通和通信联系是影响技术型公司选址于科学园或非科学园的最主要因素。认为"公司主要创始人驻地"(科学园和非科学园公司占样本公司的比例分别48%和42%)、"原本坐落于该处"(37%和56%)、"良好的交通和通信联系"(48%和48%)占了总样本的很大部分。不足20%的科学园企业和非科学园企业(17%和17%)是由于"邻近市场"选择公司位置。"有停车场"对科学园和非科学园公司而言比"邻近市场"更重要(61%和40%)。"靠近相似产业部门或使用相同技术的公司"是相当不重要的(15%和6%)。企业都认为不能仅依靠公司区位发展其业务。因为许多科学园位于经济萧条的地区,仅有少数科学园企业和非科学园企业(17%和13%)是由于"熟练劳动力的可得性"而选择公司区位的,这同很多研究结论不相一致。

科学园企业比非科学园企业在选址中更看中"区位的声誉和总的形象"(83%比33%)、"邻近HEI或研究中心的设施"(44%比0%)及"与HEI或研究中心有关的声誉"(37%比0%)。而且,科学园企业更强调"提供现场管理和公共服务"(48%比6%)及"同一场地内承租者之间友好的关系氛围"(22%比8%)。科学园企业还将"本地可以提供另外的场地"视为重要因素(33%比19%),

① 可参见Westhead,Paul和Batstone,Stephen(1998)的引介。

这表明技术型公司选址时将公司间关系作为重要因素。与 HEI 的联系、友好的氛围及对大学毕业生就业吸引也是科学园企业选址时所考虑的因素。

非科学园企业选择公司位置时强调不同的因素,他们比科学园企业更关心场地的成本(46% 比 60%)和"公司已经坐落于该处"(37% 比 56%)。

(二)"新样本公司"对财产设施的需要

调查还表明,2/3 的样本公司原没有考虑区位,但在选择新的区位时要认真考虑(67% 的科学园的单个企业和 64% 的非科学园企业),而新加入的科学园企业比例小于非科学园企业(28% 比 35%)。更多的科学园企业选择租赁场地(81% 比 63%),而更多的非科学园企业自建办公设施(2% 比 31%)。而且,更多的科学园企业的面积不足 501 平方英尺(28% 比 7%),而非科学园企业占用场地面积超过 2000 平方英尺的比例更大(15% 比 63%),部分原因是由于只有部分非科学园技术型公司愿意支付"租金溢价"。

(三)"新样本"公司将来对财产设施的要求

很多科学园企业很看重其区位,认为会提高公司的整体声誉和市场形象(科学园企业与非科学园企业的比例分别为 91% 比 78%),但科学园内外的企业在场地成本上两者没有显著差别,大多数企业按照全部市场租金支付场地费用(67% 比 55%)。未按照全部市场租金支付场地费用的科学园企业在其他可比的财产设施上支付了更高的费用(80% 比 53%)。

49% 以上的不曾考虑区位的样本公司正考虑在未来两年内转移到或增加新的场地(58% 和 50%),需要更多空间的企业比例分别是 50%和 57%,其中科学园企业计划在同一地点选择办公场地(29%比 14%)的更多,但也有一定比例的科学园企业认为其场地成本过高,因而想选择新的地方(20%比 0%)。尽管如此,很少有企业不愿意支付“租金溢价”。

(四)科学园公司使用的设施

技术型科学园公司最常用的设施主要包括会议室、接待处、邮政服务、建筑物服务和复印,最少使用的设施包括业务咨询和发展服务,如融资、簿记服务、培训、财务顾问、一般业务咨询和规划。使用设施与其对公司的价值密切相关,那些基本的设施比更高级的商务服务更重要。

科学园企业认为“声誉好的地址”、“接近公共空间”和“公共氛围”很重要,而通过“管理/业务咨询”、“秘书/业务支持服务”等方式与科学园管理部门的正式联系,以及通过“与其他科学园企业间交易的可能”的中间联系是最不重要的。

科学园管理者的“可接近性”(approachability)、“可达性”(accessibility)和“能力”(ability)三个方面令科学园内企业基本满意,但科学园管理者很少考虑到承租者的非财产设施要求,在帮助企业发展与当地 HEI 的联系和提供信息源方面还做得很不够。

三、Keeble 等对剑桥地区科学园的实证研究

1999 年,Keeble 等利用剑桥大学商业研究中心(Center of Business Research,CBR)的调查资料分析了剑桥地区科学园为技术型中小企业(SME)创新发展提供的前提条件,以“制度厚度”(institutional thickness)来解释英国科学园发展的原因。

在 Keeble 等人的研究中，剑桥地区的科学园主要包括剑桥科学园、圣·琼斯创新园、梅尔本科学园，未包括新的格兰塔园、希克斯顿·霍尔的生物技术园和圣·琼斯创新园的生物科学创新中心。

研究表明，科学园对企业发展的有利条件主要在五个方面：土地等财产设施占有和使用上的灵活性（86%）[①]、容易得到停车位（64%）、企业间的联系机会（57%）、有利于形象和令人信任（57%）以及咨询建议（57%）。通过企业间的联系和咨询建议刺激了集体学习（collective learning），营造了良好的制度环境，有利于技术型公司的发展，这也正是它们愿意支付较高成本（亦即前面所称的“租金溢价”）的原因。

有利的制度环境还在于科学园当地可以提供关键的商业服务设施，包括会计服务（84%使用外部服务、一半以上的公司使用97%的当地服务、74%的公司认为当地的服务质量很高）、法律服务（分别为74%、86%、74%）、设计和印刷服务（分别为76%、81%、88%），但在管理咨询、公共关系、市场研究和营销代理机构、银行、人才中介机构等方面，企业的满意率不高。尽管如此，剑桥地区发展了当地的会计、法律和设计/印刷公司等有效的基础组织、具有中小型技术型企业所需的专家，少数公司还从当地的风险投资机构显著获益。

总体而言，剑桥地区的“制度厚度”有一定程度的发展，至少在科学园基础设施尤其是当地服务方面。Keeble 等人的研究还指

① 括号中百分比为14个样本公司中选择该项因素的比例，后同。

出,圣·琼斯创新中心为更大区域内的高技术中小企业群和自己的孵化器公司提供新的商业支持和融资计划的经验值得关注,这些计划有利于进一步增强区域现存的集体学习能力,从而促进中小企业的创新和成长。

第五节 结论和政策含义

学者们对英国科学园的上述实证研究表明,建立以提供财产设施为基础的科学园,有利于新的公司形成和城市更新,受到作为承租者的技术型公司的重视和欢迎。通过提供小规模的灵活的租赁项目,许多科学园已经消除了影响商业启动和成长的障碍。为解决某些小型和年轻公司的债务问题,许多新的技术型公司建在科学园。在不完全信息流的情况下,许多新的和小型的技术型公司愿意支付"租金溢价"以提高其技术和商业信誉。

发展高等教育机构和公司之间联系的能力常被视为判断英国科学园运动成功的标准。大量企业选址于科学园区以便接近高等教育机构/研究中心,通过与当地高等教育机构的联系,在许多情况下科学园公司可以使直接的"人员成本"及相关的风险降到最低,如通过利用邻近的高等教育机构的资源和技能吸收和利用技术信息,与高等教育机构和/或其他公司联合进行商业开发。这说明英国的科学园营造了良好的创新环境,为公司的技术创新和业务发展提供了有力的支撑。科学园管理者已经担负起更广泛的区域技术型活动聚集的中间人/看门人的角色。由于这些重要的利益以及与科学园相关的声誉,技术型公司也愿意支付"租金溢价"。

在优化科学园创新环境方面,科学园一般需要强化其商业支持功能而非其财产管理功能。许多承租者选址于科学园区是为了从与当地高等教育机构的正式和非正式联系中获益,因此,将入驻科学园的公司与设施条件和当地提供的资源联系起来更有效,科学园管理者和高等教育机构产业联络官在建立鼓励高等教育机构和产业之间发展更正式的技术联系的制度方面应更积极,科学园管理者还需要加强其对技术和相关市场信息的收集及传递。

加强高等教育机构与技术型公司之间的联系,就需要采取更多的激励措施使高等教育机构提供服务,或鼓励更多的技术型公司利用高等教育机构的专家在科学园区内外建立和发展,取得更大的成绩。科学园显著的区位优势在于通过相互联系提供了支持创新的基本条件并产生了公共的氛围,因而政策更应着眼于在科学园企业及其与高等教育机构之间形成信任、合作和社团氛围,这也是英国科学园运动发展取得的成就对自己以及对其他国家进一步发展区域创新提供的启示。

总之,科学园在英国经历了近 30 年的发展,已取得了很好的成就。从政府到社会普遍认为科学园在促进经济结构调整、实现知识转移和振兴地方经济等方面起着重要的积极作用,是科技型小公司创立、成长的最佳环境和场所。科学园的发展历程表明,只有政府(包括地方政府)、大学、科研机构、金融机构、中介组织等多方面的协调配合、共同努力,才能营造一个有利于科学园发展的良好社会环境。科学园的快速发展得益于多方面因素的综合作用,高智力密集提供了丰富的科技智力资源和人才资源;宽松优惠的政策环境,构筑了良好的政策平台,提供了必要的基础条件;高水平的基础设施,良好的管理服务环境,提供了重要的支撑条件;多元化的融资渠道,为企业成长提供了迫切需要的资金支持;知识产权与专利技术保护,对科技创新活动形成了很好的激励。

附录 剑桥现象与剑桥科学园简况①

自从中世纪起,处在农业地区的剑桥镇既是大学城,也是一个集市城镇。19世纪后半叶,大学和城镇逐渐发展。自19世纪40年代剑桥设立自然科学荣誉学位考试以来,剑桥一直强调科学研究,著名的卡文迪什实验室更是吸引了国内外众多优秀学者来到剑桥进行研究,其中包括许多卓越的科学家,如发现电子存在的汤姆生以及提出原子结构的行星模型的卢瑟福等人。到1973年卡文迪什实验室百年华诞之际,在实验室工作过的科学家获诺贝尔奖的已超过25人次。在这百年里,剑桥大学一直保持了雄厚的科研实力,其物理、生化等部门的研究居世界前列,并有多名学者获得诺贝尔奖。然而,剑桥大学虽拥有一流的科研实力,其工业生产力却很有限。这是因为剑桥镇没有工业传统,镇内也没有居主宰地位的大公司。到19世纪末才出现了一些由当地有能力的人利用与剑桥大学的关系而经营成功的小企业。1878年,剑桥大学毕业生杜—史密斯与一个机匠开办了一家科学仪器公司。1881年,霍拉斯·达尔文又与史密斯重新合伙,成立了剑桥科学仪器公司。

---

① 附件资料主要来源于唐俊颖、鞠成军:《硅谷与剑桥高技术产业发展模式的比较研究》,《中国科技产业》2002年第11期。

这家公司是世界上第一家与大学相联而又历史最悠久的公司之一，是形成“剑桥现象”的第一家公司。此后，剑桥还成立了一些与大学有联系的公司，如生产实验室设备的派伊公司集团、航空研究公司、剑桥咨询有限公司等。这些都是当地土生土长，从无到有、从小到大的小企业，而且充分利用了大学的科研成果。20 世纪 60 年代，剑桥大学在分子生物学和计算机应用方面的声誉日高，几家科基公司(science-based firms)也应运而生。此时，高技术小公司已在剑桥周围大量衍生，这就是著名的“剑桥”现象。但是，由于剑桥市政府对工业的消极态度，高技术产业仍未能在剑桥发展起来。

直到 20 世纪 60 年代后期，大学实验室和研究机构的负责人才从美国斯坦福大学发展的例子认识到科学与高技术产业的密切关系。1969 年的莫特报告是剑桥校方改变对待工业态度的转折点。圣三一学院(Trinity College)于 1970 年在离市中心三英里的城市西北角建立剑桥科学园。科学园占地 24 英亩，是高新技术企业的孵化器，剑桥地区的高技术公司中约有 10% 到 15% 在科学园内，许多外国大公司都在科学园内开设了分公司。剑桥地区的小公司的一个显著特点就是，一家公司顺利地经营一段时间后，创办人就又各自散伙去办别的更能赚钱的新公司了。因此，到 1987 年，85% 是第二代以后的衍生公司。如今，众多高技术小公司广泛地分布在各个领域，剑桥科学园已成为欧洲办得最成功的高技术园区。

剑桥是国际著名的大学城，更是以深厚的学术传统著称于世。剑桥大学雄厚的科研实力直接促成了剑桥现象的产生以及剑桥科学园的创建。前文已经提到，剑桥大学卡文迪什实验室人才济济，培养了众多诺贝尔奖得主。在剑桥现象早期,许多公司都是由实验室的研究人员创办的。近年来,剑桥大学的物理学、计算机科学和生物科学等领域所处的科学优势已成为高技术产业发展的新动力。许多高技术小公司就是从剑桥大学各院系衍生出来的,如西普数据公司、分光小系统公司、剑桥作用系统公司就是分别从计算机实验室、物理系卡文迪什实验室、计算机辅助设计中心分立出来的。此外,剑桥地区高技术公司占 1/3 的大学生雇员有 70% 来自剑桥大学,一半以上高技术公司与剑桥大学保持联系,而其中 90% 与剑桥大学各院系直接挂钩。

剑桥科学园众多的高技术企业都是由创业企业(startups)经过从无到有、从小到大的历程逐步发展起来的。可以说,是剑桥得天独厚的环境吸引了众多创业者前来加盟。首先,剑桥大学在知识产权与学术知识的商业利用方面采取非常自由的政策。校方积极鼓励高技术公司的衍生,不仅鼓励大学教师在园区创业,教研人员只要能圆满完成教研任务就可以开办自己的创业企业,同时也准许在科技园区工作的企业科技人员申请在大学里从事研究开发活动,可以利用大学里昂贵的仪器设备,其人力费用可由大学负担,但是研究成果为双方共享。

其次,剑桥科学园的管理模式也有利于小企业的创办。剑桥科学园由剑桥大学的圣三一学院领导,由两名专职管理人员进行管理。这种以学院为基础的结构削弱了系部这一层次的职能,鼓励了个人资质的发展,强调尊重个人在学术上的独立性。这种自主管理的模式对中小型投资者有较大的吸引力。另外,1970 年代末,多家国内外银行和房地产大型开发公司进入剑桥开业,为高技术小企业的发展创造了必要的金融环境。所有这一切都促进了创业企业在剑桥科学园的发展。

剑桥科学园的高新技术企业中有不少是小公司,7%的公司不到5人,40%不到30人。这些小公司分布很不集中,往往涉及多个技术部门。高新技术产业中占主导地位的部门是计算机软件和硬件(32%),其他一些高技术活动则广泛地分布在电子、生物技术、仪器制造、研发与培训等部门。可见,剑桥科学园的高新技术企业规模小、分布面广。众多公司并不是围绕着某种核心技术形成产业群。之所以出现这种现象与英国的文化传统和政府的工业政策有关。英国政府的规划体制十分分散,绝大部分规划决策都是由最低一级的地方政府——市政议会做出的。在没有政府充分参与和宏观调控的前提下,多数小公司彼此之间联络很少,协同性较差。从文化传统方面看,"小的是美好的(Small is beautiful)"观点在英国十分流行,这就不利于高技术公司的规模发展与高技术产业群的出现。另外,英国学界历来强调学术自由的传统,反对政府对企业的干预和规划。尽管近年来政府打算出资扶持以生物技术为核心的小企业,但许多学界人士认为公共政策并不能促进高技术产业群的产生。

为推动技术研究和开发,英国剑桥大学及其9个学院、地方政府以及一些金融机构于1987年联合创办了两个基金,即剑桥资本开发基金和剑桥研究与创新基金。这两个基金向剑桥地区的公司的研究与开发项目以及剑桥大学的科学研究项目提供经费。1990年又成立了专为剑桥大学的研究项目提供经费的剑桥量子基金。

高技术产业的健康发展有赖于大学与工业界良性、有效的互动。在剑桥，制约高技术企业发展的一个重要因素就是剑桥大学未能探索出更为有效的大学——工业合作模式。这主要表现在创业人员企业家技能(entrepreneurial skill)的缺乏。剑桥地区的许多企业都是直接从大学的科系或实验室中派生出来的，但由于英国教育体制的传统强调培养贵族，而不注重培养具有商业才能的人，因此，剑桥大学并未能通过广泛地开展企业家技能培训项目的方式加强与工业的联系。这样就使剑桥缺乏既有专业技能又有商业技能的人才。为改变这一状况，剑桥大学在1991年开办了工商管理硕士及其他面向企业的课程，吸引公司经理人校学习，密切了大学与企业的关系，迈出了培养全能人才的步伐。

第十章　结构转换和区域开发：澳大利亚的经验

澳大利亚是世界上最大的岛国，后起的资本主义国家。长期以来，自然资源为基础的产业和基于这些产业的制造业是其主要经济部门，也达到了较高的发展水平。近来年，在全球化和知识经济的背景下，澳大利亚的知识经济部门发展迅速，特别是信息产业增长显著，带动着澳大利亚经济结构的转换。

本章探讨的核心有两个，一是知识经济部门的发展对国家经济结构转换的作用，二是这些部门的发展以及相对落后的西澳地区的开发，依托了怎样的环境。我们认为，这些知识产业的发展是国家/区域创新活动的组成，西澳地区的开发也具有区域创新的指向，产业或区域的发展与创新环境之间相辅相成。

澳大利亚大陆是世界上最古老最平坦的大陆之一，同时也是世界上最大的岛，是一个大陆岛国。目前澳大利亚约有2000万人口，国土面积770多万平方公里，是世界第六大国。1901年由英国殖民者建立的六个州联合组建了澳大利亚联邦，1927年建立了澳大利亚联邦政府，首府堪培拉。

澳大利亚是一个后起的资本主义大国，它拥有丰富的自然资源和较为发达的经济部门。目前澳大利亚的国民生产总值有4000余亿美元，排名约在世界第15位，其人均GDP超过2万美元。

自19世纪以来，澳大利亚人一直享有很高的生活水平。澳大利亚在社会基础设施方面包括教育、培训、卫生和交通等投入的资金相对比较多。在国际贸易方面，物质商品的价值同先进的制造业和知识产权的价值相比，有下降的趋势。澳大利亚的经济正顺应这种趋势进行调整，它现在越来越侧重于向具有高价值的制造业和服务业方向发展。劳动力的结构表现为以强大的服务业为代表的先进的、都市化经济。以出口为导向的经济活动发展速度较快。这有助于平衡因不断对新的、生产性固定资产大规模的投资造成的部分国际收支逆差。澳大利亚在19世纪创造了一种独特的工资划定制度，利用工业法庭对报酬和条件进行裁定。现在这种趋势是做出更加灵活的雇用安排。北美、欧洲和亚洲的公司都把澳大利亚作为其业务经营基地。澳大利亚对于其贸易伙伴来说，还是一个对外资具有吸引力的地方，以澳大利亚为基地的跨国公司从事重要的业务活动。

澳大利亚1980年代年平均通货膨胀率为8.25%左右，通胀率低于大多数澳大利亚的主要贸易伙伴。对工资增长持续的限制、生产力的提高、竞争的不断增强和对通胀预期的下降，这些都是形成低通胀率的重要因素，它们大大激发了澳大利亚商品的国际竞争力。

1980年代,由于生产的强劲增长和对工资的抑制,使就业有很大增长。在1983年3月到1990年7月的就业最高峰时,创造的就业机会超过了160万。就业回升强劲,反映出经济的增长。从1992年12月以来失业率有所下降。到1995年4月失业率为8.8%。

澳大利亚是一个资本净输入国,靠外国的储蓄存款来加速国内资源的开发。因此,澳大利亚是一个典型的具有经常项目赤字的国家。澳大利亚经常项目赤字在1994—1995年度为270亿澳元,占国内生产总值的6%;1990初期,经常项目赤字有所改善,这主要反映出商品贸易收支平衡情况的改进、净劳务逆差的降低和较低的海外纯收入支付。

在联邦政府出资的一系列措施的支持下,澳大利亚长期的经济发展潜力良好。这些措施包括为就业和培训提供经费,设法提高澳大利亚产业的竞争能力、出口潜力技术水平,以及协助地区发展等。

第一节　以知识经济推动的结构转换

在过去十余年中,在全球化和知识经济的背景下,澳大利亚的新经济部门发展迅速,特别是信息技术产业的快速发展成为国家经济结构转换的重要动力,同时为更快更好地扩大新经济成分,提高国家创新能力,政府采取积极措施建设良好的创新环境。

一、新经济带动下的经济结构转换

新经济的特点主要是:日益增长的跨国界的经济一体化;日益加快的技术和社会变革步伐,通过创新实现更高的经济生产率;日益加快的信息和知识流动与转化步伐。经济合作和发展组织(OECD)和亚太经合组织(APEC)近来的研究表明,在目前的环境下,国家要使其经济发展和贸易竞争力达到最高的可持续性,必须强调创新体系、信息和通信技术基础建设、商业环境、人力资源开发,而澳大利亚在这些方面都具备优势。

新经济是由知识和信息的生产、传播和使用来驱动的,澳大利亚正在获得并利用技术和生产力的新发展。在过去十年中,澳大利亚已经摆脱了资源型经济的特点,转向知识型经济。这一转型可以从澳大利亚服务业的快速发展和 IT 技术的提高等方面证实。

澳大利亚是亚太地区经济第四强,其经济日益依赖于服务行业。据官方提供的数字,在国内生产总值中,服务业占 70%,制造业占 13.3%,而矿业和农业分别仅占 4.6%和 3.4%。20 世纪 90 年代,澳大利亚经济尽管曾受到亚洲金融危机的冲击,但仍连续十年实现了低通货膨胀下的稳定增长,年均增长率在 4%以上。究其原因,一个关键因素是信息技术产业的突飞猛进并由此带动了其他传统产业的改造和发展。目前,以"知识为基础"的产业对国内生产总值的贡献已高达 48%,仅次于加拿大的 51%。用澳大利亚外贸部长马克·维尔的话来说:澳大利亚已不再是"以自然资源为基础"的老经济,而是正在转向"以知识为基础"的新经济。

随着全方位的增长日益建立在对 ICT 基础建设和服务的投资

上,澳大利亚正在迅速成为一个知识型的经济体。澳大利亚紧跟时代的前进步伐,全力打造以信息技术产业为主导的新经济。

从全国范围来说,近年来澳大利亚“信息革命”取得长足发展,并在某些方面名列世界前茅。56%的家庭拥有电脑,成人上网率在50%以上,而青少年的上网率则高达82%,仅次于美国;世界用于矿物开采的软件中,60%是由澳大利亚公司研究开发出来的;对信息通信技术的投资占全国总投资的17.5%;2000年电子商务交易额达50亿美元;信息技术、通信硬件出口以及相关服务的年出口额大约45亿美元。还值得一提的是,“教育出口”(接收外国留学生收入)去年高达33亿美元,超过了羊毛这个传统的拳头出口产品。

(一)澳大利亚的信息经济

澳大利亚拥有一个开放的电信环境。自1997年电信市场放开经营以来,该市场一直是澳大利亚经济中发展最快的部门之一。在澳大利亚运营的公司可享用世界上某些最尖端、成本最划算的电信基础设施。澳大利亚有超过45家获得许可证的电信运营商,其中包括一些世界最大的电信公司,如:Vodafone网络公司,澳大利亚电讯(Telstra),GlobalOne和普里默斯(Primus)电讯公司。落户于澳大利亚的企业通过一个覆盖面很广的电缆和卫星网络完全可以迅速而稳定地连接到亚太、北美和欧洲。澳大利亚的国内通信网络高度发达,特别在一些主要城市内部及这些城市之间。光纤技术占据主导地位,占网络“骨干网”的95%。用户能够享受范围广泛的高级语音、数据、因特网和多媒体产品及服务等。

澳大利亚拥有世界上最大的信息和通信技术(ICT)市场之一。

1999年,澳大利亚在ICT产品和服务上的花费共约360亿美元。据估计,在今后的几年中,这一市场发展将保持年均8.5%的增长速度。

澳大利亚拥有世界上最被看好、成本最具竞争力的ICT从业大军之一,而且也是世界上IT技能供应最充足的地区之一。2000年世界竞争力年鉴的一项调查指出,澳大利亚在47个国家(地区)中,IT技能的供应排名第7,领先于美国(第8)、中国台湾(第11),更大大领先于韩国(第23)和日本(第34)。

(二)澳大利亚的知识贸易

澳大利亚服务业出口额在1999到2000年度达283亿澳元,占到出口总额的近1/4。澳大利亚的国际贸易竞争力日益建构在服务出口之上,包括技术、知识、创新和企业及国内国际信息网络等出口。服务业出口额在过去的十年里增长了9%,增长率大大超过了农业(6%)和矿业(5%)。

(三)澳大利亚的国际教育出口部门

教育服务业目前是澳大利亚的第八大出口赢利部门,2000年创造了34亿澳元的出口额。教育出口额超过了羊毛出口额。澳大利亚以提供高质量的教育服务享誉全球。每年有超过18万的学生从世界各地来到澳大利亚的重点大学、职业学校、培训学院、商学院和英语学校参加学习。1999年在职业教育学校有超过60%的留学生修习商务、管理或IT课程。澳大利亚的留学生人数在英语国家中占到第三位,排在美国和英国之后,80%的留学生来自亚洲。

近年来,技术进步推动着澳大利亚整个经济的发展。一个真正的知识型经济应涵盖知识在整个经济体系中的应用,而不只是面向那些被归类为“高科技”或“知识密集型”的部门。高盛(Goldman Sachs)投资公司认为所谓的“新”经济的主要得益者常常是“旧”经济下的公司。这是澳大利亚的经验之谈。因特网和电子商务引起了生产率增长的新浪潮,澳大利亚的产业正在寻求由此所带来的机遇。

通过应用技术的发展,矿业和农业正收获着更大的利润,同时也逐渐变得更加高效。澳大利亚公司开发的采矿软件占到世界的60%。Mincom 就是这样一家开发采矿和勘探软件的公司。Mincom 不仅仅面向矿业,同时也向运输、公用事业、国防和政府部门等资产依赖型的机构提供解决方案。它的国际用户包括智利海军,德班地铁电力公司(Durban Metro Electricity)和香港大众运输铁道公司(Hong Kong Mass Transit Railway Corporation)等。1987 年在西澳大利亚州金矿区成立的资源服务集团(RSG)提供在线矿业服务。RSG 将自己开发出来的模型通过网络的方式传送给世界各地的客户。RSG 在屏幕上为其客户展示地理模型,然后帮助他们作出商业决定。RSG 在加纳、罗马尼亚、巴布亚新几内亚、印度尼西亚以及泰国等地均有合同,其收入的 75%来自出口。

二、提供良好的创新环境

2001 年是澳大利亚建国 100 周年。为了打造新经济,霍华德总理年初提出了全国“创新行动计划”。其要点包括:加大政府的科研拨款,为企业科研投入减税,在高等院校增加科技专业学位,扩大信息技术人才的移民指标,聘任世界级科研人员,等等。为实施这项创新战略,联邦政府计划在5年内拨专款29亿澳元,并通过其他经济手段来鼓励大学、科研机构和私人企业之间积极合作,从而使创新成果迅速转化为生产力。还值得一提的是,联邦政府专设了"全国信息经济办公室"。其首席执行官约翰·里默对记者说,全国信息经济办公室这个新设机构的职能就是协调私人企业与政府以及政府各有关部门之间的合作,以加速打造新经济。

澳大利亚在创新环境方面的优势是:信息和通信技术(ICT),以投资占GDP的比率计,澳大利亚ICT的投资居OECD国家第三位;在采矿、金融、媒体和智能运输系统方面的应用,电子化澳大利亚(E-Australia)和因特网;创新体系、研究机构、研发成本在国际上都具有竞争力;富有创新的产品和服务;飞速攀升的生产率;商业环境,低通货膨胀率,在吸收投资和建议方面的开放性;法律框架、先进的市场等。

第二节　澳大利亚西部地区的开发

澳大利亚建国时间较短,而且在建国后相当长的时间内没有比较统一的区域开发规划。不过,目前澳大利亚也在着手进行西部的开发。之所以要探讨和介绍澳大利亚对西部地区的开发问题,主要是提供在相对偏远和落后地区的开发过程中,如何建设区域创新环境才更有利于这些地区的创新和产业的发展的经验。

西澳州位于远离中心地区的澳洲西部,面向亚洲和印度洋,海岸线长1200公里。西澳地广人稀,面积250万平方公里,是澳大利亚最大的州,占全国面积的1/3,人口仅有180万,73%的人口居住在首府珀斯。1999 年 3 月，“地区开发协会”提出了《西澳地区开发政策》（征求意见稿），澳洲西部开发的大幕已经拉开。

一、开发西澳的动因

澳大利亚的东西部差距不像中国这样大，而且西澳的经济在澳大利亚各州中的表现尚好，西澳人口仅占全国人口的 10%，但其出口却占全国出口总额的 25%，并吸收了全国 20% 的私人资本。那么西澳开发的动因何在？

一是调整结构。西澳经济虽然不像中国西部经济那样相对落后，但仍在很大程度上依靠传统的采矿业和农业，主体上是以自然资源为基础的经济结构，在信息经济高度发达的澳大利亚，这种过分依靠一两种初级产业的传统结构已经不能适应经济发展的需要。西澳整体经济急需多样化，除了传统的矿业和农业加工业外，创造工业和商业的机会对提高就业和形成可持续发展的经济机制具有重要的战略意义。

二是引进技术。西澳相当于中国的新疆和西藏的位置，远离经济发达地区且交通不便，传统的生产要素流动成本较高，不利于经济发展。因此，通过开发一方面可以用现代技术改造传统产业，提高竞争力；另一方面可以建立新兴高新产业，保护环境，改善交通运输、通讯条件。

三是建立开放门户。悉尼、墨尔本等大城市一直是澳大利亚的经济中心，然而随着亚洲经济的崛起和亚太各地区经济合作的加强，澳大利亚以东部为主的政治、经济和地理格局，在一定程度上影响了与亚太地区的交流。1990 年代以来，澳大利亚越来越重视与亚洲国家发展关系,迫切需要一个更便利的通向亚洲的门户,而西澳首府珀斯是西部最理想的选择。

二、西澳开发的战略目标及途径

(一)西澳开发的三个战略目标

目标之一:繁荣经济。对经济周期的变化要迅速作出反应,使结构多样化地吸引投资,把握创造财富的机会使个人受益是地区发展的关键。

目标之二:建立可持续发展的环境管理体系。现有的环境管理和保护是地区的人们最关心的。适度开发和合理使用自然资源和遗产,是地区保持人们生活品质的基础。

目标之三:建立可持续发展的社会经济和文化体系。

(二)西澳开发的基本途径

第一,保持现有企业的繁荣和发展项目。这对维护地区经济的发展、人口的稳定和就业至关重要。因此,政府的任务是帮助企业解决现有问题,提高其竞争力,以实现长远的战略发展,促使社会具有持续增长的能力。该项目主要是找出影响企业繁荣和发展的因素,协力加以解决,增强地区的经济;

第二,找出地区工业的比较优势,并给予市场定位。"地区发展委员会"主要负责研究和促进地区竞争优势,可以是资源和区位的配置,也可以是投入与产出的优化;

第三,建立经济发展的地区支持体系。对地区的组织来说,给予地区经济有力的支持责无旁贷,所以鼓励地区组织进一步支持矿业勘探、矿产开发与加工、农牧业和制造业。

三、西澳开发的实质

与我国西部开发不同的是,澳大利亚联邦政府不直接介入西澳开发,也不对西部地区提供财政支持,更不对某一企业和地区提供具体帮助,而是在工业政策上提供税收等优惠,对参与开发的企业进行扶植,联邦和地方政府还可以进行政策协调。联邦政府对企业的政策支持由过去的保护、发展转向为鼓励通过科研和培训来增强对外竞争力。西澳的开发主要由西澳州政府具体规划和执行。鼓励政策包括:设立"资本建立基金",提供无息贷款、提供基础设施、减免税收等。开发计划不具有法律的强制力,而是依靠有关各方的合作与协调。总之,澳大利亚的西部开发是在中央政府的政策引导下,以地方政府为主导的市场行为。

第三节　澳大利亚经济开发和产业发展的经验

澳大利亚是个开发比较晚的国家。1605 年它由荷兰人发现,1688 年又由英国人威廉·丹皮尔再次发现,当时当地土著人口仅有约 30 万,尚处于采集和狩猎时代。1788 年英国开始对澳大利亚移民,当时只是把它作为英国犯人的流放地,1930 年以后前往澳大利亚的移民开始增多。澳大利亚的早期开发有两个关键因素:一是澳大利亚内地有适宜放牧的辽阔牧场;二是 1851 年在悉尼附近发现金矿,吸引大批移民蜂拥而至。因此,以悉尼为中心的新南威尔士成为澳大利亚的第一块英国殖民地,也是澳大利亚最先开发的地区。但是,直到 1901 年全澳人口也只有 382 万。澳大利亚是个干旱少雨的国家,全国年均降雨量仅为420毫米,约有1/3的地区(主要分布在澳大利亚中部和西部)降雨量不足250毫米。澳大利亚的经济发展也极不平衡。东部地区工业发达,90%以上的人口、城市与绝大部分经济活动集中在东南部距离海岸线120公里、占国土面积比例很小的狭长地带内,西部为资源丰富的荒漠之地。澳大利亚区域经济开发的许多经验值得我们学习和借鉴。

一、对农业种植业给予大力支持

首先,澳大利亚是以农业和采矿业起步的国家,政府及有关部门为农业提供了社会化服务。澳大利亚的现代农业可以划分为三个主要部分:农业产前部门,指为农业生产提供生产资料的部门,包括提供农业机械、农用化肥、农药和除草剂、饲料以及其他农业生产资料等;农业生产中部门,包括农作物种植、家畜和家禽的饲养及水产养殖等;农业产后部门,指农产品的收购、加工、贮藏、运输和销售等。澳大利亚在上述三个方面都有良好的社会化服务。如有专门的农业生产资料供应公司、种子公司和育种厂,有专门的喷洒农药、化肥的公司,有庞大的农机维修服务中心以及提供市场信息的部门等。这种全方位的专业化、社会化服务使家庭经营和社会化大生产结合起来,保证了规模经营,有助于降低生产成本,提高经营效率。

其次,澳大利亚政府对种植业给予多种补贴和保护。为了增强农产品在国际市场上的竞争力,澳大利亚政府为农产品,如烟草、糖、棉花、小麦等,提供了多种补贴和保护。例如,为了保护烟草业,1965年联邦政府和州政府达成协议,由政府规定烟草生产限价和价格,并且规定凡在澳大利亚生产的纸烟和烟丝所用烟草,必须含有50%以上的澳产烟草。再如甘蔗生产区昆士兰政府与制糖者达成协议,成立官方、半官方管理局,规定甘蔗种植区、生产限额和出售价格,以及粗糖销售、生产计划,实行保护价格,由国家出面签订国际糖业协定等,保证甘蔗和制糖业的发展。为了保证小麦生产者有相对稳定的收益,澳大利亚政府1973年规定实行稳定价格制,通过设立稳定基金,尽量缩小国际市场价格波动对生产者的影响。

第三,通过建立完善的中介组织为农民提供有效的服务。澳大利亚有相当数量的各类农民组织和中介组织。这些组织的服务主要集中于为农民提供各种生产经营技术,帮助农民进行会计核算,了解农产品产销市场行情,与农民签订购销合同等方面。其中澳大利亚农民联合协会(NFF)是该国最大的农民组织,几乎涉及到农林牧渔各个产业,其宗旨就是代表、保护和提高其成员的利益。农协还更多地扮演了农民利益代言人的角色,主要职责是代表农民游说政府,制定有利于从事不同产业的农民利益的政策。除了农协之外,还有一定数量的按照严格的合作社原则建立和运行的农业合作组织,以及小麦局、羊毛局这样的农民组织和中介组织,也有大量的私营性质的公司。农民服务组织的多元化使农民获得了多元选择,也得到了多元化的利益补偿。

第四,适时转变和调整农业管理体制。澳大利亚改革和调整农业管理体制的着眼点是彻底的市场化。面向全球市场,既要减少政府对农民的干预,又要保护本国农业,服务于农民,努力保持农业,特别是畜牧业的生产和出口优势,争取和扩大在全球市场份额中的比重。

近年来随着全球经济一体化特别是贸易自由化的发展,农产品出口市场竞争日趋激烈。澳大利亚农产品的生产和出口都面临新的压力。一方面澳大利亚出口的农产品大多集中于传统产业和产品,如羊毛出口主要是原毛、毛条,产业链不长,加工程度不高,附加值不大;另一方面进口国对进口产品的检疫、食品安全、质量标准要求越来越严格,加上欧美等国农业对出口市场份额的争夺,澳大利亚农产品竞争力被削弱。针对市场环境的变化,澳大利亚对农业管理体制进行了较大的改革,改革的基本思路是面向市场,尽量减少政府对企业、农场经营的干预。1996年澳大利亚将初级产业与能源部调整为农渔林业部,划走对矿产资源的管理职能,并从卫生部划入食品管理职能。新成立的农渔林业部统一协调对农牧渔和林业的综合管理,并根据国内外市场变化情况和促进农产品出口的需要,强化和增加了农产品加工、食品安全、农产品质量标准制定和动植物检疫、农产品贸易以及资源保护和可持续发展方面的管理职能。经过这样的改革,形成了农业生产、加工、销售一体化的管理体制,避免了管理职能的交叉、分散、重叠。与此同时,澳大利亚还对一些政府赋予特权的机构进行了大刀阔斧的改革。例如澳大利亚政府于1980年代后期取消了小麦局(AWB)对国内市场的控制权力,放开国内市场的经营后,1999年7月又将小麦局改革为农民入股参与经营的股份制公司,改革后的小麦局与农民的利益越来越密切,农民从小麦销售中得到的利益比过去小麦局垄断国内小麦市场时明显增加。

第五,政府为农牧业发展提供了良好的基础设施。鉴于农牧业在经济发展中的特殊地位,澳大利亚政府为农牧业发展提供良好的基础设施。在1960年代初,澳大利亚联邦政府为了发展北部地区、昆士兰的海湾区和东昆士兰地区的肉牛饲养,开始实施牛肉公路运输计划,其目的是建立一个快速安全的全天候运输网络。1960年代到1970年代早期共建成了4680公里的封闭路面和1600公里的砾石路面公路,通达澳大利亚最边远地区,为北部肉牛业的发展创造了极为有利的条件。自1970年代以来,这些公路的建设被联邦政府立法和基金项目所覆盖,如1974年的授权法案和澳大利亚建国200周年公路发展项目。此外,澳大利亚政府为了在新南威尔士等地推广小麦种植,联邦政府出资修建了很长、造价很高的铁路网等。

第六,加强对草场的科学管理。澳大利亚畜牧业的发展经历了靠天养牧、利用天然草场的粗放经营,向合理利用天然草场,大力改造天然草场,并积极发展人工草场、推广牧草及饲料作物的栽培,逐步朝集约经营方向发展的过程。因此,澳大利亚十分重视天然草场的合理利用和补播改良、播种草场的建立和使用,以及草场灌溉、施肥和草场轮作。

第七,大力发展农产品加工业,增加附加值。农产品加工业作为澳大利亚的主要产业,对稳定和提高农产品生产供应,增加出口附加值,提供更多的就业机会以及对国民经济的增长有着十分重要的作用。1999年澳大利亚农产品及加工制成品出口额占全国出口总额的22%。努力扩大市场占有份额,千方百计提高市场竞争力,是澳大利亚农产品加工企业的共同目标。例如,澳大利亚MG公司作为澳大利亚最大的奶制品公司,是由3300个牧场以入股形式组成的股份合作企业,饲养奶牛近60万头,每年加工的鲜奶相当于全国鲜奶产量的30%,出口占其生产量的70%,占全国奶制品出口量的40%,占全球奶制品贸易量的6%。1990—1999年公司年销售额平均增长11.2%。该公司成功的秘诀是下联数千个农场,确保稳定和有质量保障的原料供给,上接稳定和不断扩大的销售市场。MG公司始终把农民和客户的利益放在首位,及时为客户提供所需要的产品,并努力改进服务质量,与客户建立稳固的业务关系,同时不断开发新市场,从而使公司发展始终保持较强的市场竞争力。农产品加工业的发展,有效地提高了农产品的附加值,从而提高了澳大利亚农业的经济效益及其在全球的竞争力。

二、合理利用自然资源,重视环境保护和可持续发展

首先,合理利用水资源。澳大利亚大部分内陆地区年降水量和径流量很少,而且很不均衡。为了保证农作物与牧草的生长,必须修建灌溉设施甚至跨流域调水工程。澳大利亚最著名的调水工程是斯诺威山区的东水西调工程。斯诺威山区位于澳大利亚东部山地的东南端,是澳大利亚降水量最多的山区之一。由于当地农牧业用地有限,耗水量较少,有较多的水量可供调用。斯诺威山区的西侧,早在20世纪初就是澳大利亚最主要的农牧区。这里虽然有墨累—达令河水系可供利用,但由于水量不足和流量不稳定,阻碍了该地区经济的进一步发展,而在工业和矿业未充分发展之前,农牧业一直是澳大利亚最主要的经济部门。因而,解决好这一地区的调水问题,对澳大利亚全国经济的发展具有重要的意义。经

过多次反复,直到1948年,综合考虑了各方面的利益,才确定了现行的斯诺威山区东水西调综合开发方案。1949年澳大利亚联邦政府通过法令,成立了斯诺威山区管理局,作为协调和实施该项方案的执行机构。斯诺威山区东水西调工程利用山脉东侧斯诺威河及其支流尤坎宾尼河和马兰比季河上游的水,穿越大分水岭向西流,与内地的墨累河和马兰比季河支流图母特河相汇合,解决西侧河谷地带灌溉用水,并建立一系列水电站,供给新南威尔士和维多利亚两州及首都地区的电力。工程于1949年开工,耗资八亿澳元,1974年正式投入使用。该调水工程投入使用后,不仅促进了当地的经济发展,而且也改善了当地的生态环境。目前,两河谷地已成为澳大利亚最主要的农牧区,在保证澳大利亚成为全世界最大的羊毛生产国和肉牛、小麦主要出口国的地位方面,发挥了关键作用。

为了合理利用水资源,1995年澳大利亚政府对水资源的使用和管理实行了全面的改革。一是明确水权等级。根据澳大利亚《水权法》的规定,州政府是水的所有者。在州政府的授权下,水资源管理局是水配额的管理者,负责城市和农村水资源的管理;农村水资源管理局负责农业灌溉用水的分配和保护。二是对农业用水实行许可证制度。农民只有申请到用水许可证,才能"量水种地"。从1990年代开始,澳大利亚政府通过招标的方式竞卖水权。三是水权交易。如澳大利亚的传统畜牧业,其产品羊毛和奶制品因国际市场低迷而产出下降,而新兴的酿酒业利润丰厚,因而葡萄种植园主出高价向种植牧草的农民购水。各州政府对水权的交易实行严格的管理,规定水权的交易不得对第三方造成负面影响。四是对水的有效管理。主要措施有:安装计量设施,超量用水要罚款;遏制偷水,屡犯不改者,依法判刑;每年按供水成本定价收费;追缴拖欠水费等。

其次,对矿产资源进行有效开发。澳大利亚拥有丰富的矿产资源,对这些矿产资源的开发形成的采矿业是澳大利亚重要的产业部门之一。1960年代中期,澳大利亚经历了"矿产热"时期,大量地投资于采矿业对于澳大利亚经济发展有较大的影响,使澳大利亚很快成为世界上铁矿石、铝矾土、氧化铝的最大生产国和出口国之一,1980年代初澳大利亚又取代美国成为世界上最大的煤炭出口国。目前澳大利亚采矿业初级产品的出口在出口贸易中的份额约为30%。1960年代初期,随着矿产资源的大规模开发,澳大利亚也面临着资金不足的问题。为此,澳大利亚积极引进外资,1965—1970年外资投向矿业的比重为30.6%(而1960—1965年期间仅为9.2%),1971—1972年期间进一步增加到40.7%,1980年代初(1982—1983)大规模开发煤炭时外资投向矿业的比重仍高达30%。外资的流入不仅有效解决了矿产资源开发中资金不足的问题,而且促进了澳大利亚经济的发展。外国公司在某些特殊地区发展采掘工业时,需要把它经营的矿区铁路与政府的铁路线进行连接,还需要修建公路、码头以及其他基础设施,从而创造更多的就业机会和消费需求,同时采矿业还带动了一大批小城镇的建立。这既促进了地区经济的发展,也对国家经济的持续增长有利。

随着信息经济和知识经济的兴起,西方各国对矿产品和能源的需求相对减少,同时,新型塑料、工业陶瓷以及复合材料广泛使用,将逐步替代传统的原材料。此外,发达的工业化国家还大力推广节能技术,寻求替代能源。这些都将直接影响到对能源、原材料的市场需求。为此,澳大利亚利用矿产能源结合产业结构调整,大力发展原材料加工工业。例如,日本从澳大利亚进口的重点已由矿产原料转向更高层次的矿产品。同时,澳大利亚一些大的矿业公司努力实现多元化和国际化,他们通过向联邦的钢铁厂和美国铝制品制造公司等进行投资,一方面促进了技术交流,另一方面也为澳大利亚矿业公司的煤、铁、铝矾土和其他矿产品提供市场。

最后,重视环境保护和可持续发展。澳大利亚独特的地理环境使得生物种类繁多,其中桉树、苏铁裸子植物、大型"南极"蕨和有袋动物等均为世界所独有,有着极高的环境、科研和文化价值。在过去的200多年里,由于农业的发展对一些生物栖息地造成的损害,以及引进外来物种对本地物种的影响等因素,澳大利亚的生物多样性受到了很大威胁。为此,澳大利亚专门成立了科研和法律机构来处理这些问题。澳大利亚对环境保护的重视可追溯到1970年代。1974年澳大利亚联邦议会颁布了环境保护法案;1983年澳大利亚政府制定了资源保护国家战略;1990年制定了澳大利亚《生态可持续发展国家战略》。该战略是指导澳大利亚社会、经济、生态环境协调发展的主导战略,现已成为各级政府和部门制定相关政策和进行决策的主要依据。

由于澳大利亚是个联邦制国家,因此建立一种联邦、州和地方三级政府协调合作的机制是实施《生态可持续发展国家战略》的关键。为此,澳大利亚政府主要靠两种途径来实现这种机制:一种途径是依靠1992年5月联邦、州、地方政府一致通过的《政府间环境协议》;另一个途径是依靠澳大利亚政府委员会和部长级委员会。此外,澳大利亚联邦政府还采纳了非政府组织和公众参与的机制。澳大利亚可持续发展的具体行动有:

1.制定一系列配套战略、政策和计划。主要的战略有:《减缓温室效应国家战略》、《生物多样性保护国家战略草案》、《臭氧层保护战略》、《减少和回收利用废弃物国家战略》和《水资源管理国家战略》等。主要的国家政策和计划包括国家森林政策、国家抗旱政策、联邦重点项目扶持计划、国家土地保护计划、国家环境工业数据库、国家污染物目录和国家温室气体目录等。为监督《生态可持续发展国家战略》的实施效果,澳大利亚联邦政府从1995年起定期发布《澳大利亚环境状况报告》。该报告的宗旨是向澳大利亚各级工商部门、决策者和公众提供及时、准确的澳大利亚环境状况、趋势、问题和前景的信息,用以提高决策质量,减少失误,增强公众的环境意识。

2.实施缓解温室效应的国家战略。该战略以稳定温室气体排放量为基本目标。1995年3月,澳大利亚政府要求工业界每年减少1500万吨温室气体的排放,使澳大利亚到2000年的温室气体排放量接近1990年的水平。并通过一项6300万澳元的计划帮助实现这一目标。

3.保护生物多样性。1993年6月,澳大利亚签订了《生物多样性保护公约》,并制定了自己的《生物多样性保护国家战略》,其目标是保护生物多样性和维持生态系统的平衡。目前,澳大利亚共有4178个陆地保护区和306个海洋保护区,澳大利亚的保护区面积占国土面积的比重从1992年6.4%上升到1990年代后期的

7.8%。

4.促进行业可持续发展战略。澳大利亚还制定了大量的行业战略以减少对环境的不利影响,实现环境和经济的可持续协调发展。1994年澳大利亚通过了一项在全国范围内对水资源进行重新分配的条款,通过改变供水管理,确保国家水资源更有效地可持续利用。澳大利亚还制定了《国家清洁生产战略》,以帮助企业了解实行清洁生产,确保有利于环境保护的决策在正常的商业决策中具有优先性。此外,澳大利亚政府也认识到森林的重大环境和科学价值,并通过了《国家森林政策》,其关键目标是发展具有生态可持续发展的木材产品工业,发展、完善充分和有代表性的森林保护系统。

5.广泛开展国际合作。澳大利亚是联合国可持续发展委员会的初始成员之一,对联合国《21世纪议程》高度重视,澳大利亚还加入了与环境和可持续发展相关的多个国际组织。此外,由于地理环境的相关性和政治经济的密切性,澳大利亚和新西兰还联合成立了澳大利亚和新西兰环境与资源保护委员会,为各级政府交流信息、经验,更好地制定国内和国家间环境和资源保护政策创造了很好的机会和条件。

三、大力发展新兴产业

首先,大力发展特色旅游业。澳大利亚虽然是经济发达的国家,但是其西部地区和东部沿海地区经济发展水平也存在相当的差距。在经济欠发达地区居住的主要是土著居民,土著居民有着自己独特的文化和传统,加上土著居住区的独特地理环境,其旅游

资源非常丰富,为了缩小与发达地区的经济差距,澳大利亚政府选择以旅游业作为突破口。其主要做法有:

一是澳大利亚政府在规划上给予土著地区大力支持,要求各地方政府在制定当地旅游发展规划时,必须统一考虑土著人旅游发展规划,把土著人旅游列入当地、州和全国旅游计划的一部分。在政府统一规划下,澳大利亚沿海发达地区在资金、技术和服务等方面为土著地区提供了大量的支持和帮助。

二是在强调土著居民自力更生的同时,澳大利亚联邦和州政府也根据不同情况给予补助,联邦银行还提供优惠政策,向土著居民发放低息和无息贷款。另外,澳大利亚政府还投入巨资改善土著地区的旅游基础设施。例如,在凯恩斯投资900万澳元兴建了一座文化公园,并在北部热带雨林区修建了世界上最长的空中缆车。

三是对某些项目进行深度开发。如澳大利亚北部地区吉伯拉地区有绘画和制衣的传统,旅游部门就帮助他们建立了土著服装制作厂,短短几年内,他们生产的土著服装便畅销各地,并打进日本市场。

四是注重把旅游开发与保护文化遗产结合起来。近年来,澳大利亚政府拨出了大量的资金,用于修缮和保护土著人的居住地和文化遗产。同时强调文化旅游必须与自然生态旅游同步进行,而且澳大利亚政府率先制定了生态旅游业的国家鉴定标准。

五是澳大利亚政府专门在国外市场花巨资进行大力宣传,把澳大利亚最具特色的旅游资源推介到国际市场,以吸引国外游客。在多样化的宣传中,澳大利亚政府把土著地区的宣传重点放在了独特沙漠风光和当地土著文化方面。经过数年努力,“土著人旅游发展战略”取得了极大成功。1999年全澳大利亚游客中的7%到土著地区旅游,总收入近10亿澳元,远远高于从事林业、渔业的收入。旅游业的发展还带动了交通、服务、餐饮等产业的蓬勃发展,使得土著地区经济发展水平显著提高。

此外,澳大利亚紧跟时代的前进步伐,全力打造以信息技术产业为主导的新经济,以信息技术产业为主导,实现产业创新,以产业创新带动经济结构转换。目前,澳大利亚正在迅速成为一个知识型的经济体。

附录 若干经济政策和经济指标

一、若干经济政策简述

(一)工资政策

联邦政府和澳大利亚工会理事会之间的合作对限制工资成本增加和协调工资与利润的平衡关系起了关键性的作用。节制工资增长既有利于就业率的显著提高,也促进了1980年代后期投资的增加。

工资政策对提高生产率和改革劳动力市场越来越起着催化剂的作用。联邦政府承诺将运用在工作单位来进行谈判的安排,逐步实现更趋分散管理劳资关系的框架。这个办法强调在企业一级举行磋商,使劳资双方通过直接谈判,根据具体情况达成有关工资和改善生产效益的协定。在此种体制下,为了照顾那些不能在单位范围内达成工资待遇协议者,同时也为了保护工人中较弱的部分,对这些人仍将保留由产业仲裁法庭确定基本工资、裁定工资增长额度的作法。这一体制旨在保证劳资双方以合作态度进行劳动场所的改革,以达到在劳资纠纷最少的情况下,实现变革的目的。

(二)财政和税收政策

财政政策:联邦政府每年收入和支出的预算必须得到议会两院的通过。政府在经济报告中也可以宣布额外的或补充性的预算措施。六个州和两个地区的政府也提出各自的年度预算。各州总收入中将近一半是由联邦政府提供的。

澳大利亚的公司税和资本收益税的规定是:

1.公司税

澳大利亚的公司税率在 1995 年 7 月从 33%增加到 36%,2000 年 7 月 1 日推出的商品服务税(Good & Service Tax—GST)开始对大部分商品和服务征收 10%的税收[①]。联邦政府实行的公司税收估算制将确保对已分配的收入只征一次税,征收办法是用公司基本收入已经缴纳的公司税冲掉国内股东应缴纳的所得税。分到免税红利的非居民股东可以免交红利预扣税。国内各公开招股公司相互之间支付的所有红利和国内私营公司分到的免税红利一般都允许退税。

2.资本收益税

政府规定凡 1985 年 9 月 19 日以后获得的资产如果已经取得收益,将征收资本收益税。对这种收益征税之前,应扣除通货膨胀

---

① www.business.gov.au.

部分。对个人及对公司征税的税率各不相同。

(三)投资政策

1.工商业投资

联邦政府制定了一系列措施,旨在鼓励工商业投资和跨国公司在澳大利亚建立地区性的总部。它们包括:减低公司税率,加速折旧扣除,给某些大型项目以临时发展补助10%,对在1994年7月1日前订货和在1995年7月1日前首次使用或准备使用的合格的工厂和设备的成本费作为一般投资优惠另外扣除10%税收,对"集资发展基金"的收入给予优惠税率15%,以及成立全国投资理事会。

2.外国投资

澳大利亚制定的外国投资政策着眼于鼓励外国在澳大利亚投资和确保这种投资符合社会的需要。在大部分工业部门中,外国的投资建议很容易获得批准,除非这些建议违背澳大利亚国家利益。外国投资在民航、传播媒体、银行业、铀矿和某几种房地产业方面是受到限制的。澳大利亚外国投资审查局负责执行上述政策。它注重实际,以大的原则作指导,而不以具体的硬性规定为基础。

(四)货币政策

澳大利亚的货币政策由澳大利亚储备银行与联邦政府协商制定并执行。储备银行有特别权利来执行政府政策,以便最有效地促进澳大利亚货币的稳定、保证充分就业和澳大利亚人民的福利。货币政策的主要目的是使经济持续增长并同时保持较低的通货膨胀率。联邦政府和储备银行在整个经济循环过程中努力使通膨率保持在约2%—3%。官方短期利率于1993—1994年度降到20年来可维持的最低水准。1995年8月,所有类别物价指数的通膨率为4.5%,国债券为7.95%左右,非官方的市场利率为7.5%。1995年,储备银行将官方现金利率提高到7.5%左右。为了使澳大利亚经济能够强劲地增长,用提高官方利率来保持较低通膨率的做法是必要的,然而无论如何,澳元价值最终是由市场机制来确定的。

二、若干经济指标

表10.1　　澳大利亚国内生产总值

(十亿澳元)

年份	数据	年份	数据	年份	数据
1970	33	1989	357	1995	492
1980	132	1990	379	1996	516
1985	229	1991	383	1997	530
1986	250	1992	397	1998	593
1987	282	1993	418	1999	626
1988	319	1994	460		

资料来源:1.1970—1993年国际货币基金组织《国际金融统计年鉴》1994年;
2.1994—1997年世界银行《世界发展指标》1999年;
3.1998—1999年世界银行《世界发展指标》2001年。

表10.2　　澳大利亚国内生产总值

(百万美元)

年份	数据	年份	数据	年份	数据
1973	75568	1974	92224	1975	99385

（续表）

1976	105954	1984	183982.46	1992	299602
1977	104412	1985	162220.67	1993	294062
1978	122460	1986	171009.36	1994	336531
1979	135251	1987	202198.88	1995	364789
1980	157346	1988	254804.69	1996	404039
1981	178506	1989	278869.57	1997	393519
1982	170659	1990	297224	1998	372723
1983	171387	1991	303381	1999	404033

资料来源：1.1970—1989 年世界银行《世界数据表》1989/90 年；
2.1990—1999 年世界银行《世界发展指标》1999 年和 2001 年。

表 10.3　澳大利亚人均国民生产总值

（美元）

年份	数据	年份	数据	年份	数据	年份	数据
1970	2970	1978	8730	1986	11570	1994	18200
1971	3180	1979	9690	1987	12610	1995	19190
1972	3440	1980	11270	1988	14840	1996	20650
1973	4960	1981	12190	1989	16340	1997	22270
1974	6410	1982	11660	1990	17060	1998	21370
1975	7760	1983	11620	1991	17340	1999	20950
1976	8080	1984	11740	1992	17770		
1977	7930	1985	11370	1993	17500		

数据来源：1.1970—1993 年世界银行《发展报告》1994 年；
2.1994—1996 年世界银行《世界发展指标》1999 年；
3.1997—1999 年世界银行《世界发展指标》2001 年。

表 10.4　第一、二、三产业对澳大利亚国内生产总值增长的贡献

(%)

年份	第一产业	第二产业	第三产业	年份	第一产业	第二产业	第三产业
1975	0.4	0.3	2.4	1987	-0.2	2.3	3.6
1976	0.2	1.5	1.6	1988	0.0	2.1	3.0
1977	-0.2	-0.3	1.3	1989	0.4	0.5	2.5
1978	1.20	1.4	3.3	1990	0.3	-0.6	-0.5
1979	-0.8	1.2	1.6	1991	-0.2	-1.1	1.5
1980	-0.7	1.3	2.7	1992	0.2	0.9	2.5
1981	0.8	1.0	1.2	1993	0.13	1.22	2.77
1982	-1.1	-2.6	1.0	1994	-0.73	0.87	4.52
1983	1.8	0.8	4.8	1995	0.74	0.84	3.06
1984	0.0	2.6	2.4	1996	0.26	0.74	2.79
1985	-0.1	1.4	2.9	1997	-0.02	0.99	3.71
1986	0.2	-0.3	3.1	1998	0.25	0.48	3.87

数据来源:1.1975—1992 年　世界银行《世界数据表》1989/1990 年和 1995 年;
2.世界银行《世界发展指标》2001 年。

表 10.5　澳大利亚国内生产总值的三次产业构成

(%)

年份	第一产业	第二产业	第三产业	年份	第一产	第二产业	第三产业
1970	6.37	42.97	50.66	1974	6.40	40.46	53.14
1971	6.48	42.46	51.05	1975	5.60	40.90	53.50
1972	7.72	41.25	51.03	1976	5.45	40.42	54.13
1973	8.82	40.40	50.77	1977	4.89	40.21	54.89

（续表）

1978	6.9	39.29	53.82	1989	4.62	35.12	60.26
1979	7.05	39.94	53.02	1990	3.78	34.71	61.51
1980	5.93	40.88	53.19	1991	3.46	32.93	63.61
1981	5.53	40.48	53.99	1992	3.58	33.15	63.28
1982	4.04	40.38	55.58	1993	3.2	27.4	69.4
1983	5.57	40.19	54.25	1994	2.8	27.4	69.8
1984	5.08	40.21	54.72	1995	3.4	26.8	69.8
1985	4.55	39.51	55.94	1996	3.2	26.2	70.6
1986	4.49	37.45	58.06	1997	3.1	25.2	71.6
1987	4.77	36.30	58.93	1998	3.1	24.7	72.3
1988	4.97	34.75	60.28				

数据来源:1.1975—1992年　世界银行《世界数据表》1989/1990年和1995年;
2.世界银行《世界发展指标》1999年;
3.1997—1998年　世界银行《世界发展指标》2001年。

表 10.6　　就业人口的行业构成

（万人）

按第三版ISIC分类	1990	1991	1992	1993	1994	1995	1996	1997
农业、狩猎业和林业	42.4	40.6	39.0	39.3	39.0	39.4	40.7	42.1
渔业	1.4	1.5	1.4	1.5	1.4	1.7	1.6	1.4
矿业和采石业	8.9	8.5	8.1	8.1	7.9	7.8	8.2	7.5
制造业	117.9	110.3	108.8	107.9	111.1	111.5	111.8	113.6
电、煤气和水供应	10.6	10.2	10.4	9.6	9.0	8.4	7.3	6.6
建筑业	59.3	53.8	52.1	54.9	56.9	60.1	59.7	58.1

(续表)

批发、零售贸易;机动车及个人、家庭商品	162.6	158.8	158.0	160.7	165.3	170.7	174.0	172.1
饭店和餐馆	31.8	33.5	33.9	34.1	36.0	38.8	37.9	40.5
运输、仓储和通讯	53.2	52.7	49.4	48.5	51.1	53.6	56.1	55.0
金融媒介	36.7	34.5	32.6	31.3	31.7	31.4	31.7	31.5
房地产、租赁及商业活动	62.5	63.0	64.4	62.8	71.1	80.4	82.8	87.9
公共管理和防卫;强制性社会保险	44.3	43.3	43.4	46.2	44.4	45.3	45.7	44.9
教育	52.8	52.5	54.2	55.4	54.9	57.4	58.8	57.8
卫生和社会工作	66.2	69.0	69.3	69.1	71.2	74.4	76.7	77.8
社区、社会和私人其他服务活动	31.9	33.1	34.9	33.7	36.4	39.1	38.9	41.3
有雇工的私人家庭	1.2	1.3	1.4	1.5	1.3	1.6	1.2	1.2
域外组织和机构	0.1	0.1	0.1	0.1	0.2	0.1	0.1	0.1
行业不明确								
合计	783.7	766.8	761.2	764.5	788.6	821.7	832.8	839.4

资料来源:国际劳工组织《劳工统计年鉴》1989—1990年和1998年。

表10.7　　澳大利亚中央政府财政收支*

(百万澳元)

	1980	1985	1986	1987	1988	1989	1990	1991	1992	1993	1994	1995	1996	1997	1998	1999
总收入及捐赠	30589	59298	66793	75486	84235	91574	100426	103135	98835	98460	104775	114234	125092	134579	142036	151823
总收入	30589	59298	66793	75486	84235	91574	100424	103132	98836	98460	104775	114234	125092	134579	142036	151823
经常收入	30561	59161	66560	75171	83488	91252	100178	102945	98654	98010	103964	113419	124412	133752	139970	150471
税收收入	27474	52969	58891	66574	75049	83440	90704	92611	87211	88759	93361	104919	115698	124557	130981	138150

(续表)

公司、利润和资本所得税	18588	35335	39435	45433	51366	58545	64255	66541	62906	64242	66388	73895	82614	90436	95365	
工资税	33	51	56	570	919	1069	1204	1312	1385	1389	1460	2811	3065	3202	3215	
财产税	73	240	260	342	464	486	387	247	15	19	11	8	8	11	6	
货物和服务税	7132	14300	15732	16859	18524	19471	20793	21097	19473	1968	22159	24648	26882	27613	28752	
国际贸易税	1648	3043	3408	3370	3776	3869	4065	3414	3432	3429	3343	3557	3129	3259	3643	
其他税																
非税收收入	3087	6192	7669	8597	8439	7812	9474	10334	11443	9251	10603	8500	8714	9195	8989	12321
资本收入	28	137	233	315	747	322	246	187	182	450	811	815	680	827	2066	1352
捐赠																
总支出	31810	65179	71714	77673	82337	85507	93401	102332	109929	115441	121846	127358	135130	139857	140877	147934
一般公务支出	2261	4480	5064	5752	6335	6475	8320	8978	9994	8207	8804	8885	9250	9816	9941	
国防	2991	5931	6607	7117	7158	7235	7844	8516	8706	9126	9450	9222	9506	9587	9861	
公共秩序和安全	206	421	462	516	582	757	859	910	1087	1102	1116	1130	1202	1466	1226	
教育	2622	4684	5068	5438	5949	6089	6341	7179	7934	8814	9380	9789	10132	10416	10762	
卫生	3186	6153	6727	7308	8056	10891	11890	12938	13846	14887	16266	17426	18562	19405	20865	
社会福利	8813	17843	19321	20737	22744	26372	56372	30638	35428	38697	42128	43607	46596	49437	49961	
住房和通讯	262	1141	1176	1272	1334	1664	1664	1538	1630	1892	1719	1651	1639	1467	1714	
文化、娱乐和宗教	336	821	1007	1006	1050	1109	1109	1133	1134	1146	1292	1357	1485	1340	1372	
能源	107	640	852	834	901	1030	1030	804	805	733	686	851	943	1041	999	
农业	499	931	965	1093	1341	1214	1214	2559	2156	1768	1695	1806	1911	1827	1961	
工业	365	575	542	516	405	576	586	728	762	499	464	536	410	385	401	
交通运输	1032	2142	2162	5160	2087	2392	2392	2691	2639	3238	2496	2552	2213	2495	2021	
其他经济活动	501	1579	1544	1615	1584	1647	1647	1994	2444	3365	3469	3666	4417	3557	3199	
其他支出	8629	17839	20215	22310	22810	22133	22133	21724	21364	21973	22888	24880	26864	27618	26594	
财政赤字	－2017	－6800	－5744	－2719	2440	8307	8307	2355	－9047	－14477	－13674	－11641	－4840	2062	16368	8678
除捐赠以外的赤字	884	－1460	－324	2512	6176	12204	12204	6951	－5262							

＊上年7月1日至当年6月30日

资料来源:国际货币基金组织《政府财政统计年鉴》1990年、1994年、1998年和2000年。

表10.8　　澳大利亚进出口总额

(亿美元)

年份	进口	出口	进出口差额	年份	进口	出口	进出口差额
1970	50.6	47.7	－2.9	1971	52.3	52.1	－0.2

(续表)

1972	50.3	64.4	14.1	1986	261.0	226.0	-35.0
1973	73.9	95.6	21.7	1987	293.2	266.0	-27.2
1974	119.8	110.2	-9.6	1988	361.0	332.0	-29.0
1975	107.0	119.5	12.5	1989	449.4	371.0	-78.4
1976	122.3	131.9	9.6	1990	420.2	398.0	-22.2
1977	135.1	133.7	-1.4	1991	416.5	419.0	2.5
1978	155.7	144.2	-11.5	1992	438.1	428.0	-10.1
1979	189.1	186.6	-2.5	1993	454.8	427.0	-27.8
1980	224.0	219.4	-4.6	1994	379.0*	345.4*	-35.5*
1981	262.2	214.8	-47.4	1995	613	531	-82
1982	266.7	213.6	-53.1	1996	654	603	-51
1983	214.6	201.1	-13.5	1997	680	629	-51
1984	259.2	231.1	-28.1	1998	646	559	-87
1985	258.9	226.0	-32.9	1999	692	561	-131

数据来源:* 1—9月

1.联合国《统计月报》1995年4月;

2.国际货币基金组织《国际金融统计年鉴》1994年;

3.联合国《统计月报》2001年4月。

英汉对照索引

A. Cameron　A. 卡梅隆
A. Marshall　A. 马歇尔
A. Venables　A. 沃纳伯尔斯
Aarhus　奥胡斯(丹麦地名)
Alameda　阿拉梅达(美国地名)
Albert Hirshman　艾伯特·赫尔希曼(也有译为赫希曼)
Alfred Weber　阿尔弗雷德·韦伯
Allan C. Malmberg　艾伦·C. 马尔伯格
Allen J Scott　阿伦·J. 斯科特
Almedia　阿尔梅迪亚
Amy K. Glasmeier　阿米·K. 格拉斯梅尔
Anahaim　阿纳海姆(美国地名)
Anaheim Canyon　阿纳罕姆谷(美国地名)
André Gunder Frank　安德鲁·贡德·弗兰克
Anna　安娜
AnnaLee Saxenian　安娜李·萨克森宁
Antrim　安特里姆(英国地名)
Arthur　阿瑟
Ash Amin　阿什·阿明
Ashok Parikh　阿肖克·帕里克
Aston　阿斯顿(英国地名)
August Lösch　奥古斯特·廖什
Autonetics　奥托耐迪克(美国公司名)
AWB　澳大利亚小麦局
B. Ashcroft　B. 阿尔克拉夫特
B. Tether　B. 特瑟
Baden-Wurttemberg　巴登—符腾堡(德国地名)
Bagnasco　巴尼亚斯克
Barro　巴罗
Barry Moore　巴里·摩尔
Baumol　鲍默尔
Bendix　本迪克斯(公司名)
Bengt-Åke Lundvall　本特—阿克·朗德沃尔
Benjamin Hinggins　本亚明·希金斯
Bennett Harrison　贝内特·哈里斯
Birgitte Gregersen　比吉特·格雷格森
Birmingham　伯明翰(英国地名)
Bjørn Asheim　比约恩·阿什海姆
Björn Johnson　比约恩·约翰逊

Boston Consulting Group for the Canadian E-Business Opportunities Roundtable 加拿大电子商务机会圆桌会议波士顿咨询组
Brown 布朗
Brusco 布鲁斯克
Burbank 伯班克(美国地名)
C.F.Sabel C.F.萨贝尔
C.Jones C.琼斯
C.S.P.Monck C.S.P.蒙克
California Department of Transportation, Caltrans 加利福尼亚运输部(美国加州政府部门)
California Institute for Smart Communities 加利福尼亚智能社区研究所(圣迭哥)
Camagni 卡马尼
Cambridge 剑桥(英国地名)
Cathy Garner 卡西·加尔内
Cecilia Wong 塞西莉亚·翁
Celso Furtado 塞尔索·弗塔多
Center of Business Research, CBR 剑桥大学商业研究中心(英国)
Chilworth 奇尔沃思
Chris Freeman 克里斯·弗里曼
Christian Longhi 克里斯坦·隆金
Clive Lawson 克利弗·拉韦松
Coe 科
Cohen 科恩
Collins 科林斯(公司名)
D.J.Storey D.J.斯托里
D.M.Smith D.M.史密斯
D.Maillat D.马亚
D.Wield D.维尔德
Darby 达比
David A.Wolfe 大卫·A.沃尔夫
David Bruce Audretsch 大卫·布鲁斯·奥德奇
David Harvey 大卫·哈维
David Keeble 大卫·基布尔
David L.Rigby 大卫·L.里格比
David Parker 大卫·帕克
de Castro 德卡斯托
Decoster 德科斯泰
Dei Ottati 杰伊·奥塔蒂
Department of Information Technology, DOIT 信息技术部(美国加州政府部门)
Diken 迪肯
Dixit 迪克斯特
Donald J.Savoie 唐纳德·J.萨瓦
Doreen B.Massey 多琳·B.马西
Douglas 道格拉斯(公司名)
Dowrick 多瑞克
Duguid 杜吉德
Durban Metro Electricity 德班地铁电力公司
Durham 杜伦(英国地名)
E.Goodman E.古德曼
E.Vatne E.瓦特内
Eaton 伊顿
Edgar M.Hoover 埃德加·M.胡佛
Edquist 埃德基
Edward J.Malecki 爱得华·J.麦莱基

I. Hannibalsson I.汉尼巴尔松
ICF Kaiser (ICF Kaiser Consulting Group) ICF恺撒咨询公司
ICT(information communication technology) 信息和通信技术(也有做信息、计算机、通讯解,即 information, computer, telecommunication)
Interstate Electronics 州际电子(公司名)
Irene Eng 艾琳·恩格
Irvine 欧文(美国地名)
Isaksen 伊萨克森
J. Bamford J.班福德
J. G. Williamson J. G.威廉姆森
J. Ilbery J.伊尔贝伊
J. M. Henneberry J. M.亨内贝里
J. R. Cuadrado J. R.夸德拉多
J. Aurioles J.奥里奥莱斯
J. H. Love J. H.洛夫
Jacobs 雅各布
Jaffe 亚费
James Simmie 詹姆斯·西米
James W. Harrington 詹姆斯·W.哈林顿
Jan G. Lambooy 简·G.兰布伊
Jensen Bulter` 詹森·布尔特
Jeremy R. L. Howells 杰里米·J.豪尼尔斯
Jirui Liu 刘吉瑞(音)
JIT(just in time) 即时生产方式
Johann Heinrish Von Thünen 约翰·亨里希·杜能
Jon Gant 乔恩·甘特
Joseph. A. Schumpeter 约瑟夫·A.熊彼特
K. J. Arrow K. J.阿罗
K. Starr K.斯塔尔
Kansai 关西(日本地名)
Karl Polanyi 卡尔·波兰尼
Kevin Morgan 凯文·摩根
Kirit Vaidya 基里特·维迪亚
Knight 奈特
Kogu 科古
Korfer 克费尔
Kortum 考图姆
L. Soete L.泽特
L. Suarez-Villa L.苏亚雷斯—维拉
L. Tsipouri L.齐波里
Lain Begg 莱恩·贝格
Latniak 拉尼克
Laurence J. C. Ma 劳伦斯·J. C.马
Lazonick 拉佐尼克
Lear 利尔(公司名)
Levinthal 利文索尔
Le-Yin Zhang 张乐因(音)
Lille 里尔(法国地名)
Limao 李冒
Linkoping University 林雪平大学(瑞典)
Lipparini 利帕里尼
Litton Industries 利顿产业(公司名)
Lockheed Electronics 洛克希德电子(公司名)
Long Beach 长滩(美国地名)

Park 帕克
Patchell 帕切尔
Paul Krugman 保罗·克鲁格曼
Paul Westhead 保罗·韦斯特海德
Perrin 佩琳
Peter Hall 彼得·霍尔
Peter Maskell 彼得·马斯克尔
Philip Cook 菲利普·库可
Philip Cooke 菲利普·库克
Ping Lan 兰平(音)
Potter Electric Company 波特电子公司(公司名)
Powell 鲍威尔
PPI, Progressive Policy Institute 渐进政策研究所
Primus 普里默斯(公司名)
R&D 研究与开发
R. Hudson R.哈里斯
R. D. Norton R. D.诺斯
R. Rothwell R.罗斯威尔
R. Walker R.沃克
Ramo Wooldridge 拉莫·伍尔德里奇(公司名)
Raul Prebisch 劳尔·普列比施(也有译为普列比什)
Ray Hudson 雷·赫德森
Reid 雷德
Richard R. Nelson 理查德·R.尼尔森
Ries 瑞斯
Riverside 里沃萨德(美国地名)
Robert D. Putnam 罗伯特·D.普特南
Robert Salais 罗伯特·萨莱斯
Roberto Camagni 罗伯托·卡马尼
Robertshaw-Fulton 罗伯肖一富尔顿(公司名)
Roger Hayter 罗格·艾泰
Roger W. Caves 罗格·W.卡夫
Romer 罗默
Ron Martin 罗恩·马丁
Rothwell 罗斯韦尔
RSG 资源服务集团(澳大利亚)
RTD 研究、技术开发
RTP(regional technology plan) 地区技术计划(威尔士)
S. Brusco S.布鲁斯克
S. Dunlop S.邓洛普
S. Thmodakis S.特摩达克斯
S. Stavrou S.斯塔夫鲁
Sala-I-Martin 萨拉一艾一马丁
San Bernardino 圣伯拉迪诺(美国地名)
San Diego 圣迭哥(美国地名)
San Fernando 圣·费尔南多(美国山脉名)
Santa Clara 圣·克拉拉(美国地名)
Santa Monica 圣·莫尼卡(美国地名)
Schmutzler 施姆兹勒
Sendai 仙台(日本地名)
Shujie Yao 姚树杰(音)
SMEs 中小企业
Sophia Anitpolis 索菲亚·安尼波里斯(法国地名)

参考文献

一、中文论著

1.北京市试验区管委会信息统计处:《北京市新技术产业开发试验区 1998 年发展报告》,http://www.zgc.gov.cn

2.北京市统计局社会科技处:《中关村科技园区企业创新国内外比较分析》,2002 年 7 月 27 日,北京统计信息网

3.卜欣欣、程社明:《人力资本理论》,《中国人力资源开发》2002 年第 7 期,转引自 www.careerchina.com

4.陈剑屏:《台湾中小企业发展经验和启示》,《汕头大学学报》,1998 年第 5 期

5.陈乃醒:《台湾中小企业发展概览》,《中国工业经济》,1995 年第 2 期

6.陈兴冀主编:《濮院镇志》,上海书店出版社 1996 年版

7.蔡运龙:《大卫·哈维:地理学实证派的集大成者和终结者》,原载于《中华读书报》,转引自人民书城:http://www.booker.com.cn

8.代帆:《世界高新技术产业开发区管理模式比较研究》,《科学学与科学技术管理》2001 年第 3 期

9.董桂兰:《科学技术如何促进发展——世界主要国家和地区的案例分析》,《中国软科学》1999 年第 7 期

10.盖文启:《创新网络》,北京大学出版社 2002 年版

11.顾朝林、刘海泳:《西方“马克思主义”地理学——人文地理学的一个重要流派》,《地理科学》1999 年第 3 期,第 237—242 页,转引自湖北教育学院:http://www.hubce.edu.cn

12.顾朝林、李平:《哈维与马克思主义地理学》,原载于《中华读书报》,转引自人民书城:http://www.booker.com.cn
13.郭励弘:"台湾高新技术产业发展的经验和启示",《政策和管理》,2000年第2期
14.胡海峰、李雯:《对制度变迁理论两种分析思路的互补性思考》,《人文杂志》,2003年第4期,第62—68页
15.贾根良:《演化经济学:现代流派与创造性综合》,《学术月刊》2002年第12期,转引自经济学家:http://www.jjxj.com.cn
16.贾根良:《进化经济学:开创新的研究程序》,《经济社会体制比较》1999年第3期,转引自经济学家:http://www.jjxj.com.cn
17.李惠斌、杨雪冬主编:《社会资本与社会发展》,社会科学文献出版社2000年版
18.李远:《创新环境及其政策的出发点——兼论增强区域的全球化竞争力》,《经济地理》1999年第3期
19.李锺文、威廉·米勒、玛格丽特·韩柯克、亨利·罗文主编:《硅谷优势——创新与创业精神的栖息地》,人民出版社2002年版
20.丽江纳西族自治县计委:《奋斗历程　辉煌业绩》
21.丽江县经委:《解放思想 锐意进取 立足县情 加快发展》
22.丽江县旅游局:《丽江县旅游局2002年工作计划》
23.丽江县旅游局:《丽江县旅游业发展情况汇报提纲》
24.丽江县旅游局:《总结经验,开拓进取,早日建成世界级精品旅游胜地》
25.丽江县人民政府:《21世纪宏伟蓝图》
26.丽江县人民政府:《抓住机遇 扩大开放 把丽江建设得更加美好》
27.丽江县人民政府副县长周鸿:《关于丽江县2001年国民经济和社会发展计划执行情况及2002年计划的报告》
28.丽江县委、丽江县政府:《中共丽江县委、丽江县人民政府关于大力发展民营经济的决定》
29.刘乃全:《区域经济理论的新发展》,《外国经济与管理》2000年第9期,第17—21页,转引自湖北教育学院:http://www.hubce.edu.cn
30.刘燕华、李秀彬:《国家创新系统研究中地理学的视角》,《地理研究》1998年第3期
31.柳红:《台湾中小企业发展情况概览》,《改革》,1999年2月

32.鲁晓峰:《台湾中小企业的投资辅导体系及借鉴》,《金融教学和研究》,1998年第1期
33.《旅游造成温岛效应　玉龙雪山积雪骤减》,《北京晨报》,2002年10月28日
34.苗长虹:《区域发展理论:回顾与展望》,《地理科学进展》1999年第4期,第296—305页,转引自湖北教育学院:http://www.hubce.edu.cn
35.朴寅星:《西方城市理论的发展和主要课题》,《城市问题》1997年第1期,转引自人民网:http://house.people.com.cn
36.濮院镇统计中心:《关于2001年全镇经济和社会发展的统计公报》(2002年3月)
37.濮院镇统计中心:《濮院镇工业企业统计资料汇总》(2002年7月)
38.濮院镇政府:《小城镇综合改革工作会议交流材料》
39.祁卫士、佘元冠:《中关村在全球信息产业区域产业链中的定位研究》,《生产力研究》2001年第6期
40.邱成利:《创新环境及对新产业成长的作用机制》,《数量经济与技术经济研究》,2002年第4期
41.沈玉芳:《国外工业联系研究的理论发展及其对我国的借鉴意义》,《世界地理研究》1999年第2期,第31—35页,转引自湖北教育学院:http://www.hubce.edu.cn
42.树文:《构建21世纪的中关村经济宏伟蓝图——评〈面向21世纪的中关村经济〉》,《中国特色社会主义研究》2000年第6期
43.唐更华、黄荣斌、汪博天:《硅谷高科技产业化的10大借鉴》,海天出版社2002年1月版
44.唐俊颖、鞠成军:《硅谷与剑桥高技术产业发展模式的比较研究》,《中国科技产业》2002年第11期
45.桐乡市对外贸易经济合作局:《桐乡的整体优势》
46.桐乡市对外贸易经济合作局:《桐乡简介》
47.桐乡市对外贸易经济合作局:《桐乡市羊毛衫业发展情况介绍》
48.桐乡市经济贸易局:《全市针织行业调查统计汇总表》
49.桐乡市濮院物流有限公司:《关于濮院物流业发展情况汇报》
50.桐乡市濮院羊毛衫市场管理委员会:《共约秋花盛会　领略毛衫风采》
51.桐乡市濮院羊毛衫市场管理委员会:《濮院羊毛衫工业园区开发建设情

况》
52.桐乡市濮院羊毛衫市场管理委员会:《濮院羊毛衫市场发展情况介绍》
53.桐乡市濮院镇政府招商办:《中国濮院投资环境介绍》
54.桐乡市市政府:《桐乡市块状特色经济调查表》(濮院镇)
55.汪向东等:《中国:面对互联网时代的"新经济"》,生活·读书·新知三联书店2003年版
56.王德禄主编:《区域的崛起——区域创新理论与案例研究》,山东教育出版社2002年版
57.王缉慈:《知识创新和区域创新环境》,《经济地理》1999年第1期
58.王缉慈等:《创新的空间:企业集群与区域发展》,北京大学出版社2001年版
59.王军华、贾中山:《中关村特刊》,《北京晚报》2002年9月12日
60.吴传清:《台湾中小企业发展问题探析》,《经济评论》,1999年3月
61.吴西燕:《中关村:呼唤风险投资》,《中国科技产业》2000年第2期
62.徐滇庆主编:《台湾经验与海峡两岸发展策略》,中国经济出版社1996年版
63.徐梅:《当代西方区域经济理论评析》,北望经济学园:http://www.beiwang.com,2002年8月17日
64.易纲、许小年主编:《台湾经验与大陆经济改革》,中国经济出版社1994年版
65."游人如潮 旅游越发展丽江越衰败",我的中国,2002年10月15日
66.余晓:《英国大学科学园区发展现状、趋势及相关政策》,《全球科技经济瞭望》,2000年第7期
67.余晓:《英国高技术产业和高技术园区的政策和体制》,《全球科技经济瞭望》,2001年第6期
68.曾国屏、李正风主编:《世界各国创新系统——知识的生产、扩散与利用》,山东教育出版社1999年版
69.詹颜平、梁捷:《中关村地区企业技术创新调查》,《经济理论与经济管理》2001年第2期
70.赵彦云、申晓玲、杨宏亮、姜万军:《中关村科技园区国际竞争力研究》,《中国特色社会主义研究》2001年第2期
71.郑定:《台湾的经济发展与法律调整》,中国人民大学出版社1997年版

72.周穗明:《马克思主义:西方与东方——20世纪马克思主义的演变及其21世纪的前景》,原载于《当代世界与社会主义》2003年第1期,转引自中国政治学:http://www.cp.org.cn

73.中关村科技园区管委会:《中关村园区发展报告》(2000年),http://www.zgc.gov.cn

74.本课题组:典型调查、座谈访谈记

75.本课题组:丽江县旅游业调查问卷

76.本课题组:桐乡市濮院镇羊毛衫行业调查问卷

二、中文译著

1.(美)安纳利·萨克森宁:《地区优势——硅谷和128公路地区的文化与竞争》,曹蓬、杨宇光等译,上海远东出版社1999年版

2.卡尔·J.达尔曼、让·艾立克·奥波特:《中国与知识经济:把握21世纪》,熊义志等译,北京大学出版社2001年版

3.(美)弗朗西斯·福山:《信任——社会美德与创造经济繁荣》,彭志华译,海南出版社2001年版

4.(美)迈克尔·波特:《国家竞争优势》,李明轩、邱如美译,华夏出版社2002年版

5.(美)曼纽尔·卡斯泰尔:《信息化城市》,崔保国等译,江苏科学技术出版社2001年版

6.(美)曼纽尔·卡斯特:《网络社会的崛起》,夏铸九、王志弘等译,社会科学文献出版社2001年版

7.(日)隅谷三喜男、刘进庆、涂照彦:《台湾经济发展的成就与问题——新兴工业化经济群体的典型分析》,厦门大学出版社1996年版

三、英文论著

1. Allen J. Scott and Michael Storper, *Regional Development Reconsidered*, in Huib Ernste and Verena Meier edited, *Regional development and contemporary industrial re-*

sponse, Belhaven Press, 1992

2. Ash Amin, *An institutionalist perspective on regional economic development*, Paper presented at the economic geography research group seminar "Institutions and governances", July, 3, 1998, www.econgeog.org.uk

3. Ashcroft, B., Dunlop, S. & Love, J. H., *UK innovation policy: a critique*, *Regional Studies*, v29, n3, June, 1995

4. Bengt-Åke Lundvall, Susana Borrás, *The Globalising learning economy: Implications for innovation policy*, Report based on contributions from seven projects under the TSER programme, DG XII, Commission of the European Union, www.ftp.cordis.lu/pub/tser/docs/globeco.doc

5. Benjamin Hinggins, Donald J. Savoie, *Regional Development Theories and Their Application*, Transaction Publishers, 1995

6. Bennett Harrison, R. Maryellen, Jon Gant, *Innovative firm behavior and local milieu: exploring the intersection of agglomeration, firm effects, and technological change*, *Economic Geography*, Vol. 72, n3, 1996, pp. 233 – 258

7. Birgitte Gregersen, Bjorn Johnson, *Learning economies, innovation systems and European integration*, *Regional Studies*, v31, n5(July, 1997), pp. 467 – 478

8. Bjørn T. Asheim and Philip Cooke, *Local learning and interactive innovation networks in a global economy*, in Edward J. Malecki and Päivi Oinas edited, *Making connections: Technology learning and regional economic change*, pp. 145 – 178, Ashgate, 1998

9. Cecilia Wong, *Determining factors for local economic development: the perception of practitioners in the North West and Eastern Regions of the UK*, *Regional Studies*, v32, n8(Nov, 1998)

10. *Contemporary approaches of regional development*, David Macleod's Planning and Environmental Information, www3.simpatico.ca/david.macleod/RGECDV.HTM, 1996

11. Cristiano Antonelli, Michel Quere, *The governance of interactive learning within innovation systems*, *Urban Studies*, May, 2002, pp. 1051 – 1063

12. David A. Wolfe, *Social capital and cluster development in learning regions*, in J. Adam Holbrook and David A. Wolfe edited, *Knowledge, Cluster and Learning Region*, Kingston: School of Policy Studies, Queen's University, www.utoronto.ca

13. David B. Audretsch & Maryann P. Feldman, *Knowledge spillovers and the geography of innovation*, www.cepr.org

14. Edgar M. Hoover, Frank Giarratani, *An introduction to regional economics* (Third edition), Alfred A. Knopf Inc., 1985, www.rri.wvu.edu

15. Edward E. Leamer & Michael Storper, *The economic geography of the internet age*, www.geog.uconn.edu

16. Edward J. Malecki and Paivi Oinas edited, *Making Connection: Technological learning and regional economic change*, Ashgate, Aldershot, 1998

17. Francis Fukuyama, *Social Capital and Civil Society*, http://www.imf.org

18. Frank Moulaert and Farid Sekia, *Territorial innovation models: a critical survey*, *Regional Studies*, Vol.37.3, 2003, pp.289 – 302

19. George C. S. Lin, *Metropolitan Development in a Transitional Socialist Economy: Spatial Restructuring in the Pearl Delta, China*, *Urban Studies*. Vol. 38, No. 3, 2001, 383 – 406

20. Giuliano, Genevieve, *Information technology, work patterns and intra-metropolitan location: a case study*, *Urban Studies*, v35, n7 (June, 1998)

21. Haines, Anna, *Regional Advantage: Culture and Competition in Silicon Valley and Route* 128(*book review*), *Urban Studies*, v33, n3(April, 1996)

22. Haishun Sun and Ashok Parikh, *Exports, Inward Foreign Direct Investment (FDI) and Regional Economic Growth in China*, *Regional Studies*, Vol. 35, No. 3, 2001, pp.187 – 196

23. Haishun Sun, *Foreign Direct Investment and Regional Export Performance in China*, *Journal of Regional Science*, Vol.41, No.2, 2001, pp.317 – 336

24. Henry Wai-Chung Yeung, *Does economic matter for/in economic geography?* www.courses.nus.edu.sg

25. Henry, N., *Technopolis: High-Technology Industry and Regional Development in Southern California*(*book review*), *Regional Studies*, v29, n2(April, 1995)

26. Hepworth, Mark E., *The Technological Reshaping of Metropolitan America*, *Urban Studies*, v34, n1(Jan, 1997)

27. Irene Eng, *The Rise of Manufacturing Towns: Externally Drive Industrialization and Urban Development in the Pearl River Delta of China*, *International Journal of Urban and Regional Research*, V21.n4, 1997, pp.554 – 568

28. James Simmie, *Knowledge spillovers and reasons for the concentration of innovation SMEs*, *Urban Studies*, May, 2002, pp. 885 – 902

29. James W. Harrington, Trevor J. Barnes, Amy K. Dean M. Hanink, Glasmeier, David L. Rigby, *Economic Geography: reconceiving ' the economic' and ' the region'*, www.geog.uconn.edu/aag-econ/econ_reg.pdf

30. Jan G. Lambooy, *Knowledge and urban economic development: an evolutionary perspective*, *Urban Studies*, May, 2002, pp. 1019 – 1035

31. Jeremy R. L. Howells, *Tacit Knowledge, innovation and economic geography*, *Urban Studies*, May, 2002, pp. 871 – 884

32. Keeble, David & Wilkinson, Frank, *Collective learning and knowledge development in the evolution of regional clusters of high technology SMEs in Europe*, *Regional Studies*, v33, n4 (June, 1999)

33. Keeble, David; Lawson, Clive; Moore, Barry & Wilkinson, Frank, *Collective learning processes, networking and "institutional thickness" in the Cambridge region*, *Regional Studies*, v33, n4 (June, 1999)

34. Kevin Morgan, *The learning region: institutions, innovation and regional renewal*, *Regional Studies*, v31, n5 (July, 1997), pp. 491 – 503

35. Lain Begg, *'Investability': the key to competitive regions and cities?* *Regional Studies*, v36, n2 (April, 2002), pp. 187 – 193

Laurence J. C. Ma, Fan Ming, *Urbanization from below: the growth of towns in Jiangsu, China*, *Urban Studies*, v31, n10, 1994, pp. 1625 – 1645

36. Le-Yin Zhang, *Location-specific Advantages and Manufacturing Direct Foreign Investment in South China*, *World Development*, Vol. 22, No. 1, 1994, pp. 45 – 53

37. Longhi, Christian, *Networks, collective learning and technology development in innovative high technology regions: the case of Sophia-Antipolis*. *Regional Studies*, v33, n4 (June, 1999)

38. Meier, *Regional Development and Contemporary Industrial Response: Extending Flexible Specialisation*, Belhaven Press, London and New York, 1992

39. Meric S. Gertler, *Tacit knowledge and the economic geography of context or the undefinable tacitness of being (there)*, June, 2001, www.utoronto.ca

40. Michael Fritsch, *Co-operation in regional innovation systems*, *Regional Studies*, June, 2001, v35, n4, pp. 297 – 307

41. Monck, C. S. P., Porter, R. B. & Quintas, P. ET. AL., *Science Parks and the Growth of High Technology Firms*. London: Croom Helm

42. Neil Alderman, *Local product development trajectories: engineering establishment in three contrasting regions*, in Edward J. Malecki and Päivi Oinas edited, *Making connections: Technology learning and regional economic change*, pp. 79 – 107, Ashgate, 1998

43. OECD, *The knowledge based economy*, 1996, www.oecd.org

44. Olivier Crevoisier, *Innovation and the city*, in Edward J. Malecki and Päivi Oinas edited, *Making connections: Technology learning and regional economic change*, pp. 61 – 77, Ashgate, 1998

45. Olivier Guersent, *The regional policy of the European Union: A balance and an outlook*, *Regional Studies*, v. 35, n. 2, 2001, pp. 163 – 167

46. Päivi Oinas and Edward J. Malecki, *Spatial innovation systems*, in Edward J. Malecki and Päivi Oinas edited, *Making connections: Technology learning and regional economic change*, pp. 7 – 33, Ashgate, 1998

47. Paul Krugman, *Development, Geography and Economic Theory*, The MIT press, 1995

48. Paul Westhead, Stephen Batstone, *Independent technology-based firms: the perceived benefits of a science park location*, *Urban Studies*, v35, n12(Dec, 1998), pp. 2197 – 2208

49. Peter Maskell and Gunnar Törnqvist Edited, *Building a Cross-Border Learning Region: Emergence of the North European Øresund Region*, www.cbspress.dk

50. Peter Maskell, *Globalisation and industrial competitiveness: the process and consequences of ubiquitification*, in Edward J. Malecki and Päivi Oinas edited, *Making connections: Technology learning and regional economic change*, pp. 35 – 59, Ashgate, 1998

51. Peter Maskell, *Social capital and regional development* (North no. 5, 1999), www.nordregio.se

52. Peter Wood, *Knowledge intensive service and urban innovativeness*, *Urban Studies*, May, 2002, pp. 993 – 1002

53. Philip Cook, Olga Memedovic, *Strategies for regional innovation systems: Learning transfer and applications*, United Nations Industrial Development Organization, Vienna, 2003-12-8, www.unido.org

54. Philip Cooke and Kevin Morgan, *The Associational Economy: Firms, Regions, and Innovation*, Oxford University Press, 1998

55. Philip Cooke, *From technopoles to regional innovation systems: the evolution of localized technology development policy*, *Canadian Journal of Regional Science*, Autumn, 2001, v24, n1, pp. 21 – 41

56. Philip Cooke, *Social capital in the learning region*, www.ebms.it

57. Progressive Policy Institute, *The 2002 state new economy index*, www.ppionline.org

58. Progressive Policy Institute, *The metropolitan new economy index—benchmarking economic transformation in the nation's metropolitan areas, 2001*, www.ppionline.org

59. R. D. Norton, *The geography of the new economy* (revised 2000), www.rri.wvu.edu

60. Ray Hudson, *Regional future: Industrial restructuring, new high volume production concepts and spatial development strategies in the New Europe*, *Regional Studies*, v31, n5 (July, 1997), pp. 467 – 478

61. Robert D. Putnam, *Bowling alone: The collapse and revival of American community*, Touchstone Book, 2000

62. Roger Hayter and Sun Sheng Han, *Reflections on China's Open Policy Towards Foreign Direct Investment*, *Regional Studies*, Vol. 32, No. 1, 1998, pp. 1 – 16

63. Roger W. Caves and Marco G. Walshok, *Adopting innovations in information technology —The California municipal experience*, *Cities*, Vol. 16, No. 1, (Jan, 1999), pp. 3 – 12

64. S. Stavrou, *Building learning regions—an innovative concept for active employment policy* (May, 2003), www.hp2003ledforum.org

65. Saskia Sassen, *Urban economies and fading distances*, http://www.megacities.nl

66. Shujie Yao and Jirui Liu, *Economic Reforms and Regional Segmentation in Rural China*, *Regional Studies*, Vol. 32. No. 8, 1998, pp. 735 – 746

67. Sivitanidou, R. & Sivitandies, P., *The intra-metropolitan distribution of R&D activities: theory and empirical evidence*, *Journal of Regional Science*, 35, 1995, pp. 391 – 415

68. Stephen Young and Ping Lan, *Technology Transfer to China through Foreign Direct Investment*, *Regional Studies*, Vol. 31, No. 7, 1997, pp. 669 – 679

69. Suarez-Villa, L. & Walrod, W., *Operational strategy, R&D and intra-metropolitan clustering in a polycentric structure: the advanced electronics industries of the Los Angeles Basin*, *Urban Studies*, v34, n9, August, 1997

70. Suarez-Villa, L., *Invention, inventive learning, and innovative capacity*, *Behavioral Science*, 35, 1990, pp. 290 – 310

71. Suarez-Villa, L., *The dynamics of regional invention and innovation: innovative capacity and regional change in the twentieth century*, *Geographical Analysis*, 25, 1993, pp. 147 – 164

72. Sui-Auch, Lai Si, *Regional Production Relationships and Development Impact: A Comparative Study of Three Production Networks*, *International Journal of Urban and Regional Research*, 1999, V23. n2

73. Tony Sorensen, *Regional development: some issues for policy makers*, Research paper 26, 1999 – 2000(27, June, 2000), www.aph.gov.au

74. Weng Qihao, *Local Impacts of the Post-Mao Development strategy: the Case of Zhujiang Delta, Southern China*, *International Journal of Urban and Regional Research*, V22, n3, 1998, pp. 425 – 442

75. Westhead, P. & Storey, D. J., An Assessment of Firms Located On and Off Science Parks in the UK. London: HMSO, 1994

76. Westhead, Paul & Batstone, Stephen, *Independent technology-based firms: the perceived benefits of a science park location*. *Urban Studies*, v35, 1998, n12, Dec

77. Yingqi wei, Xiaming Liu, David Parker and Kirit Vaidya, *The Regional Distribution of Foreign Direct Investment in China*, *Regional Studies*, Vol. 33, No. 9, 1999, pp. 857 – 867

78. Young, R. C., Francis, J. D. & Yound, C. H., *Flexibility in small manufacturing firms and regional industrial formations*, *Regional Studies*, 28, 1994, pp. 27 – 38

79. Yu Zhu, *New path to urbanization in China: seeking more balanced pattern*, Nova Science Publications, 1999

后　　记

从本研究开始到本书付梓已两年有余，两年多来的研究工作令人记忆深刻。在研究过程中，我们目睹了区域经济发展变化的现实，感受着在国家现代化进程中不同地区发展的差异性和独特性，体会着案例地区各自的发展经验和路径。至今犹记流水夹道、繁花遍地的丽江古城、高原上明亮的阳光，记得那些琳琅小店、古旧民居、东巴文字、淳朴亲切的居民，纳西古乐声犹在耳；犹记京杭大运河边江南古城桐乡的温暖繁荣，生机蓬勃，那些宽街广厦、新厂旧店、车水马龙、忙碌的人们，现代化的城镇外有小桥流水、石径木屋，吴越故地声色如昔，斜阳脉脉水悠悠；更记得那些在我们调研中所遇所识并得其关照的人们……

在这样一个快速变化的国家和时代，作为研究者实在是很幸运的，因为现实给予我们大量可供研究和思考的素材和机会，而学术交流的日益自由和信息获取的逐渐便利，也使我们有条件分享学术进步的成果。

但在这里更想说的，是在研究过程中我们得到了许多令人感念至今的关心与支持：

首先，感谢国家社会科学基金会批准我们的研究项目，提供我们研究这一问题，充实国内有关研究成果的机会。

再者,感谢有关朋友和同志们对我们调研活动所给予的悉心关照和无私支持,他们在百忙中抽出时间,无偿付出人力、物力、财力,给予我们种种方便,并用他们丰富的经验和独到的见解为我们提供素材、开启思路,使我们获益良多,那些蒙他们多方关照并与他们共同工作的情景,至今仍令人难忘。他们这种尊重学术、施人所需、达人所望、贻情予义、不索报偿的仁厚精神与切实支持令人不胜感佩。若无他们如此相助,难以想象调研工作能够顺利完成。

这里要特别感谢:

云南省政府经济研究所所长段钢博士,得他慷慨帮助安排调研活动;云南省丽江县计委主任、县长助理蔡鹤喜先生;丽江县旅游局王红君副局长;丽江县委政策研究室李文迅主任;丽江县旅游局赵淑萍、李静、杨春蕾女士及何汝强、和文明先生;丽江县计委和子恒先生;丽江县歌舞团、纳西歌舞之家和文光先生;丽江纳西古乐会宣科先生等。①

浙江省政府亚太研究所研究员、我多年的朋友韩辉先生,受惠于他对案例选取的建设性意见与周全安排;浙江省嘉兴市政府陈雄飞先生;桐乡市对外贸易经济合作局副局长厉海光先生、办公室主任陆幼强先生;桐乡市委政策研究室周成坚副主任;桐乡市濮院镇经济发展服务中心周国强主任、马永红女士、沈坤堂先生、赵金林先生;桐乡市濮院镇统计中心李炳松主任、沈一栋先生、徐建群女士、沈春娥女士;桐乡市濮院镇羊毛衫市场管委会曾有宁科长;桐乡市濮院镇毛纱市场管理办公室徐丽瑛女士;中国濮院毛衫城

① 以上人士所在单位为丽江县行政区划调整以前的单位。

工业园区和浙江桐乡濮院工业园区招商办郑培明、蒋丽蒙副主任；桐乡市濮院镇羊毛衫市场管委会卢卫东副总经理、戴学明先生；桐乡市濮院镇物流有限公司王震辉副总经理；桐乡市发展计划局唐新根副局长；桐乡市经贸局钱月芳副局长；桐乡市财政局吴建勇副局长；桐乡市工商局何祖达科长；桐乡市体改委前主任吴佳俊先生、濮院镇政府钱弘先生、许新连先生，以及那些抽出时间回答问卷的人们等。桐乡濮院镇羊毛衫行业的调研报告完成后，桐乡市对外贸易经济合作局厉海光副局长和陆幼强主任、桐乡市委政策研究室周成坚副主任、桐乡市濮院镇经济发展服务中心周国强主任、桐乡市濮院镇羊毛衫市场管委会曾有宁科长等还提出了十分中肯有益的意见，使本研究更切实。

再者，竭诚感谢如下朋友和师长：

北京师范大学经济学院副教授胡海峰博士。在本研究进行和书稿修改的过程中，他尽心倾力，关心殊甚，乃至斟字酌句，反复推敲，提出了许多有益的建议，并仔细修改了书稿。我已记不得我们为此通了多少电话，谈了多少令我们都深感有益的文献，他还为本研究提供了许多有价值的资料。他的博学强记已令我佩服，兼之认真求是的品德，是难得的益友。

韩国国土开发研究院研究员朴寅星博士、美国加州大学伯克利分校博士候选人赖芳小姐、清华大学人文学院李越教授、美国哈佛大学肯尼迪政府学院 Arnold Howitt 教授。他们是我多年来一直诚挚如初的朋友，感谢他们不却我再三烦扰，在遥远的异国耗时费力，赠送并为我搜集许多书籍，彼情彼景每使我想来都深感温暖。

北京大学环境学院王缉慈教授、中国人民大学区域经济与城市管理研究所教授叶裕民博士、国家发改委国土开发与地区经济研究所研究员萧金成博士、重庆市社会科学院研究员廖元和博士、清华大学公共管理学院施祖麟教授。特别是北京大学王缉慈教授,她有影响的著作《创新的空间》给我许多启发和教益,在本研究进行过程中,蒙她予以许多关心鼓励和中肯意见。

中国社会科学院李京文教授;中国社会科学院数量经济与技术经济研究所万莉华、张杰、王竹玲、关秀军女士;内蒙古自治区西部开发办公室副主任王君先生等。

感谢本书的责任编辑、商务印书馆副编审王兰萍女士。幸得她对本书出版的支持和对我的充分信任,敬重她对商务印书馆学术和治业精神的尊重与坚守,也感激她的宽容与耐心,容这部书稿一拖再拖。

感谢重重,意未尽矣。

本书付梓之际,心情释然复遗憾:首先,尽管我们已努力学习了新近有关文献,但是由于在国内仍难以比较完整地搜集到有关文献,且时间仓促,因此我们所学习的恐怕仍是浩繁文献中很少的一部分,很可能难以全面体现和完整把握有关学术成果和进展;其次,由于研究经费和时间的限制,也使我们难以选取更多的地区进行案例研究,从而更有助于从丰富多样的区域发展实践中检验和深入理解理论,更加完整地了解和研究中国区域创新过程中已经显现的特征、类型、经验和前景,而这些遗憾只能寄希望于今后有更多的机会做更多的研究来弥补了。

变化的实践不断为研究提供素材和动力。希望这本书能反映我们的基本思考,体现我们付出的努力,并恳望得到批评指正。

李 青

谨识

2004年2月